小学科学实验教学
说课与课例研究

高翔◎著

图书在版编目(CIP)数据

小学科学实验教学说课与课例研究/高翔著.—福州:福建教育出版社,2022.12(2023.10 重印)
ISBN 978-7-5334-9367-7

Ⅰ.①小⋯ Ⅱ.①高⋯ Ⅲ.①科学实验－教学研究－小学 Ⅳ.①G623.62

中国版本图书馆 CIP 数据核字(2022)第 074695 号

Xiaoxue Kexue Shiyan Jiaoxue Shuoke Yu Keli Yanjiu
小学科学实验教学说课与课例研究
高翔 著

出版发行	福建教育出版社
	(福州市梦山路 27 号 邮编:350025 网址:www.fep.com.cn)
	编辑部电话:0591-83781433 83786912
	发行部电话:0591-83721876 87115073 010-62024258
出 版 人	江金辉
印 刷	福建省地质印刷厂
	(福州市金山工业区 邮编:350011)
开 本	787 毫米×1092 毫米 1/16
印 张	15.5
字 数	310 千字
版 次	2022 年 12 月第 1 版 2023 年 10 月第 2 次印刷
书 号	ISBN 978-7-5334-9367-7
定 价	42.00 元

如发现本书印装质量问题,请向本社出版科(电话:0591-83726019)调换。

序

2020年9月，习近平总书记在科学家座谈会上指出："对科学兴趣的引导和培养要从娃娃抓起，使他们更多了解科学知识，掌握科学方法，形成一大批具备科学家潜质的青少年群体。"

而在此之前，福建省教育厅组织的义务教育质量提升专项调研发现，虽然各地各校已完成义务教育标准化建设工作，但是一些学校科学实验仪器却未能有效使用，其中乡村学校尤为突出。我思索着，能否从乡村小学寻求突破。回到福州后，我着手策划针对乡村学校科学教育的帮扶项目，组建以小学科学课程教学指导委员会为主体的团队，负责具体帮扶活动。从人员名单上，我第一次看到高翔的名字，了解到他对帮扶项目的热心与支持，并提出了许多有益的建议。

2020年10月底，全省乡村学校科学学科教学能力提升培训班暨学科教学展示活动在宁化县泉下小学举行。在会场，我听了高翔老师指导的二年级《磁铁的两极》一课。课上，他采用游戏化教学模式，激发学生的好奇心和探究热情，教学效果良好，很受学生的喜欢。那场活动全程线上直播，虽无预告宣传，但高峰时也吸引近20万人在线观看，体现了乡村科学教师对于专业培训的渴求和社会的热切关注。随着项目的推进，我在微信公众号上经常看到高翔带领名师工作室为实事项目学校带去实验技能参与式专场培训，还有多场线上和现场研讨活动，帮扶工作扎实开展，让乡村教师收获颇丰。

后来，我又进一步了解到，高翔老师从事科学教育近三十年，经历了从中小学教师到教研员的身份转变，他还是我省唯一入选教育部科学教学指导委员会的小学科学教师。回顾其成长历程，主要是依靠持续不断的教育行动研究，专注研究课堂、学生，逐渐形成了个人的教学主张，探索出更贴近学生发展需求的教育教学方法。

2021年，国务院颁布了《全民科学素质行动规划纲要（2021—2035年）》，提出青少年科学素质提升行动，强调提升基础教育阶段科学教育水平。中小学时期是青少年科学兴趣、好奇心最浓厚的阶段，也是高阶思维培养的黄金时期，应通过科学素养的养成，让孩子树立正确的价值观、人生观，继而将担当、坚持、果敢的科学家精神塑造成一种文化，这样才能为创新与创造提供源源不竭的动力。

高翔老师将多年的教学主张、教学实践、理论探究等形成《小学科学实验教学说课与课例研究》结集出版，这是当以为庆贺的。高翔老师基于多年教学实践形成的这部专著聚焦科学实验教学，这将为我省科学教师的专业化发展起到很好的示范引领作用。相信这样一部既有理论概括又有实践指导的专著，能够引导更多科学教师，让他们明确肩上的责任，来共同探索具有新时代福建特色的教学模式，培养出一批批具备科学家潜质的学生。

相信在越来越多优秀科学教师的共同努力下，我省的科学教育必定能够不断发展、超越，迈上新的台阶。

李迅

2022.7.6

前 言

2016年3月国务院办公厅印发了《全民科学素质行动计划纲要实施方案（2016—2020年）》（以下简称《纲要》），对"十三五"期间中国公民科学素质实现跨越提升作出总体部署。《纲要》指出：科学素质是公民素质的重要组成部分。公民具备基本科学素质一般指了解必要的科学技术知识，掌握基本的科学方法，树立科学思想，崇尚科学精神，并具有一定的应用它们处理实际问题、参与公共事务的能力。提高公民科学素质，对于增强公民获取和运用科技知识的能力、改善生活质量、实现全面发展，对于提高国家自主创新能力，建设创新型国家，实现经济社会全面协调可持续发展，构建社会主义和谐社会，都具有十分重要的意义。

正是在这样的背景下，我尝试撰写《小学科学实验教学说课与课例研究》一书，衷心希望本书能对正在从事科普工作和有兴趣投入科学教育工作的各位同仁有一定的启迪和帮助。

基于认知科学的研究成果以及科学教育的教学理论，科学教育工作者们设计了丰富多样的教学方法和策略。在我二十多年的教学经历中，实验与实验教学一直是我关注的研究主题，《小学科学实验教学说课与课例研究》一书呈现了我对实验教学的认识与理解，也包括了我对实验创新与实验教学创新方面的研究和探索。

《小学科学实验教学说课与课例研究》全书共三章，并以附录的形式提供与正文相关的实验与实验教学的补充材料。

第一章"小学科学实验教学"，针对教师普遍对试验、实验和实验教学等概念的模糊认识，结合文献分析等方法进行深入的探讨，厘清概念。从实验教学的目标、地位和作用，阐述其教育价值，帮助教师把握实验教学的原则，明确实验教学对于培养学生的科学素养具有的重要意义。基于小学阶段科学启蒙的定位思考，提出小学科学实验教学必须遵循的一些基本要求。

第二章"小学科学实验教学说课"，创新提出了实验教学说课的操作性定义，并从系统论视角出发重新建构实验教学说课的框架体系与操作系统。针对教师在实验教学说课时，存在着本体认识模糊、目标系统定位不清晰、过程系统缺乏理论支持、反馈系统研究不深等问题，分析其形成的原因，并提出可行的对策，有利于教师正确理解和认识实验教学说课，掌握实验教学说课的方法。本章还介绍了近年来12个获奖案例，以此说明如何依托实验教学说课的框架系统为实验教学创新提供思路。最后提出实验教学创新应重视其教学本质，教师应以此为基点，深入研究，认真审视创新的合理性与必要性，不要盲目创新。

第三章"小学科学实验教学课例研究"，包含核心概念的界定，研究的背景、意义、内容和方法等，梳理出小学科学实验教学课例研究的操作框架，列举三种有代表性意义的研究成果。

附录中介绍了11个自制小学科学创新实验教具，包括设计教具的背景、教具的结构、教具的制作方法、教具的实验优势和拓展应用等方面。

教育与科技是当今世界发展的两大基本力量，一个国家的综合实力越来越多地取决于科学技术的创新程度和全体国民的文化素质。我们必须从社会主义事业兴旺发达和民族振兴的高度，充分认识实施科教兴国战略的重要性和紧迫性。新时代的教师一定要珍惜这份光荣，爱惜这份职业，加强学习，不断提高自己的综合素质，实现由"教书匠"型教师向教研型、专家型教师的转变，确实提高基础教育的教学质量，培养德智体美劳全面发展的社会主义建设者和接班人，从而更好地提高全民族的科学文化素质。

高　翔

2022年3月

科学教学，贵在崇真

科学是人类对事物的本质、本源及自然界的根本法则的认识。科学是人类能动地发现和探索真理和真相的过程。科学是崇尚真理的精神体现，是求真务实、开拓创新、探索实践的结果。科学是人类对真理永无止境的追求。

科学教育是将科学知识、科学思想、科学方法、科学精神作为整体的教育体系，通过有目的、有计划、有组织地对受教育者进行教化培育，使其内化成为受教育者的信念和行为的教育过程，是对受教育者所必需的科学素养的一种养成教育。通过科学教育，让学生学到活的、有用的真知识，发展探索、实证、逻辑、分析、质疑等一系列理性思维，掌握探求真理的方法和科学实践能力，弘扬实事求是、追求真理的求真精神，养成勇于探索、不怕艰辛、勤于实践的习惯，形成尊重和爱戴科学、追求客观事物规律性的态度和思想，塑造真诚、善良、民主、合作的品性。

基于对教育规律的认识，我认为只有充分调动学生的主动性和积极性，根据学生的身心发展实际水平因材施教，满足学生自我发展的需要，才能让学生真正成为学习的主人。对于科学教学如何实现科学教育的目标，我的教学主张是"贵在崇真"。"崇"字蕴含着崇奉、推崇、追求的含义。"真"字则包含真理、真知、求真方法和求真精神。崇真即崇尚科学，崇尚真理，培养正确的科学观念和价值观。教师要用崇真的精神和态度去培养学生学会崇真。我希望学生的科学学习过程和结果是充满快乐的；我希望学生能够在课堂上做真正意义上的探究；我推崇让学生在真实的科学实践中发展科学思维；我相信通过激发学生的创新创造力可以挖掘出学生的科学创造潜能；我希望学生在科学课堂上的学习对于他们今后的生活能起到重要的引导作用。崇尚真实，追求至真，至善至美，是我对科学教与学的认识，也是我将不断追求与奋斗的目标。

一、满足天生的好奇心，感受科学乐趣

好奇心是个体先天就具有的，在儿童时期表现得尤为强烈。儿童对于未知领域和

新奇事物都会产生了解和探索的冲动。儿童对科学领域的知识、技能等常常表现出积极响应的态度，希望更多地了解相关事物的信息，享受像科学家一样动手操作、亲身体验发现科学知识的过程，以此满足内在的好奇心，感受科学学习带来的快乐。

学生才是学习真正的主体，教师应该以组织者、主导者和合作者的身份促进学习。教师要及时转换角色定位，站在学生的角度思考教学，想方设法满足学生的好奇心和求知欲：开放课堂为学生提供选择的机会和创新的空间；营造宽松、民主、和谐的探究学习环境，让学生敢于想象、大胆实验；改造教学内容，巧妙设计教学活动，让学生在新奇、怀疑、矛盾、冲突等多种心理状态交织下发展认知，在不断探索与发现的成就感中获得自信和快乐。

刘默耕先生在阐述"自然课到底是干什么"的时候指出："自然课是启发和发展儿童对自然界的兴趣和爱好，促使他们乐于去接近和研究自然事物。"他把自然课的性质定义为"对儿童进行科学启蒙教育的一门重要学科"。当前《义务教育科学课程标准》对课程性质的描述和刘默耕先生当初的观点基本一致。

李政道说过："要搞科学离不开好奇。道理很简单，只有好奇才能提出问题，解决问题。可怕的是提不出问题，迈不出第一步。"当学生感到好奇的时候，总是有许多疑问，总想知道更多。但是，学校对学生的一些纪律要求：保持安静，不做小动作，不打闹，不妨碍他人，不做和学习无关的事情，进实验室后不要乱动器材。想想看，这些要求符合学生的天性吗？如果我们早已经预料到科学课堂上将会碰到这样一群精力充沛、活泼好动的学生，我们是采取措施处处压制他们，还是想一些办法来引导和鼓励他们？学生有疑而问、质疑问难，是用心思考、自主学习、主动探究的可贵表现，理应得到老师的鼓励和赞扬。

科学课堂应该充斥着和谐、融洽的气氛，允许学生随时提问、争辩，甚至提出与教师不同的看法。小学科学课程应该具有开放性，向学生开放实验室，开放仪器和设备，开放课堂教学形式。创设和谐友好的教学氛围，体现了教师对学生的理解和尊重。但是，作为科学学习活动的组织者、引领者和亲密的伙伴，还必须思考如何让学生积极参与探究过程，完成学习任务。

如何实现这样的理念？早在2002年厦门市首届基础教育课改实验阶段汇报暨教学研讨会的观摩交流活动中，我执教的《认识固体》一课就有所体现。我根据教学内容，重新设计了这节课的教学，主要环节如下：利用分类导入课题，发掘已有知识和观察方法；开展探究游戏"猜猜纸包里是什么固体"，发散思维、发现新方法；进行"分离固体混合物"的实验，获取多种分离方法；最后让学生尝试应用固体性质解决生活难题。

导入阶段，我采用分类的方法，指导学生认识常见的固体和液体，接着进行辨认清水、盐水的趣味小实验。

师：同学们知道得真多！请看这两杯液体，一杯是水，一杯是豆浆，哪一杯是水呢？

生（齐）：透明的这一杯是水，因为水没有颜色。

生：我闻一下，就知道了。

师：用鼻子闻呀。为什么闻一下就知道哪一杯是水？

生：因为水是没有气味的。

师：请看这两杯液体，一杯是清水，一杯是盐水，怎么区分呢？

生：可以用闻的方法。因为盐水是咸的，可以闻到咸咸的气味。

生：可以把盐水涂到伤口上，伤口会痛。

师：还有其他方法吗？如果在家里，我们只要怎么做，就能知道哪一杯是水呢？

生（齐）：用喝的方法。

师：但在实验室，烧杯里的东西不能喝、不能尝，怎么办呢？小组讨论讨论。

生：我认为可以用火烤，盐水就会变成盐。

生：可以把鸡蛋放在盐水里，鸡蛋就会浮起来。但是盐水里面的盐要超过百分之三十。

师：哦，你的意思是盐水比清水的浮力大，能使鸡蛋浮起来的是盐水。

生：对。

师：这也是一个办法。

这样的设计，让学生在不知不觉中复习了有关知识和观察方法，有效激发了学生对科学的兴趣和求知欲。

接着，教师通过演示实验提供学生鉴别清水和盐水的新办法。把豆浆分别倒入装有清水和盐水的两支试管里，立刻出现两种不同的现象：第一支试管里倒入的豆浆均匀地溶于水中成为更稀的豆浆，而第二支试管里倒入的豆浆形成豆花，与水明显分离开。这个趣味实验既活跃了学生的思维，又启发学生发现、运用工具和材料，为认识固体的性质做了充分的学习准备。

事实上，我们总爱在实验前强调注意事项，"同学们在进行观察的时候，不仅要用眼睛、鼻子和嘴巴，还得利用其他工具进行观察"。这种带有命令式的指导，显然与学生的认知习惯不同，也无法体现学生的自主学习。

于是，我设计了"解暗箱"的学习活动：每个实验小组的桌上都放了五个小纸包，里面分别包着五种东西：粗盐、细沙、小铁珠、塑料珠、泡沫。如果不拆开纸包，用什么方法可以猜出里面的东西呢？实验小组进行讨论，把猜测的结果记在实验记录单上，看哪一组的办法最多。

探究活动结束后，学生的汇报如下。

师：哪个小组先猜？

生：我们猜第一包是细沙，第三包是塑料珠，我们把纸包摇一摇，听声音猜第一包是细沙，第三包是塑料珠。

师：你们用听的方法，根据纸包摇动时发出的不同声音进行判断。（板书：听）

师：其他实验小组的方法跟他们一样吗？

生：我们用掂的方法，因为塑料珠很轻，而小铁珠很重。

师：用掂的方法，拿在手上，感觉哪个重，重的就是小铁珠。（板书：掂）

生：还可以利用磁铁，如果是小铁珠的话，会被磁铁吸住，塑料珠就不行。

师：非常好，可以利用磁铁。（板书：用磁铁）

生：细沙应是第二包，我们用手捏，感觉细沙比较细。

师：用手捏。（板书：捏，细细的，粗粗的）

师：其他实验小组，你们觉得细沙应是第几包？

生：是第二包。

师：粗盐是第几包？为什么？

生：第一包。因为盐的颗粒较粗，摸（捏）起来感觉不一样。

师：粗盐的颗粒大而且有点扎手。好，谁来猜小铁珠是第几包？

生：第四包。因为第四包比较重。（板书：重，轻）

师：最后的第五包是什么？

生：是泡沫，因为泡沫比较软，而且比较轻。（板书：软，硬）

这段教学活动中，没有告诉学生这些固体具有的不同性质，也没有交代观察实验的方法，而是让学生在游戏中，猜测纸包里的东西，最后再拆包验证。学生对于看不见的东西充满了好奇，跃跃欲试，教师再伺机引导学生运用感官和借助其他工具进行观察，在"猜东西"游戏中，轻松愉快地认识了固体的一些性质，如大小、形状、轻重、软硬等，同时体验了成功的喜悦。

学习新知识以后，还要看看他们掌握的程度如何，接着我又提出了层次不同的任务。

师：是吗？在讲台上有很多种混在一起的东西，有塑料珠与细沙的混合物，粗盐与细沙的混合物，小铁珠与塑料珠的混合物，塑料珠与泡沫的混合物。每一种混合物都装在一个杯子里。小组讨论要分离哪一杯混合物，然后自己上讲台取。如果你们用的方法好，分离得快，分离开一种混合物后，可以再拿其他混合物分离。分离完以后，在实验报告的相关项目上打钩并记录，等会儿要向全班同学说明用什么方法分离的。

分离固体混合物，不但要应用固体的性质，还要运用感官、工具和材料。在分离固体混合物的教学活动中，学生可以根据自己的需要，拿取所需要的实验器材，拥有一个宽松自由的探究学习环境。鼓励学生根据自己的能力，自由选择要分离的混合物，不统一要求学生分离几种混合物。学生在分离混合物前的思考是个"设想"的过程，学生经过了思考，确定了分离方法。而分离混合物的实验过程是个验证过程，验证学生的想法（依据）是否正确，方法是否可行。这个科学探究过程还是比较成功的，通过这个过程，学生进一步认识了固体的沉浮现象、溶解现象，学会了利用固体的性质分离固体的多种方法。这些知识、方法不是教师直接告诉学生的，而是学生在自主活动中，通过小组合作、探究自行学习的。

《认识固体》的教学，说明了调动学生的好奇心能够激发学生的求知欲。要满足学生的好奇心和求知欲，教师应该给他们一个宽松的探究环境，提供充分的材料，允许他们在教室内自由活动，允许他们自行挑选工具或材料进行探究，让他们能够大胆实施自己的想法，满足学生个性化、多样化的探究需求。这种做法契合探究式教学的理念，促进学生个体之间、小组之间的交流与学习。同时，结合游戏化的教学设计，让学生的学习过程充满快乐。

二、唤醒持续的探究欲望，发展科学思维

儿童的学习始于兴趣，当他们对将要学习的内容感兴趣，自然就会产生关切的情绪和进一步了解的意愿，在好奇心的驱动下产生探究的欲望。而探究欲望是人类主动探索自然奥秘的动力源泉，持续的探究欲望是发展科学思维能力的内驱动力。但是，儿童的兴趣具有广泛性、易变性、肤浅性的特点，仅凭兴趣还无法让儿童长时间维持探究欲望。只有当他们认识到目标可以期盼、能够触及时，才会形成主动探究的意识，保持深度学习的状态，乐于在研究和解决科学问题的过程中，主动运用分析、综合、比较、分类、抽象、概括、推理、类比等科学思维方法，发展思维能力。

美国西雅图太平洋大学脑应用研究中心主任约翰·梅迪纳做过一项有名的非正式调查，得出注意力维持的 10 分钟法则。这一调查后来也被许多研究者证实：学生在刚开始上课时精神集中，中间渐渐注意力涣散，到下课前精神又回来了，这说明学生的注意力是有起伏的，其探究欲望自然也会有高峰和低谷。

在科学课堂上，教师首先要优化情境吸引学生的注意力，设计调动已有知识或经验能够完成的主题任务，激起学生的学习兴趣，再设计蕴含一定挑战元素的活动刺激学生的探究欲望，促使学生能够在一段时间内或较长时间内持续关注和研究目标事物，在享受解决问题的快乐的同时发展科学思维。

教学具有预设性和生成性的双重特性。认真分析教学目标，做好教学设计，理性思考与安排教学中的每一项任务，预估学生的学习结果，是教师备课最基本的要求。

凡事预则立，不预则废，精心预设才能有精彩的生成。

如何促进儿童智能及心理品质的发展，是心理科学尤其是发展与教育心理学关注的一个重要理论问题。建构主义理论教学观认为，学习情境是一个重要因素，学生在具体的情境中获得的知识才是有意义的知识，教师应该成为良好学习情境的创设者，让学生乐于在教师创设的情境中，发挥主观能动性，积极地探索新知，从而获得全面发展。

2014年10月第三届全国中小学科学特级教师及名师论坛在厦门召开，我有幸代表厦门地区上了一节观摩研讨课。我选取《七色光》一课以努力呈现我对教学的理解。

教材在《七色光》一课安排了以下几个活动："制造彩虹""观察彩虹""牛顿盘模拟光的合成""滤光实验""了解牛顿研究太阳光的故事"。将科学史融入科学课程与教学是当今科学教育改革与发展的特点。将科学史与科学教学内容分离的传统教学模式是低效的，那么，如果把科学家的经典实验设计成学生在课堂上能够完成的探究型课题，是不是能够帮助学生了解科学家的探究过程，更深刻地理解科学的探究本质，形成正确的科学观念呢？于是，我创设了整堂课的教学情境：让学生沿着牛顿发现太阳光秘密的过程，领悟牛顿的研究过程和思维过程。教学主要分为三个环节：聚焦研究问题；重历经典实验，了解和认识光的色散现象；引发争议，研究光的合成，从而理解太阳光是复色光的概念。

学生通过对日常生活的观察，对彩虹现象和光的颜色已有了自己的认识，但是这些认识是学生在生活中凭直觉和不够严密的概括形成的原始认知结构，往往不够科学。因此可以运用生活素材创设问题情境引发学生的认知冲突，从而有效激发学生学习的心理需求。在导入环节，我创设了雨后色彩缤纷的彩虹与《照镜子》一课中观察到的"白色光斑"，形成矛盾冲突，启发学生思考"太阳光到底是什么颜色"这一新的问题，吸引学生的注意力，并激发其探究欲望。

师：（出示一组天空中的彩虹图片）这些都是关于什么内容的图片？

生：彩虹。

师：在什么时候能看到彩虹？

生：下雨的时候。

师：下雨的时候就能看到彩虹吗？我不信。

生：我觉得应该是在雨后。

师：你们觉得雨后就能看到彩虹了吗？我不相信。

生：有雨还不够，还要出太阳。

师：还记得我们在学习《照镜子》一课时，用镜子把室外的太阳光投射到室内墙壁时，看到的是白色的光斑。对于太阳下的彩虹和白色的光斑这两个现象，你有产生疑惑吗？

生：我的疑惑是为什么太阳光有时是白色的，有时是彩色的。

师：太阳光到底是什么颜色的？

生：太阳光其实是彩色的，可是人眼看到的是白色的。

当学生猜测太阳光可能不是白色的，而是由七种颜色的光混合而成时，我向学生介绍当年大科学家牛顿也和同学们一样产生了疑惑，但是他不是只停留在现象和问题的发现上，而是主动探究，尝试并解决了这个问题，以此激励学生应该像科学家一样去发现问题、分析问题直至解决问题。

为了唤醒学生持续探究光的组成的欲望，我让学生动手制造出彩虹，并模拟在科学成果发布大会上交流研究成果，让他们面对争议与不同的见解，进而继续研究，为自己的发现提供更充分的证据。

师："雨后的阳光是彩色的，而在平常是白色"，自古以来没有人对这个习以为常的现象进行深入研究。但有一个人对这件事情进行了深入的思考，他就是著名的科学家牛顿……有一天，他在暗室中做了一个实验：将一个神奇的物品挡在暗室的一束太阳光前，你们能猜猜原来在墙上的光斑变成了什么吗？

生：我觉得应该是彩虹。

师：神奇的物品是什么呢？

生：可能是镜子，也可能是其他东西。

生：有可能是三角玻璃，立体的。

师：那同学们想不想做一做牛顿当时做的实验呢？请同学们边做实验边记录下你们观察到的现象。

（学生分组实验）

师：说说你们发现了什么？

生：纸屏上出现了七色光。

师：能具体说说是哪七色吗？

生：红、橙、黄、绿、蓝、靛、紫。

师：你能试着说说看牛顿做完这个实验有什么发现？

生：他发现光经过三棱镜后是七彩的。

师：除了这个现象，还有更大的发现吗？他发现了什么大秘密呢？

生：白色光里面可能夹杂了其他颜色。

师：牛顿和同学们一样，通过这个实验推测出光可能不是一种单纯颜色的光。因此他兴奋地来到了英国皇家学会，公布了他的这一发现。如果你是牛顿，你会怎么说出你的发现？谁来试试看？

生：我在一个暗室里面做了一个实验，发现太阳光不是纯色光，而是由七种色光合成的。

师：想想看，当时会场上的人们是一片欢呼还是一片质疑声？

生：质疑。

师：质疑？谁来质疑牛顿？

生：为什么光是七色的，有什么证据或实验？

师：牛顿肯定会再演示一遍暗室里的实验！但是这个实验能不能令人信服地解释太阳光是七色的呢？

生：太阳光可能是白光，呈现出七色是因为三棱镜的作用。

师：是的，在英国皇家学会的科学讨论会上，另一种解释是：白光通过三棱镜后依次排列的各种光，并不是白光本身具有复杂组成的缘故，而是白光与三棱镜相互作用的结果。

师：牛顿这时候肯定被问住了。他是放弃研究还是坚持自己的想法？

生：坚持。

师：那怎么样才能让大家更信服这个结论？

生：做更多的实验来证明。

师：比如什么实验呢？

生：可不可以把七色光再合成为白光？

制造彩虹的实验已经充分调动了学生研究光的分解现象的兴趣，学生也顺利地发现了光的色散现象的奥秘。此时，他们仍然沉浸在有趣的实验情境中。为了完整地建构概念，完成教学目标，这个时候教师必须转换和加强外部刺激，及时引导学生将注意力转移到探究光的合成。因此，我再次制造矛盾和冲突，让学生回应发布会上人们对牛顿的质疑，讨论并完成创新的"光的合成"实验，唤醒学生持续探究的欲望，让学生在享受解决问题的快乐的同时，继续发展科学思维，培养科学品质。

师：光能混合吗？光混合以后会怎样？为了进一步实验，老师给同学们提供了手电筒作为光源，但是手电筒射出的光是白光，而实验需要不同颜色的光，有什么办法解决？

生：我觉得可以把红领巾盖在手电筒上。

师：不用红领巾，用气球可以吗？（师演示）那其他颜色的光怎么办？

生：其他颜色的光可以用不同颜色的气球套上去。

师：老师给同学们准备了红、绿、蓝三种颜色的气球，同学们可以在挂在铁架台上的灯罩里进行混合光的实验。实验开始前，请同学们思考，三种颜色的光有几种混合方式呢？

生：有三种方式。蓝—红；蓝—绿；红—绿。

生：还可以三种颜色一起混合。

师：那一共有几种混合的方式？

生：四种。

师：一会儿，我们就做这四种实验，并将现象记录下来。

（关闭室内灯光，学生分组开始实验）

学生交流、分享实验现象：

单色光叠加的方式	叠加后的颜色
红＋绿	橙色（黄色）
红＋蓝	紫色
绿＋蓝	靛色
红＋蓝＋绿	白色

师：白光不是能分解成七种颜色的光吗？为什么三种颜色的光就能合成白光？你们能不能解释一下？

生：因为这三种光里带有七种颜色的成分。

师：能不能解释得更清楚一些？

生：因为彩虹中的其他颜色可以用这三种光混合形成，再加上原来的三种颜色，就有七种颜色了。

师：那么，要合成白光，需要几种最基本的颜色？

生：三种。

师：通过这个实验，牛顿又会跟大家宣布什么呢？

生：他可以把这三种颜色的光混合成白光，说明太阳光就是混合光！

本课的教学顺序与牛顿研究太阳光的历程极其相似，把科学家的经典实验设计成探究型课题，使之成为学生再发现和再创造的学习载体。学生沿着科学家的探索之路，能动地感受并运用分析综合、概括推理等思维方法，形成理性思维、批判思维、创新思维等科学思维，最终在与科学家所遭遇过的研究、质疑、争论、批判、坚持的真实情境中和谐共振，孕育出勇于探究、批判质疑等科学精神。

在教学实践中，从学生的视角营造情境，唤醒学生的探究欲望，再通过匠心打磨的螺旋式上升的主题任务，触发新问题，保持学生探究的欲望，引导学生进行深度探究学习。在分析问题和解决问题时，引领学生在理趣共生的教学中发展认知，在不断探索与发现的成就感中获得自信和快乐，领会科学研究的一般方法，培养学生的探究能力和科学思维。

三、激发内生的创造潜能，提高科学能力

创造是人类有意识地对客观世界进行的探索性活动。创造力是知识、智力、能力及优良的个性品质等多因素综合优化的体现。创造潜能是人类普遍具有的自然属性。但是，儿童的创造潜能需要经过专门的学习和训练才能表现出来。小学科学课程以培养学生的科学素养为总目标，并为他们继续学习和终身发展奠定良好的基础。科学素养在实践中的综合运用表现为科学能力，科学能力水平的高低决定创造力的大小。通过培养创造力的教学活动能够提高学生的科学能力。

教师要坚定地相信每一个学生都具有创造潜能，当他们的创造潜能还未外显时，教师应该耐心地等待，并对他们进行创造教育。在科学课上，尽可能多地设计一些开放性问题或真实性任务，调动学生的学习主动性和积极性，发挥问题对学习过程的引导作用，让学生经历自主探究和合作学习的过程，培养学生善于进行变革和发现新问题或新关系的能力以及敏锐的观察力和丰富的想象力，学习隐含在问题背后的科学知识，掌握解决问题的技能和自主学习的能力。

现代脑科学和创造心理学的研究证明，任何人都有创造的潜能。然而，当教师在教学中过度关注知识教学，把学生当作盛装知识的容器，喜欢采用以教为主，"牵着学生的鼻子走"的教学方式，将在很大程度上限制学生创造潜能的开发。如果说创造潜能就像是学生头脑中那一支需要点燃的火把，那么教师就是点火者，需要想方设法把学生的创造潜能挖掘出来，激发出来。

我国著名教育家陶行知先生曾说过："处处是创造之地，天天是创造之时，人人是创造之人。"科学课堂正是激活学生创造潜能的重要阵地，以"教师为主导，项目为主线，学生为主体"开展教学，能够为学生提供发现、研究、探索的环境，制造挖掘学生潜能的机会，满足学生自我发展的需求。

2015年4月在厦门市小学科学创新教学研讨活动上，我执教《摩擦力的秘密》一课，着力体现我对培养学生科学能力的教学思考。《摩擦力的秘密》选自《科学 四年级下册》（苏教版）第4单元《无处不在的力》。本课安排了两个实验，一个是研究如何减小摩擦力，另一个是研究如何减小液体的阻力，侧重培养学生初步掌握对比实验的方法，形成对比实验的意识。在这样的要求下，教师的教学往往陷入模式单一、教学程序化的困境：先是教师引导示范，接着详细提醒注意事项，精心调教实验器材，按照探究流程一步步完成实验，最终得出正确的结论。这原本是一个很好的探究性实验，可以充分发散学生的思维，但实际实施的效果却让人感觉不到探究的味道，更像是在做验证性实验。如何摆脱传统设计的束缚，让学生成为学习的主体？这就需要教师发挥创新意识，积极采取创新行动，做好创新教学设计。

"工欲善其事，必先利其器"，为了实现创新教学的目标，体现学生自主学习的要求，经过反复的研究及实践，我设计开发了"探究摩擦力大小的影响因素"分组实验装置：在原有作为重物的长方体木块的宽面和窄面分别贴上一层砂纸，这样就做出了一个有结构性的探究器材——长方体两个宽面的粗糙程度不同，两个窄面的粗糙程度不同；如果需要使用多个木块，可以通过安装在木块上的强力磁铁连接在一起形成整体。

在教学中，解决非良构问题是实现高效学习、发展高阶思维的有效途径。根据这一个思路，我设计了第一个学习任务。

教学目标：探究并发现摩擦力大小与物体接触面的粗糙程度有关，而与接触面的面积无关。（13分钟）

任务要求：利用教师提供的器材，设计拉动木块最省力的方案，并能够提供证据证明。

教学流程：

1. 引导学生讨论并提出拉动木块最省力的方案，说明设计的思路。
2. 通过方案分析、总结，了解学生对摩擦力的前认知。
3. 引导学生根据自己的方案设计实验，寻找证据支持。
4. 强调实验的方法和注意事项。
5. 小组自主实验探究，交流汇报。
6. 得出结论，反思学习过程。

在学生的前认知中，摩擦力大小与物体粗糙程度有关的前概念是正确的，但是摩擦力大小与面积有关的前概念是错误的。如何减少摩擦力的问题与日常生活密切相关，从学生熟悉的真实情境中设计一个需要解决的任务，强调结果的科学性，并允许学生采用多种方案解决问题，这样的设计既解放了学生的思想，又激发了他们的创新意识。虽然教学时我并没有强调对比实验的要求，但是为了找到最优的方案，他们却需要将由这个木块产生的四个实验全部测试一遍，再经过数据分析得出结论。在学生完成任务的过程中，与这些活动相适应的创造力、想象力、观察能力、实验能力、逻辑推理能力、动手能力都得到了锻炼发展。

物体的重量也是影响摩擦力大小的一个变量，也有必要进行深入探究。为此我给每个实验小组增加了一个相同的木块，并提出了第二个学习任务。

教学目标：探究摩擦力与重量的关系。（10分钟）

任务要求：利用教师提供的器材，设计拉动两个木块最省力的方案，并能够提供证据证明。

教学过程：同任务一。

第二个任务看起来只是增加了一个木块，但实际上两个木块可以形成多种组合，让这个实验增加了很多的变量，更加开放也更有挑战性。课堂上，学生拿着两个木块，不断地组合摆放，自觉讨论、分享自己的经验和想法，最终形成小组统一的意见。从他们设计的方案可以看出，学生仍然对面积小摩擦力就小的前概念保留自己的看法。有些小组认为最好的两个方案是将两个木块叠在一起，用光滑的较窄的面和桌面接触，其次是将两个木块叠在一起，用光滑的较宽的面和桌面接触，除此之外，他们还根据自己的经验，设计了多种方案。教师指导学生根据他们的方案，采用和任务一相同的探究流程完成实验。在数据和事实面前，他们再次确认摩擦力的大小与物体的面积无关，得出摩擦力的大小与物体的粗糙程度、重量有关的结论。

典型的科学能力有：理解能力、设计能力、操作能力、论证能力、决策能力、组织能力等。科学能力不是通过一堂科学课就能够形成的，也不是拆分成一个个专项能力加以训练就可以培养的，需要在科学课程系统架构下，通过一节节科学课持续的训练和培养，才能积累形成。在教学时，多设计一些与生活联系紧密的开放性问题，采用基于问题解决的教学方式，利用问题解决的过程综合运用学生已有的知识和技能；在教学后，做好课后相关内容的拓展，提供生活中相类似的问题让他们解决，促进知识和技能的迁移，最终才能让学生掌握能够应对更加复杂、更加综合问题的科学能力。

四、回归真实的生活情境，形成科学观念

科学教育有两种典型的价值取向：学科取向和生活取向。学科取向的科学教育侧重掌握事实、概念与原理，生活取向的科学教育侧重理解科学与人们生活的关系，体验科学的真正涵义。儿童阶段的科学教育应该以生活取向为主旨，重视儿童的生活经验，贴近儿童的兴趣与需要，为他们将来一生的可持续发展、和谐发展奠定良好的科学素养。

杜威"教育即生活"、陶行知"生活即教育"的教育思想都向我们阐明了生活与教育是互相融通的，教育与生活的联系是本质的、必然的，这不仅表现为教育是生活的准备，更表现为教育原本就是一种生活方式，是生活本身，而不仅仅是生活的手段。

科学教育更是如此，科学课程的内容要贴近学生的生活，科学课程的教学要满足学生对周围世界的探究兴趣和需要，从学生身边的自然事物、已有的知识和经验开始学习活动是科学课程的基本教学要求。这也意味着让学生在现实的生活中，在接近真实世界的情境里，积极探索、讨论和研究与学生生活相关联的问题或项目，通过亲身感受、体验、发现和领悟，以自己的方式理解科学，建构科学与生活的关系，从而促进他们形成科学观念。

在课堂上，为学生创设类似于现实世界的学习环境，设计与现实生活相关的真实

性学习活动，提供给学生真实的、与现实生活相关的教学材料和任务，对学生的学习有着积极的推动作用，并能够帮助学生获得更好的学习成效。

参加福建省名师"送培下乡"活动时，我经常会上一节课——《它们的温度一样吗?》。为什么喜欢给乡村的老师和学生上这样一节示范课？这不仅是基于回归真实的生活情境教学的实践探索，也是对生活化教学的强烈认同。本课的教学内容来自《科学 五年级下册》（教科版）《热起来了》一课的改编。由于学生思维水平的限制，再加上平时也缺少针对热现象进行深入的思考与推理，他们对热传递以及吸热、散热与温度方面的认识，容易以偏概全，存在许多认识误区。因此，有必要通过教学促进他们形成正确的概念。

导入环节，我设计了一系列问题，了解学生已有的有关冷热的经验和技能的掌握情况。

怎样才能准确地描述今天的温度？

你们会正确使用温度计吗？师生握手，感觉手凉、手热。

天气很冷的时候你最先想到什么？你会怎样做？你最不想碰到什么物品？为什么？

用什么办法可以让手热起来？

接着我提出一个发散性的问题"同学们还知道用哪些方法能使身体热起来?"，引发学生积极思考、讨论产生热的方法，以及分析产生热的原理。我将学生交流的结果分类板书在黑板上。

方法	原理
1. 晒太阳、烤火、取暖器等	热的传递
2. 食物	消化后，提供能量产生热
3. 跑步等运动	运动产生热
4. 多穿衣服或穿羽绒服	衣服能产生热；衣服有保温作用
……	……

关于衣服能不能自己产生热的问题，引发了学生的争论。有的学生认为衣服能生热，有的学生认为衣服的作用是保温，阻止热量散失，同时阻挡冷气进入……学生从已有的生活经验中知道多穿衣服会使自己暖和，但是对于衣服是否能够产生热量，在他们的前概念中是模糊的、不确定的。在学生的生活经验里，冬天用手摸不同的物品，手感觉到的温度是不一样的，他们自然而然地会认为不同物体的温度不同。这样，一个适合学生探究的真实的生活性问题产生了。学生的好奇心一旦被激发，就会产生强烈的探究欲望，此时教师应该为学生提供丰富的学习资源，设计结构性材料，选择合适的教学策略开展教学。

我针对学生已有的错误经验设计了两个探究活动，一是预测并测量泡沫和布的温度，解释观察到的现象；二是预测和测量铁屑和沙的温度，解释观察到的现象。每个活动都是基于论证的科学思维方法而设计的，要求学生按照"预测—观察—解释"的步骤开展学习活动。可以预见，探究的结果与学生的预测是不同的，但是由于学生前概念的顽固性，通过一两次的纠正是不可能使其形成正确的科学概念，他们对结果仍然是将信将疑，还需要教师在教学过程中不断刺激，直至产生无法调和的矛盾，从而引发他们自身认知结构的改变。

为此，我做了一个演示实验：让一个学生将两手的食指分别插入冷水杯和热水杯，5秒钟后，再同时插入温水杯。实验结束后，我提出问题："两个手指的感觉一样吗？"学生一反思就发现了一个重要的问题——人的感觉并不可靠，因此，日常经验感觉到泡沫更暖和，铁屑更冰冷，可能是一种错觉，这样，他们顽固的前概念开始有了松动。此时，需要教师趁热打铁，进一步改变他们的错误前概念。我又设计了四个指向学生错误前概念的拓展问题。

水和酒精的温度一样吗？
水和辣椒油的温度一样吗？
在室温下水和沙的温度一样吗？
在一杯热水中放入三把不同材质的汤匙（铝、塑料、木），过三分钟后，三把汤匙的温度一样吗？

本课的教学设计，体现了小学科学课程标准"一英寸宽，一英里深"的教学理念。科学教学应该顺应学生的需求，为学生提供充足的时间、充分的材料，让他们能够实实在在真真切切地探究，向着纵深的方向把主题活动做细做透，确保探究效果和学习成效。学生用不上所学知识，往往不是因为他们不知道这些知识，而是在于他们仅仅掌握了一些具体的事实，却没有形成"知识可以在人的生活中起作用"的观念。教师只有创造出与现实生活相似的教学情境，组织相应的真实性学习活动，增强知识与真实性学习环境的互动，增强学生的熟悉感与代入感，才能让学生在日常生活中灵活运用科学知识解决遇到的相似问题。

科学探究是纠正学生前概念的有效手段，为学生设计一个个具有挑战性的任务，让他们不断对假设进行检验和修正，经历一次次"循环迭代"的论证过程，将使学生对知识的理解更加深刻，最终才能形成科学观念。

追求真正有趣味的课堂，让学生真正做探究，真正在实践，真正会创造，真正爱运用，培养学生学会崇真和求真的观念和能力，是我不变的教学主张与追求。

高　翔
2022年3月

目 录

第一章 小学科学实验教学 ················· 1
- 第一节 科学实验教学相关概念的界定 ················· 2
- 第二节 实验教学的理论基础 ················· 7
- 第三节 科学实验教学的教育价值分析 ················· 11
- 第四节 科学实验教学的基本要求 ················· 19

第二章 小学科学实验教学说课 ················· 25
- 第一节 实验教学说课的概念阐释与价值审视 ················· 25
- 第二节 系统论视角下实验教学说课的框架建构与实践操作 ················· 31
- 第三节 科学实验教学说课存在的问题与对策 ················· 41
- 第四节 科学实验教学说课的创新思路与教学设计 ················· 47
- 第五节 科学实验教学创新应回归教学本质 ················· 97

第三章 小学科学实验教学课例研究 ················· 102
- 第一节 科学实验教学课例研究的背景与概念 ················· 102
- 第二节 科学实验教学课例研究的内容 ················· 112
- 第三节 科学实验教学课例研究的方法 ················· 116
- 第四节 科学实验教学课例研究的成果表述 ················· 134

附录：自制小学科学创新实验教具 ········ 181
    多功能透镜研究装置的设计与应用 ········ 181
    光的色散与合成实验的改进与创新 ········ 186
    可视化、数显式声音传播演示器的设计与应用 ········ 190
    四季变化综合演示仪的设计与应用 ········ 193
    热空气性质探究支架的设计与应用 ········ 197
    "小车的运动"探究装置的改进与创新 ········ 201
    可建模斜面探究装置的改进与创新 ········ 204
    多功能桌面型模拟降雨探究装置的设计与应用 ········ 207
    可视化、多功能光学实验箱的设计与应用 ········ 210
    手持观星仪的设计与应用 ········ 216
    "玩转小水轮"实验装置的设计与应用 ········ 220

后　记 ········ 223

第一章　小学科学实验教学

中国特色社会主义进入了新时代，这是我国发展新的历史方位。在全面贯彻党的教育方针，落实立德树人根本任务，发展素质教育，推进教育公平，培养德智体美劳全面发展的社会主义建设者和接班人思想的指导下，2017年教育部相继颁布《义务教育小学科学课程标准》《普通高中课程方案和语文等学科课程标准（2017年版）》。我国已经建构起从小学到大学相贯通，自然科学、技术科学和人文科学相融合的科学教育体系，可以说我国对于科学教育的重视达到了前所未有的程度。

科学教育最根本的功能是提高国民的科学素质。新世纪的科学教育，要努力达到从分科化到综合化转变的目标。小学科学课程的总目标是培养学生的核心素养，为学生的终身发展奠定基础：掌握基本的科学知识，形成初步的科学观念；掌握基本的思维方法，具有初步的科学思维能力；掌握基本的科学方法，具有初步的探究实践能力；树立基本的科学态度，具有正确的价值观和社会责任感。[1]

实验在科学的发展中有着巨大的意义和作用，在科学教育中，实验同样具有十分重要的地位和作用。[2] 在科学教育中，运用实验的目的就在于给学生学习科学创造一个基本环境，使学生主动获取科学知识和发展科学能力，促进学生科学品质和世界观的形成。

---

[1] 中华人民共和国教育部：《义务教育科学课程标准》，北京师范大学出版社，2022，第6、7页。

[2] 蔡铁权、臧文彧、姜旭英：《科学实验教学与研究》，华东师范大学出版社，2008，第1页。

第一节　科学实验教学相关概念的界定

在科学教学中，我们习惯提到实验和实验教学，但教师普遍对实验的相关概念存在着十分模糊的认识，因此很有必要对小学科学教学中有关实验的相关概念做个探讨。

一、实验与科学实验

（一）实验

在现代英语中，"实验"experiment，来源于拉丁语 experim entum，意思是人的某种尝试性活动。《辞海》中对实验的定义为：根据一定目的，运用必要的手段，在人为控制的条件下，观察研究事物的一种实践活动。

《建构儿童的科学——探究过程导向的科学教育》中讲道："实验是指我们操作改变某一变量，观察其对另一变量的影响的科学过程。"[①]《教学实验室导论》中指出："在实验科学中，人们从实验的目的、手段、实质等方面来更具体地理解实验，并进一步解释为：实验是人们根据一定的科研和教学任务，运用一切仪器设备手段，突破自然条件的限制，在人为控制和干预客观对象的情况下，观察、探索事物的本质规律的一种学习研究活动。"[②] 可见，实验是人们根据一定目的，运用必要的手段，在人为控制的条件下，观察研究事物本质和规律的一种实践活动，是人类探索客观世界的一种活动，也是人们认识客观世界的一种重要方法。

（二）科学实验

科学实验是自然科学中一个使用广泛而涵义十分宽泛的专门术语。《辞海》中对科学实验的定义为：根据一定目的，运用一定的仪器设备等物质手段，在人工控制的条件下，观察、研究自然现象及其规律性的社会实践形式。《科学实验教学与研究》一书认为"科学实验是人们根据研究的目的，在人为控制的条件下，运用科学仪器、设备，使某一过程能反复再现，并同时进行观测研究的一种科学活动。"[③]《科学课程与教学论》中指出："科学实验是人们根据研究目的，利用科学仪器、设备，人为地控制或模拟自然现象，排除干扰、突出主要因素，在最有利的条件下去研究和认识自然规律的一种活动。"[④]《科学方法论》中讲道："所谓科学实验是指人们运用科学仪器、设备，

[①] 大卫·杰纳·马丁：《建构儿童的科学——探究过程导向的科学教育》，北京师范大学出版社，2006，第 177 页。

[②] 张永兵、柳中海：《教学实验室导论》，山东教育出版社，2002，第 22-23 页。

[③] 蔡铁权、臧文彧、姜旭英：《科学实验教学与研究》，华东师范大学出版社，2008，第 1 页。

[④] 袁运开、蔡铁权：《科学课程与教学论》，浙江教育出版社，2004，第 316 页。

在人为地控制或模拟自然过程的情况下获取科学事实的活动。"① 可见，科学实验是人们主动地、有目的地使用仪器设备去获取科学事实的科学实践活动。

二、实验与试验

《现代汉语词典》中这两个词的释义分别是：【实验】为了检验某种科学理论或假设而进行某种操作或从事某种活动；【试验】为了察看某事的结果或某物的性能而从事某种活动。由此可以看出二者有不同的含义：实验中被检验的是某种科学理论或假设，通过实践操作来进行；而试验中用来检验的是已经存在的事物，是为了察看某事的结果或某物的性能，通过使用、试用来进行。

实验和试验是科学技术领域中两种不同的实践活动，二者既有共性又有区别。从认识论的一般原则看，实验和试验的共性主要表现在：首先，它们都属于认识事物的实践环节，都是利用科学仪器、设备等物质手段来控制环境、变革对象，在有限的条件下研究事物的方法。其次，实验和试验都是获取反映事物特性、关系的数据资料的手段。二者的区别也是显然的：从整个认识过程来看，实验是由实践上升为理论的科学认识过程，它主要承担认识世界的职能，即揭示未知的自然规律；通常实验要预设"实验目的""实验环境"，进行"实验操作"，最终以"实验报告"的形式发表"实验结果"。而试验是由理论（或实践经验）转化为实践的技术创造过程，它主要承担改造世界的职能，即把科学理论、技术原则转化为技术成果或直接的生产力；试验可以验证技术思想、技术原理、技术设计等的真理性和可行性；试验指的是在对未知事物，或对别人已知的某种事物而在自己未知的时候，为了了解它的性能或者结果而进行的试探性操作。试验，是实验的一种，大多带有盲目性，没有假说。② 但是，在当代一些前沿科学技术领域里，理论的研究和技术的开发工作已经融为一体，很难把实验和试验作明确的区分。

三、实验教学与教学实验

（一）实验教学

实验教学是指学生在教师的指导下，使用一定的设备和材料，通过控制条件的操作过程，引起实验对象的某些变化，从观察这些现象的变化中获得新知识或验证已学知识的一种教学形式。实验教学的主要目的是检验或发展理论，探索新的事物，培养

---

① 张余金：《科学方法论》，劳动人事出版社，1988，第22页。
② 张永兵、柳中海：《教学实验室导论》，山东教育出版社，2002，第24-25页。

学生的能力。① 实验教学活动包括观察、操作、测量、记录、比较、分析等多种形式。

（二）教学实验

教学实验是依据一定的理论假说，在教学实践中进行的、运用必要而又合乎教学情理的控制方法，变革研究对象，探索教学的因果规律的一种科学研究活动。② 教学实验要引进新的实验因素，包括新的教学思想观念、理论，新的教学内容、方式、方法，以新代旧，使原来的教学发生变革，如"互动式教学实验""自学讨论式教学实验""异步教学实验"等。

有部分人将教学实验理解为用来教学的实验。为避免混淆，需要用完整的表述，如"科学教学实验""化学教学实验"等作为用来教学的实验的专用名词。

四、科学实验与科学教学实验

对科学实验与科学教学实验的内涵进行比较分析，可以知道它们之间既有相似之处，又有差异。

（一）一致性

科学实验是科学工作者在科学活动中的探索过程。科学教学实验是学生在教学活动中的学习过程。这两类实验的过程有相似之处，在本质上有共同之处。

1. 实验的性质

两类实验都有各自的目的性，从认识论的角度来看都具有可知性。

2. 实验的构成

从静态来看，这两类实验都由实验者、实验对象和实验手段三个基本要素组成。从动态来看，这两类实验都要经过实验的准备、实验的实施和实验结果的处理三个基本阶段。

3. 实验的功能

从在认识论中的地位来看，两者都是沟通实验客体与科学认识或教学认识（学习认识）的中介。从在认识论中的作用来看，它们都是认识的来源和动力，都是检验真理性的标准。

4. 实验的理论指导

这两类实验的设计、实施和结论的获得都离不开科学方法的指导。科学实验是以实验方法论为指导，科学教学实验要接受实验方法论和教学论的共同指导。

---

① 张永兵、柳中海：《教学实验室导论》，山东教育出版社，2002，第286页。
② 王策三：《教学实验论》，人民教育出版社，2000，第196-196页。

（二）差异性

1. 实验的目的

科学实验的主体是科学工作者，他们具有扎实的理论知识和科研能力以及良好的科学素质，实验的目的是为了发现新问题、探索新规律，即未知的自然现象和事物的发展规律；科学教学实验的主体是学生，实验的目的是在教师的指导下，学生通过实验获得知识，掌握技能，学习方法，培养能力，提高科学素质。

2. 实验的内容

科学实验的内容对科学工作者来说一般是未知的自然现象或新问题；科学教学实验的内容对学生来说虽然也是未知的，但对人类来说是已知的，而且是最基本的。

3. 实验的过程

科学实验的过程比较复杂，费时费工，往往要经历数十次、上百次的失败，最后才有可能获得成功；科学教学实验一般在较短的时间内就可以得到肯定的实验结果，得出正确的实验结论。

4. 实验的手段

一般来说科学实验所用的实验手段比较先进、复杂；科学教学实验所需的实验手段比较简单、容易操作。[①]

五、实验与科学探究

《美国国家科学教育标准》中对科学探究是这样表述的："科学探究指的是科学家们用来研究自然界并根据研究所获事实证据作出解释的各种方式。科学探究也指的是学生构建知识、形成科学观念、领悟科学研究方法的各种活动。"[②] 之所以这样表述，乃是由于学生的科学探究式学习活动在本质上与科学家的科学探究活动有很多相似之处。在讨论科学教育时，除特别注明外都是指探究式的学习活动而非科学家的探究。

科学探究与实验都是从提出问题到得出结论的过程，都有类似的活动程序，即形成问题、建立假设、制订方案、检验假设、得出结论，均强调科学思维以及实证意识，重视在活动中获取事实证据。但是从各自的定义中可以看出，科学探究不仅是研究方法，也是学习活动。实验更强调在人为的条件下进行，而科学探究却不一定需要。美国科学教育促进会从各种科学研究活动中所抽取出来的 13 种过程技能：观察、分类、应用数字、测量、应用时空关系、交流、预测、推理、下定义、形成假设、解释数据、控制变量、实验。这些技能彼此紧密联系，统一在探究活动过程中。在科学探究过程

[①] 刘毓森、张昕、张富国：《生物学实验论》，广西教育出版社，2001，第 120 页。
[②] ［美］国家研究理事会：《美国国家科学教育标准》，科学技术文献出版社，1999，第 30 页。

技能结构关系图（图 1-1-1）中，清晰地表明实验仅是收集证据环节中的一项技能。因而，实验可以作为一种探究活动，但探究活动不能等同于实验，探究活动也不一定需要实验。

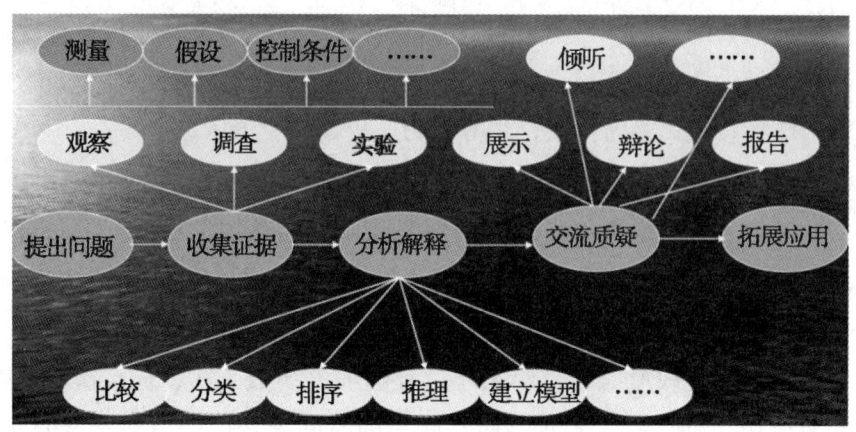

图 1-1-1　科学探究过程技能结构关系

六、小学科学实验教学的定义

根据上文对有关实验的几组词汇的辨析，笔者认为，给小学科学实验教学作一个概念界定，将有利于规范大家的认识。笔者认为，小学科学实验教学是指小学阶段科学学科，利用科学教学实验进行的一种教学形式，即在教师有目的、有计划的指导下，把涉及物理、化学、生物学、天文和地球科学等学科的实验，作为重要的学习资源和教学资源，全面开发实验的教育功能，为学生学习科学创造一个基本环境，让学生经历实验过程，积极主动地掌握知识与技能，发展与开发智力，深入认识科学的本质，从而形成科学的世界观与方法论。

第二节　实验教学的理论基础

教育学通过研究教育现象、教育问题进而揭示出教育的一般规律。教育心理学立足于学生的学习本质，通过对人的学习过程、思维方式、行为方式、认知理论等领域的研究，总结出一系列的学习理论和学说。在科学教育中开展实验教学，必须符合教育学与教育心理学的一般规律。

一、儿童心理发展阶段理论

皮亚杰提出了儿童心理发展阶段理论，他认为儿童的认知发展基本可分为：感知运动阶段、前运算阶段、具体运算阶段和形式运算阶段，每一发展阶段均有其独特的基础的认知结构，所有的儿童都遵循这样的发展顺序。各个阶段的先后顺序恒定不变，每一阶段都是前面阶段的发展，又为下一阶段发展打下基础。阶段论揭示了根据不同阶段儿童的心理特点，设计不同的教学内容和采用不同的教育方法的必然性。儿童在小学阶段处于具体运算阶段，他们已具有具体运算的群集结构，能理解数量、重量、体积等各种物理量的守恒道理，能理解可逆性的道理，能根据具体经验思维解决问题，但尚不能以语言形式进行演绎推理。由于不同年龄的儿童思维发展水平不同，思维水平的不同导致其适应能力和理解能力也不同。基于这样的认识，在小学期间为了让儿童掌握一些必要的抽象概念，可能需要运用形式逻辑的法则思考问题，但是实际上教师只能从学生能理解的角度去解释，必须使用具体推理的方法来进行教学。

皮亚杰根据其儿童心理发展阶段理论提出活动教学法。教学应遵循活动性原则，让儿童主动探索外界事物，通过活动及其协调，逐步形成、发展、丰富自己的认知结构，提高创造发明和理解事物的能力。也就是说只有儿童自发地、具体地参与各种活动，才能形成他们自己的认知。如果只是观察别人的活动，包括教师的活动在内，并不能形成新的认识结构。

皮亚杰认为，教育的目的在于使儿童的认识结构得到发展，把内心潜在的发展可能性表现出来。具体而言就是通过创造条件，促使儿童与外界相互作用，使认识结构不断成熟和发展。学校不要过早地向儿童教授他们以后能主动得到的知识，教育的目的不是增加儿童的知识，而是为儿童设置充满智慧刺激的环境，让儿童自行探索，主动学习。教师要充分调动学生的各种感官，鼓励学生多动口、多动手、多动脑。

根据上述分析，我们可得到以下概括的结论。教学要重视儿童的心理发展，根据儿童已有的基础提供适当的教育，慎重对待学生的个别差异，避免传统教育中的死记硬背，提倡发现式教育。小学期间开设涵盖物理、地理、生物学等内容的自然科学课程是恰当且有效的，它们可以发展儿童的科学思想。为让学生在活动中、在解决问题中进行学习，教师应创设情境，提供材料、工具和设备，让学生自由操作、摆弄、试验、观察和思考，自己认识事物、发现问题、得出答案。

二、发现学习理论

布鲁纳的"认知—发现"学习理论是当代认知派学习与教学理论的主要流派之一。布鲁纳强调学习者的主动性，重视认知结构的形成，注重学习者的知识结构、内在动机、独立性与积极性在学习中的重要作用。认知学习理论认为"学习是主动地形成认知结构"，取代了行为主义"被动地形成刺激—反应的联结"的观点，从而成为教育心理学的主流。

布鲁纳研究的重点是学生获得知识的内部认知过程和教师如何组织课堂教学以促进学生发现知识的问题。布鲁纳认为，人类的学习就是学习者通过类目化的加工活动，自主地发现知识、积极主动地形成认知结构的过程；学生的活动是教学过程的核心，教师应创造条件激发学生发现知识的行为以促进学习。

布鲁纳认为学习知识的最佳方式是发现学习。"发现"不仅仅是寻求人类未知事物的行为，也应当包括获取知识的一切形式。发现学习的特点之一是强调学习过程：学生应该以积极探究者的身份，积极参与建立学科知识体系的过程。特点之二是强调直觉思维：教师在学生的探究活动中要帮助学生形成丰富的想象，防止过早语言化，与其指示学生如何做，不如让学生自己试着做，边做边想。

发现学习的基本过程包括：首先，提供结构性材料，掌握学习课题（创设问题情境）；其次，提出解决问题的假设；再次，验证假设，交流初探成果；最后，得出原理或概念。可见学生应在教师引导下，按照自己学习、思考的方法，借助教材或所提供的资料，亲历探索或发现事物的过程，主动地对认知结构中学科原理和概念、规律性的知识和方法等加以概括，从而最终达到对知识的理解和掌握。

布鲁纳的发现学习理论适合小学阶段的学生，因为对于他们来说，概念的建立和获得必须依赖概念的形成过程。总体来说，学生应在学习过程中主动地去探索知识，而不是被动地接受知识。这对学生的科学学习有较大意义的启示，同时也为开展实验教学提供了理论依据。

三、建构主义学习理论

建构主义是学习理论从行为主义到认知主义以后的进一步发展，它强化了认知心理学在教育和教学领域中的领导地位，经过几十年的发展，目前已经成为认知发展理论领域中最重要的理论，并被世界各国广泛接受和使用。

建构主义学习理论提出了全新的知识观、学习观和教学观，为教学改革提供了一个新的视角。建构主义的知识观认为：知识具有情境性，面对具体问题的情境时需要再加工和再创造；知识是个性化的产物，每个学习者都会对知识有着自己的独特理解，每个个体都在与客体相互作用的过程中建构着自己的知识。建构主义的学习观认为：学习不是被动地接受信息刺激，而是主动地建构意义，是根据自己的经验背景，借助其他人（包括教师和学习伙伴）的帮助，利用必要的学习资料，通过意义建构的方式而获得的，是对外部信息进行主动地选择、加工和处理，从而建构自己的理解的过程。建构主义的教学观认为：教学是一种培养学生主体性的创造活动，学生是教学活动的积极参与者和知识的积极建构者。教师要为学生的学习设计良好的活动、资源和环境，开展主体多元、形式多样的交互式教学，引导、支持、帮助学生在原有知识经验的基础上建构起新的知识和经验。

建构主义学习理论系统地说明了学习过程如何发生、意义如何建构、概念如何形成以及理想的学习环境应包含哪些主要因素，较好地说明了人类学习过程的认知规律。因此，科学教学不能只是简单地把知识经验灌输到学生的头脑中，而是需要让学生通过对现象的观察、思考，通过与其他学习者的交流，以自己原有的知识经验为基础，对新信息、新知识等重新进行编码，建构起自己的理解。实验教学能够很好地为学生创设有意义的学习情境，激发学生的学习兴趣和学习动机，为师生、生生等多种交流合作提供机会，契合建构主义的教学理论，能够促进学生主动建构知识的意义，从而促进学生科学认知的发展。

四、"动手—动脑"的教学思想

夸美纽斯倡导的第一个教学法原理就是直观原理。他强调教学不应该从说明事物的文字开始，而应该从观察事物开始，缺乏实物的教学往往会导致失败，接触实物的学习者能够持续地、活跃地思考。杜威从儿童的生活出发，提出学生从教师口中被动听来的知识不是真正的知识，教学应该以自由活动和从经验中学为主，做才是根本。苏霍姆林斯基指出：手和脑之间有着千丝万缕的联系，手使脑得到发展，使它更加明智；脑使手得到发展，使它变成思维的工具和镜子。陶行知先生也强调解放学生的双手，使他们闲置的双手动起来，去做事情，做到"学做合一"。教育家们一致认同"动手—动脑"与探究实践关系紧密，协调二者的关系是提高教学效果的关键。

"动手—动脑"是美国等西方国家小学科学教育的基本教学思想。美国小学科学教育标准中明确指出学习科学是一种主动的学习过程，学生必须在"做"中"学"。我国2017年颁布的《义务教育小学科学课程标准》也明确要求，教师应当鼓励儿童通过动手动脑学科学。对于儿童来说，技能的形成需要反复的模仿练习，而知识的获取主要通过感性经验的积累。儿童常常依靠动手操作来认识和理解世界，而他们所能认识和理解的范围也往往局限于他们自己可以感知的具体事物。小学科学课堂上不仅要让学生用自己的脑子去想，而且要用眼睛看，用耳朵听，用嘴说话，用手操作，即用自己的身体去亲身经历，用自己的心灵去感悟。这不仅是理解知识的需要，更是激发学生生命活力、促进学生成长的需要。

小学科学教学中提倡采用"动手—动脑"的教学方法。但是，我们应该更深刻地认识到"动手"只是一种手段，而"动脑"才是目的。如果学生只是机械地按照教师指定的实验步骤按部就班地依样操作，缺乏探究性思维活动的参与，这并不是最有效的教学模式，"动手—动脑"教学方法的关键在于"动脑"而不是表面形式的"动手"。

总之，由于小学生思维上的直观性和具体性，在小学科学教育中要重视"动手—动脑"并进的教学方式，同时，我们也要认识到"动手—动脑"也并不是小学科学教学的唯一教学方法。当学生处于小学高年级时，根据学生的心理发展水平，教师应该意识到直觉思维已然不是我们教育目标所追求的重点，相反要逐步地淡化这种低级的具体形象思维方式，逐步过渡到高级抽象逻辑思维，才能符合因材施教的教育原则。

第三节 科学实验教学的教育价值分析

在小学阶段的科学教育中，有效的教学方法包括动手做、主动学习、探究、学科内容的统合以及多感官方式学习等，从而把被动接受科学概念转变为学生主动亲历科学。[①] 实验教学能起到激发学生的学习兴趣、培养探究技能、掌握科学知识等作用，在科学教学中占据重要的地位，应该引起广大教师的重视。把握好实验教学的原则，开展好实验教学，对于培养学生的科学素养具有重要的意义。

一、科学实验教学的目标

科学实验教学的目标是：在获取和巩固科学知识的过程中，理解和掌握运用观察和实验手段处理问题的基本程序和基本技能，学会认识事物的科学方法，培养学生的观察能力、思维能力和实践操作能力，培养学生的创新精神和创新能力，激发学生的学习兴趣和学习动机，端正学生严谨求实的学习态度，培养学生良好的习惯，培养学生敢于质疑和探究的品质，培养学生的社会意识和合作精神，树立学生不懈的求索精神和科学价值观，提高学生的综合素质。[②]

二、科学实验的地位

科学实验本身具有独特的教育功能，科学实验教学以科学实验为主要教学资源和载体，为学生创设良好的科学学习环境，是科学教学的重要方法和手段，其地位是其他教学方法所不能替代的。

（一）科学实验是重要的教学内容

教学内容是指教学过程中，与教师和学生发生交互作用，服务于教学目的达成的动态生成的素材及信息。小学科学课程内容包含物质科学、生命科学、地球与宇宙科学、技术与工程四个领域，从四个领域中选择适合小学生学习的18个主要概念，围绕每个主要概念，制订相关的学习内容的知识结构。例如，物质领域"2.2 有些物质在水里能够溶解，而有些物质在水里很难溶解"的学习内容，课程标准给出的活动建议是：取相同质量的食盐两份，同时倒入两个盛有等体积水的烧杯中，用搅拌棒搅拌其中一个烧杯，观察两个烧杯中食盐溶解的快慢；取相同质量的食盐两份，同时倒入两个盛有等体积冷水和热水的烧杯中，观察两个烧杯中食盐溶解的快慢。可见，要让学生更

[①] 周青主编：《科学课程教学论》，科学出版社，2007，第119页。
[②] 蔡铁权、臧文彧、姜旭英：《科学实验教学与研究》，华东师范大学出版社，2008，第5页。

好地掌握学习内容,需要采用实验教学法进行教学。实验的基本原理、方法、结果,可以理解为科学教学的知识目标。通过实验教学渗透科学方法教育,学习操作技能,体验实验过程,则是科学教学的技能和过程目标。通过实验,让学生体验类似科学家从事科学研究的过程,体验从事科学研究的苦与乐,能够培养学生的情感态度与价值观。因此,科学实验是学生学习的重要内容。

(二)科学实验是重要的教学方法

教学方法有很多种形式。在科学课上,与获得认知类学习结果相关的教学方法有讲授法、谈话法、演示法、实验法、讨论法、练习法、参观法、多媒体教学法等。与获得动作技能相关的教学方法,有示范—模仿法、练习—反馈法等。在这些教学方法中,演示法与实验法无疑是非常重要的教学方法。例如在光学的教学中,经常会利用丁达尔现象显示光路,帮助学生理解光的相关知识。例如判断食物中是否含有淀粉,直接滴加碘液即可检测出来。科学实验能够让学生直接感知事物,获得感性认识,促进具体形象与抽象概念相结合,降低理解抽象概念的难度,为形成正确而深刻的理性认识奠定基础。

(三)科学实验是重要的教学手段

教学手段是指教师和学生在教学活动过程中互相传递信息的工具、媒体或设备。教学手段的发展经历了不同的阶段,一般可划分为以下几个阶段:原始的口耳相传阶段、文字阶段、纸质书阶段、机械教具阶段、电化教具阶段和电子计算机阶段。传统的运用语言、黑板、挂图、模型等常规教学手段进行科学教学,适合以讲解为主的知识教学,不利于提高教学效果。目前开发的仿真实验,由于不具备普通意义上实验的必备器材和设备,只是在计算机上用仿真软件模拟现实的效果,因此并不能取代真实实验这一手段。就如拉托尔等建构主义者的观点:"实验室是生产知识的加工厂,知识是科学家通过实验室生产制造出来的,知识的实验室生产也是知识价值实现的实质过程。"[①] 科学实验教学是一项重要的知识生产活动,因而,利用实验器材与设备开展科学教学,仍然是科学教学的重要手段。

三、科学实验教学的作用

在小学科学学科教育中,实验教学法是最为重要的教学方法之一。在小学科学课堂上开展实验教学,能起到帮助学生理解科学知识、掌握科学方法、培养科学态度等重要作用。

---

① 李国俊:《科学实验的价值实现》,《自然辩证法研究》2003年第9期。

（一）激发学生的科学学习兴趣

天津师范大学李洪玉教授认为：兴趣是一种带有情绪色彩的认识倾向，它以认识和探索某种事物的需要为基础，是推动人们去认识事物、探求真理的一种重要动机，是学生学习动机中最活跃的因素。[①] 根据兴趣的目的不同，可将兴趣分为直接兴趣和间接兴趣。

科学实验能够激起学生的直接兴趣。例如，《科学 三年级下册》（苏教版）第3单元《11. 不同的声音》，该课的教学目标是：能辨识声音在音量、音调方面的区别，了解声音与发声物体之间的关系。教学时，通过使物体发出强弱不同的声音，引导学生细致观察物体振动的差异，提出音量的强弱与哪些因素有关，以及通过实验证明声音的音调高低具体和什么因素有关。

教师可以安排吸管笛实验，方法如下：将粗细不同的两根吸管的一端压扁，并剪成尖状（约 1 cm）（如图 1-3-1），这样两支好玩的吸管笛就做成了。接着，用嘴唇轻轻含住尖端处用力吹气，即可发出响亮的声音。然后，可以引导学生对比不同吸管、不同吹气力量时声音的变化，也可以继续在吸管上挖几个小洞，听一听当有的洞按住、有些洞放开时声音是否还有高低的变化。

图 1-3-1 吸管笛

吸管笛制作方法简单，声音富有变化，具有较强的可玩性。有趣的实验，能让学生注意力高度集中，自然而然激起学生探究声音变化的学习动力，为教学的顺利开展奠定了良好的基础。

科学实验也能够引发学生的间接兴趣。《小苏打和白醋的变化》是《科学 六年级下册》（教科版）第2单元中的第4课，本课由三部分组成：一是观察小苏打和白醋；二是观察小苏打和白醋混合后的变化；三是了解产生了什么气体。杭州市上城区小学科学教研员闻蓉美老师安排了以下教学环节：首先让学生观察将小苏打加入醋里会产生什么现象，再让学生猜测将醋加入小苏打里会产生什么现象，这个部分的实验由教师演示完成。接着，要求学生不用闻、尝的方法，辨别出水和白醋、面粉和小苏打两组物品，引导学生迁移应用所学的方法，并第一次自主完成小苏打和醋反应的实验：

---

① 李洪玉、何一粟：《学习动力》，湖北教育出版社，1999，第 152 页。

教师为学生提供三小包等量的小苏打，要求学生放入一包后，轻轻摇晃杯子，等杯中不再冒气泡，再放入另一包小苏打，边观察边记录。待第一组实验结束后，再为学生提供三小瓶白醋，用同样的方法进行实验。

将小苏打倒在醋里的实验，如果一看到气泡产生反应就结束了，那么学生的兴趣也就随着化学反应的结束而终止。但是，教师的实验设计很巧妙，抓住了"变化"两个字，将实验变成一个动态的过程，成为学生经历的有趣和富有挑战性的科学探究活动过程。课堂上，学生会发现刚开始往醋里加小苏打会冒泡，再加还会冒泡但是气泡少了，再加就不冒泡了。学生急切地想要知道原因，他们会觉得：小苏打加了这么多，不如加点白醋试试看。加了白醋，又冒泡了，那么刚才不冒泡，是因为白醋没有了吧？……在寻找答案、解决问题的动力支撑下，学生全神贯注，表现出浓厚的学习兴趣，他们努力用已有的知识去解释他们看到的现象，积极思考、努力观察和实验。可见，对实验结果的好奇心，能促使学生产生比较稳定的内部动机，驱动学生自觉地学习。通过实验，学生能够体会到克服困难、解决问题所获得的成就感和喜悦之情，从而激发学习兴趣，增强信心，提高探究欲望，进而转化为热爱科学的素质和志向。

（二）培养学生的科学方法与思维

科学方法是人们在认识和改造世界中遵循或运用的、符合科学一般原则的各种途径和手段，包括在理论研究、应用研究、开发推广等科学活动过程中采用的思路、程序、规则、技巧和模式。近代以来的科学是以实验为基础的科学，自然科学上的许多重要突破都是通过实验实现的，科学知识的增长过程也是科学实验的知识价值实现的过程。在小学科学课程中，引导学生利用科学方法来研究事物的本质和规律，最常用的方法就是实验法。例如探究影响蒸发快慢的因素、滑轮是否省力的实验，把多因素的问题变成多个单因素的问题分别研究，采用的是控制变量的方法；对实验数据认真加以分析，通过实验事实归纳出规律，是实验推理法的运用；磁场看不见、摸不着，用小磁针放在其中判断磁场是否存在，是转换法的体现……这些科学方法广泛地运用在各种科学探索和科学实验研究之中。科学课中的实验尽管很简单，但都具有代表性，能够让学生经历和科学家一样研究事物的历程，让学生认识到科学家面对不同的问题时，运用了哪些科学方法，如何运用这些方法，以及如何获得科学发现，这是学生认识、学习、掌握科学方法并加以运用的最佳途径，对今后的科学学习和科学研究都大有裨益。因此，通过实验教学活动，能使学生获得科学研究方法的训练，培养学生的科学思维。

（三）帮助学生掌握科学知识

所谓知识，就它反映的内容而言，是客观事物的属性和联系的反映，是客观世界在人脑中的主观映象；就它反映的活动形式而言，有时表现为主体对事物的感性知觉或表象，属于感性知识，有时表现为关于事物的概念或规律，属于理性知识。认知心理学家皮亚杰认为："知识是主体与环境或思维与客体相互交换而导致的知觉建构，知识不是客体的副本，也不是由主体决定的先验意识。"这就意味着学生的科学知识必须依靠与环境的相互作用才能得以建构。

例如：《科学　五年级下册》（教科版）第 2 单元第 4 课《空气的热胀冷缩》，教学目标涉及探究气体受热以后会产生什么现象，以及空气的这种性质有什么科学应用。教师采用如图 1-3-2（a）所示的实验方式，把小气球套在锥形瓶口，锥形瓶放入烧杯后，用热水加热。由于瓶内空气受热膨胀，原来垂下的气球就会竖立胀大，把锥形瓶取出，随着瓶内空气冷却收缩，气球逐渐变小。学生观察到气球膨胀和收缩的现象，并能将热和冷与膨胀和收缩建立起联系，获得了有关热胀冷缩的感性知识。接着，教师采用如图 1-3-2（b）所示的实验方式，把玻璃管短的一头插入橡皮塞，在管内滴入有色水，再将橡皮塞紧塞于烧瓶口。然后将白纸板粘贴在玻璃管背后，并使刻度面对学生，用手握住烧瓶使瓶内空气受热，可以看见水柱向左边移动了几个刻度，接着松开手使瓶内空气降温，又可看到水柱向右边移动了几个刻度。这个实验能灵敏地显示温度的变化，并借助刻度渗透量化的意识，帮助学生从感性认识中整理出规律，促使感性认识转化成理性认识。通过实验，学生对气体热胀冷缩规律有了进一步的认识，有利于学生理解简易空气温度计的设计原理。

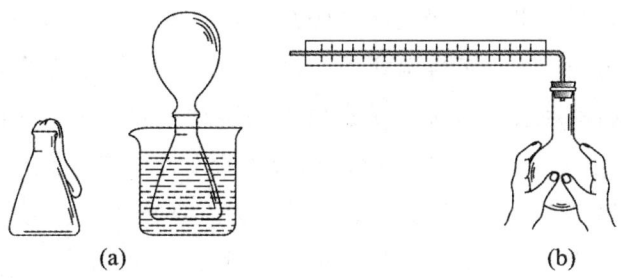

图 1-3-2　气体膨胀实验

《实践论》认为，从实践中获得感性认识，由感性认识上升为理性认识，理性认识又回归实践，指导实践并接受实践的检验，实践和理论往复循环。科学实验为学生提供了感性认识的材料，让学生感知各种科学现象，从而使学生获得丰富的感性认识；科学实验为学生提供了理论联系实际的有效途径，逐步培养学生具体、全面、深入地认识事物的本质和内在的规律性，使学生的思维从表象到本质，从感性认识到理性认识，从而理解和掌握科学概念和规律。实验教学正是借助实验让学生在实验的过程中了解事物，掌握规律，建构科学知识，从而理解科学的本质。

（四）培养学生的科学态度和科学精神

《义务教育小学科学课程标准》将科学情感、态度、价值观都划分到科学态度领域，认为情感、态度、价值观既是科学学习的动力因素，影响着学生科学学习的投入、过程和效果，同时也是科学教育的重要目标。小学科学教育中科学态度目标主要包括对待自然，对待科学，对待科学、技术与社会的关系，对待科学学习四个方面，涵盖了科学自然观、科学价值观、科学精神、科学实践态度等多方面的内容，丰富了科学态度的内涵。科学态度对个体成长的影响重大，对于接受科学启蒙教育的小学生来说，意义更加深远。

认真的科学态度、严谨的科学作风、不畏困难的科学精神，是每一位科技工作者必须具备的优良品质，也是从事任何一种工作要取得成功的必要条件。科学课程中的实验，正是培养学生这些优良品质的重要阵地。在实验过程中，要求学生自主收集实验数据，尊重客观事实，不能有丝毫弄虚作假的行为，使学生逐步养成严格遵守实验操作规程的习惯，并树立实事求是的科学态度。实验的过程往往不是一帆风顺的，要求学生善始善终，不怕挫折，使学生充分体验实验过程的艰辛和成功的喜悦。因此，通过长期的实验教学，不仅能培养学生实事求是的科学态度和严谨细致的工作作风，还能培养学生坚韧不拔、探求真理的科学精神。此外，实验教学还有利于培养学生团结协作、勤俭节约、爱护环境等科学素质。

科学能力是指人们从事科学研究活动中必须具备的并直接影响科学研究效率的各种生理、心理和行为条件，它是科学意识、科学知识、科学思想和科学方法等多方面素质的有机结合。简单地说，各种科学素质诉诸实践就表现为科学能力，科学能力是科学素质的综合运用。让学生多做实验，经历实验设计、实验操作、观察记录、整理记录资料等过程，培养学生的理解能力、设计能力、操作能力、论证能力、决策能力、组织能力等多种科学能力。因此教师应该高度重视实验的教学作用，在日常教学中落实实验教学，根据教学内容，为学生的科学学习提供充分的实验操作机会。

四、科学实验教学的教育价值

科学实验本身也是重要的学习内容，具有内在价值；科学实验是科学教育的重要手段，具有工具价值。科学实验教学是培养学生科学素养的重要途径。

（一）有助于学生的科学启蒙

儿童正处于学习的黄金时期，我国特别重视儿童的启蒙教育。儿童的发展存在最佳期和关键期，抓住最佳期和关键期能达到事半功倍的效果。2017年颁布的《义务教育小学科学课程标准》的主要变化，一是将科学学科定位为基础性学科，并强调实践性和综合性是学科的主要特点，二是在一、二年级开设科学课程。这样，我国的科学教育体系就形成了从幼儿园到小学、初高中的整体安排。《义务教育小学科学课程标准》进一步确立了科学教育对国民科学素质的形成与发展所具有的基础性作用，进一步明确了小学科学课程的科学启蒙定位。

当前世界小学科学教育的目标是建立在培养学生的科学素养理念上，科学素养的形成是一个长期的过程，我们要充分意识到早期的科学教育将对儿童科学素养的形成起着决定性的作用。小学阶段是一个人长身体、长知识的关键期，也是心理发展的重要转折期，在这一阶段学生主要侧重掌握基本的学习方法，养成良好的学习习惯，对于知识积累与思维能力的发展要求并不高。因此，小学科学教育不可能以系统的知识学习与方法训练为主，只能根据小学生的原有经验和认知水平，选取他们熟悉的周围生活中的相关内容，让他们看一看、做一做、玩一玩、想一想，从做中学到知识，培养兴趣，练习方法，为后继的科学学习打好基础，这就是科学启蒙的含义。

小学阶段也是培养科学兴趣、体验科学过程、发展科学精神的重要时期。教师要充分利用儿童对周围世界强烈的好奇心和探究欲，为他们提供适合动手操作的实验，提供比较具体形象的事物供他们研究。教师在教学时，应该倡导学生亲身经历以探究为主的学习活动，做到科学内容与科学过程相结合，知识教育与能力培养相结合，从而发展他们对科学本质的理解，使他们学会探究解决问题的策略，为他们终身的学习和生活打好基础。

（二）有助于培养学生的理性思维

在《中国学生发展核心素养》中，提出理性思维的重点是：崇尚真知，能理解和掌握基本的科学原理和方法；尊重事实和证据，有实证意识和严谨的求知态度；逻辑清晰，能运用科学的思维方式认识事物、解决问题、指导行为等。理性思维作为智力发展的最终目标，虽然不是与生俱来的，但是可以通过学科教学进行培养。因而，应该予以重视并在小学科学教学过程中加以培养。

小学科学教学不仅要重视实验教学，还要把发展学生的理性思维作为重要的教学目标。教师要善于从实验的过程中抓住合适的时机和点位加以培养：在对实验原理和方法的理解中帮助学生领悟理性思维，在全面分析实验过程中训练理性思维，在设计实验探究方案中发展理性思维，在分析实验数据中升华理性思维。在实验过程中，还可以实验论证为重点，强调实证意识，引导学生基于证据，运用逻辑推理和分析演绎等科学方法进行论证，促进理性思维的发展。

（三）有助于培养学生的科学素养

科学实验是科学教育的主要方法和重要基础，科学实验教学是培养和提高学生科学素养的重要途径。依据科学课程的总体目标和各内容领域的具体学习要求，科学实验教学应该重点关注以下几个方面：科学实验教学不仅要重视科学实验知识与技能，重视实验过程的体验与实验方法的学习,也要关注科学实验教学对学生实验兴趣、实验态度、实验习惯、实验观等的培养。在科学实验的过程中,不仅要运用科学的思维指导观察与测量,也要运用科学的手段调控实验条件,还需要用科学的态度和探究的精神对待实验数据并作出判断,这些正是科学素养的重要内涵。科学实验体现了动手与动脑的结合,智慧与方法的结合,知识与技能的结合,探究与过程的结合。面对当前科学技术突飞猛进的状况,教育不能仅停留在传授给学生特定的科学知识的最低要求上,更要让学生获得真正属于他们自己的知识,并能够运用这些知识解决生活中的问题。科学实验教学,要求学生尝试设计实验、实施实验、观察测量、分析处理数据、提出科学假说或模型、进行科学抽象,在思维与操作相结合的过程中,使学生提出问题、分析问题、解决问题的能力更具有持久性。科学实验蕴含着丰富的科学素养教育因素,是实施科学教育不可缺少的重要途径。

可以说,在科学教育的过程中,我们怎样强调科学实验的重要性都不过分,科学教师要认真落实发展核心素养的要求,依据课程标准组织教学。教师要重视实验教学,努力创设适宜的学习环境,促进学生积极参与、主动探究,引导学生做好每一个实验。教师要加强实践探究过程的指导,注重引导学生动手与动脑相结合,增强学生的问题意识,培养其创新精神和实践能力,使他们成为具有更高科学素养的一代新人,成为新时代合格的建设者和接班人。

第四节　科学实验教学的基本要求

在小学科学教学中，实验成为实现课程目标的重要"抓手"之一，每一个内容领域都包含大量的实验和探究活动。教科书中精心选择的实验内容，均以学生的现实基础为前提，注重探究教学理念的渗透，体现教学理念的连续性和发展性，遵循典型性、基础性、科学性与实用性相结合、传统性与时代性相结合等原则，建设适合小学生学习的实验内容体系，充分体现了课程内容编排与实验内容一体化思路，进而通过实验教学实现课程目标。

课堂教学是一门学问，也是一门艺术。教师应以学生为本，为人师表，教书育人，遵循教育教学规律实施课堂教学，采用恰当的教学手段和方法，系统传授学科知识，培养学生的创新能力。同理，科学实验教学的特点是把实验作为主要的教学资源和载体，为学生的科学学习创设良好的环境，从而发挥其独有的教育功能，因此，小学科学实验教学必须遵循一些基本要求。

一、实验效果明显

现象是事物表现出来的能被人感觉到的一切情况。实验现象应该是能被人感觉到的，即人能够看到、听到、闻到、触摸到，这就是科学实验中所强调的现象直观、效果明显。实验的效果明显，才能方便学生分析、研究客观事物的各个方面的属性和因素，然后舍弃其中偶然的非本质的属性和因素，抽取出其中必然的本质的属性和因素，达到平常所说的"具体到抽象"的过程。特别是在进行演示实验时，要让班上每一名学生都能清楚地看到演示实验的现象，因此对一些现象不明显的实验，教师要设法改进，增大可见度，保证全班学生都能看清楚，提高实验教学效率。实验的可见度是衡量实验教学质量的重要标准之一。常用的放大法、染色法、借助工具观察等，都能提高实验的可见度。

例如：音叉发声的时候，肉眼是观察不到音叉的振动，但可以通过很多间接的方法感受到，比如用手触摸感受麻手的感觉，或将音叉置于水槽中可观察到音叉溅起水花。而借助乒乓球是直观地反映出音叉振动的好方法。具体做法如图1-4-1所示。实验时，只要将正在发声的音叉慢慢贴近乒乓球，当音叉触及乒乓球的瞬间，乒乓球会被反复弹开，并发出连续的"嗒嗒"声。该实验使用了放大法，让振动的效果更加明显，并有一定的趣味性。

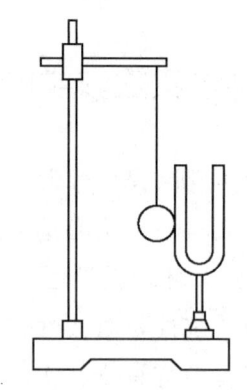

图 1-4-1　声音振动放大实验

二、实验设计简明

为小学生的科学学习所设计的实验宜简不宜繁，因为过于复杂的实验装置会分散学生的注意力，干扰他们的判断，不利于抓住事物的本质，也不利于鼓励学生自主动手实验。实验时所使用的材料越简单，学生越熟悉，就越能高效地获得实验所要验证或探究的结果。因此在实验设计时，应尽量使实验简单化，要求做到思路清晰、操作简便。

通常做"空气占据空间"实验时，教师会把一团餐巾纸塞入杯底，杯口朝下垂直压入水中，让学生观察杯里的纸巾会不会被水打湿，从而认识空气占据空间的性质。实验相关的解释是：由于空气占据了杯内的空间，水不能进入杯内，因此纸团不会湿。有些教师改进了这个实验，如图 1-4-2（a）所示：当松开抵住吸管上端的手指时，瓶内的空气和外界相通，瓶内的空气就会从吸管跑出去，水就会流到瓶中。还有如图 1-4-2（b）所示的方法：松开塑胶管上的夹子，往漏斗中加水，可以在烧杯中看到气泡。相比之前的实验，这两种改进的方法更能让学生理解"占据"的含义，即当空气占用了瓶内的空间，水是无法进入瓶子的，水要流进瓶中，就必须占据瓶内的空间。这两种改进的方法，更符合低年级学生的认知水平和能力。

（a）　　　　　　　　　　（b）

图 1-4-2　"空气占据空间"改进实验

三、实验过程安全

保证实验室工作安全而有效地进行是实验室管理工作的重要内容。实验的安全、有序是正常开展实验教学的前提和根本保证。学生实验不能涉及高温、高压、强电流、易燃、易爆和剧毒等,更不宜作为课外实验让学生操作。除此之外,安全意识淡薄、操作不规范和不安全的行为也容易引发实验事故。因此教师必须高度重视实验安全,加强安全防护,学会正确救助,确保实验安全。在选择实验用以教学时,安全性应该作为首要的判定条件。对于预估可能存在安全隐患的实验,确定必须实施,就应该强调操作规程,讲清实验要点,做好防范措施,以避免发生实验事故而造成器材损坏和人员受伤。

在研究水的导热性能时,有的教师会做如下演示实验:把一条小金鱼放进试管里,试管里装有大约 2/3 体积的冷水,用试管夹夹住试管的底部,再把试管的上半部分放在酒精灯上烧,不一会儿可以看到试管里的水开了,但是小金鱼却还在试管的下部游来游去。这个实验能很好地让学生理解水的导热性能很差。但是这个实验涉及酒精灯的使用、需要将水烧开等操作,隐藏着不安全的因素,因此不适合小学生操作和实验。教师可以选用对比实验的方式,通过比较水和油或其他液体的吸热性能来加以说明。

四、实验原理科学

一个实验,从目的要求、实验原理、仪器材料、方案设计、操作方法、数据处理、得出结论等各个环节都应符合科学性、规范化。比较常见的科学性错误常发生在对实验原理或对实验现象的解释上。例如,在讲到液体内部压强的问题时,常采用盛水容器侧壁上不同高度处从小孔中喷出水流的射程这一演示实验,以说明"同种液体内部,深度越大,压强也越大"的结论。在孙瑞敏《容器侧壁小孔中喷出的水流实验》一文中分析到:静态液体的压强涉及的是静力学问题,而这个演示实验则涉及动力学问题,包括从小孔中喷出水流的初速度与该小孔离液面距离的关系,以及喷出的水流做平抛运动的射程与喷出时的初速度和小孔离地面高度的关系,因此不存在简单的水流的射程随液体压强的增大而增大的规律。孙瑞敏通过计算、推导得出的结果如图 1-4-3 所示。

但是,教师在日常带领学生进行实验时,得出的结果和以上分析的结果是不一致的,仍然是越靠近底部的水流喷得越远。因此,他们

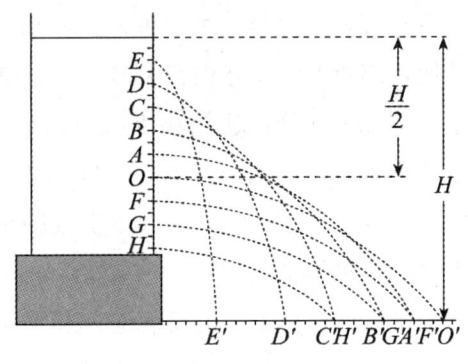

图 1-4-3　水流的射程

仍然会选用该实验。那么，用这个实验来说明上述这一重要的物理规律是不是合适呢？实际上是不合适的。因为这个实验采用的方法是等效法，而等效法的前提是"不同的物理现象、模型、过程等在物理意义、作用效果或物理规律方面是相同的"，也就是实验的原理要科学，才可以相互替代，而本实验用动力学的现象来解答静力学的问题，本身是不科学的。不少教师由于没有仔细考虑这些问题，从而导致了看问题的简单化。

这时最好采用类似的实验：将盛有液体的容器侧壁上的小孔尺寸开得大些，再用弹性很好的橡皮膜将孔覆盖，此时从橡皮膜的凸出程度就可用来探究或验证这个规律。①

五、实验教学有趣味

为迎合小学生的学习特点，在小学科学实验教学中也要关注趣味性。教师的实验教学应该尽可能地让学生在学习过程中能够享受到实验的乐趣，使学生的学习进入最佳心理状态。苏霍姆林斯基说过：任何一种教育现象，孩子们在越少感到教育者的意图时，它的教育效果就越大。新奇能引起学生的兴趣，吸引学生积极参与教学过程。事实上，如果在教学中用的事例或方法学生早已熟知，是不能激发学生学习热情的。相反，即使是内容比较陈旧，如果角度新、方法新、手段新，以新异的形式去重新组织，学生也会有兴趣去学。

例如，在《给冷水加热》一课，教师让学生把装有冷水的红色小袋子放入盛水的烧杯中，观察到它沉到水底的现象，接着教师说：今天老师给你们表演一个魔术，我不用任何东西，只要施加一些魔力，就能让小袋子自动浮上来。然后教师将小袋子放入装有热水的大烧杯中，开始时，小袋子沉到了底部，过了一会儿，小袋子从底部慢慢地浮到了水面。这样的教学，用实验加魔术创设情境，学生的探究兴趣完全被调动起来，顺利地导向了本课的教学主题。

例如，研究物体在水中的沉浮时，教师设计了教学游戏《会跳舞的鹌鹑蛋》，要求学生先想办法使鹌鹑蛋浮上来，然后再想办法让鹌鹑蛋沉下去。第一个部分，学生加盐使鹌鹑蛋上浮，并很快会总结出：盐越来越多，蛋受到的浮力越来越大，就浮上来了。第二个部分，让鹌鹑蛋沉下去，学生会想到两种方法。第一种方法是不断加水，蛋就会沉下去，这是由于盐的量不变而水量增加，学生会发现盐的颗粒在单位体积的水中变少了。第二种方法，学生会倒出一部分盐水，再加同样多的清水，也能让蛋沉下去，得出的结论与第一种方法一致。其实，归根结底，物体的沉浮取决于物体与液体的密度，但是密度的概念对四年级的学生来说太难。本课把有难度的教学内容和生

---

① 孙瑞敏：《容器侧壁小孔中喷出的水流实验》，《物理教学》2008年第12期。

动有趣的游戏结合起来，充满了趣味性。学生在游戏活动中积极探究，进而借助图文分析、对比，发现沉和浮现象背后的相同和不同，自主构建起有关密度的雏形概念。

六、实验具有可重复性

实验是小学科学课堂教学的重要组成部分。实验能够成功实现预设的效果，是保证教学顺利进行的条件之一。特别是教师所做的演示实验，如果实验的成功率低，不仅不能让学生信服，还会浪费许多宝贵的时间。为了保证实验的成功，教师有必要进行"下水实验"。"下水实验"是指教师在课前对课堂实验进行多次预演或试验，钻研教材实验、掌控实验细节、精选实验器材和改进实验材料，从而有效指导学生进行科学探究的行为。如执教《岩石会改变模样吗》这一课时，其中有认识风化的学习内容，需要让学生模拟自然界中温度变化对岩石的影响。如果在课堂上，贸然使用学生捡拾的一些小石块做实验，不管学生反复多少次，实验都不可能成功。做这个实验，必须选择那些薄的、质地比较脆的石块，才能看到小石块在经历几次加热和冷却后，开裂或者掉落一些碎屑，出现预期的实验现象。

实验成功率高，代表实验具有可重复性，说明它遵循了这个实验中的必然规律，而不是偶然发生的，因而，遵循客观规律的实验结论也必然是可靠的、科学的。教学实验的主体是学生，教学实验的目的是在教师的指导下，让学生通过实验获得知识、掌握技能、学习方法，因此，教师要在课前，认真把握教材，做好实验研究，关注实验器材的准备和实验的过程细节，让学生能够成功完成实验，保障实验教学的顺利进行。

自然界的复杂性、无限性以及人类认识的有限性，需要人们不断地探索才能逐步认识大自然运行的规律。科学实质上是人类对所观察或认识的自然现象进行的合理解释或说明，需要人们应用逻辑、数学以及实验的方法，使其形成经过验证的、系统的知识体系。在这个知识爆炸的时代，科学教育的重心必须从具体知识的获取转到获取知识的方法与途径上，科学实验就是学生必须熟悉和掌握的重要方法。

教育部要求各地以课程为统领，切实加强小学科学教育，要加大经费投入，保证实验室建设、仪器设施设备和耗材等需要。要优化课程资源建设，重视发挥家庭、社区、校外青少年活动基地等作用，为保障课程实施创造有利条件。各地要切实加强对学科教师特别是新上岗的专兼职学科教师的专题培训，倡导参与式培训，突出强化教学实践环节。要引导教师依据课程标准组织教学，重视实验教学，抓住观察、实验和记录等主要环节，促进学生积极参与、主动探究。教师要加强实践探究过程的指导，注重引导学生动手与动脑相结合，增强学生的问题意识，培养学生的创新精神和实践能力。

  科学教育是立德树人工作的重要组成部分，是提升全民科学素质、建设创新型国家的基础。广大教师要充分认识小学科学教育的重要性，要明确小学科学教育对从小激发和保护孩子的好奇心和求知欲，培养学生的科学精神和实践创新能力具有重要意义。在实施科学教育的过程中，还应该充分体现出科学技术与社会、文化的广泛联系，充分发挥科学教育的功能来达到培养和教育人的作用，促进科学教育体系的不断丰富和完善。

第二章　小学科学实验教学说课

课程改革以来，教师专业发展备受重视，其中以实践为基础的教师专业发展成为教师有效学习机制的核心。说课根植于课堂，是基于教师备课基础上的理性思考，有较强的参与合作性，能较好地解决教学与教研、理论与实践相脱节的矛盾，因而成为教学研究、教学交流与探讨的新型教学研究形式，在中小学持续广泛开展。中国教育装备行业协会于2013、2014年举办了两届全国中小学实验教学说课活动。2015年5月19日教育部基础教育司印发《关于举办全国中小学实验教学说课活动的通知》，针对小学科学及中学物理、化学、生物四个学科举办实验教学说课活动，旨在创新教研形式，加强教育教学实践研究[①]，提升师生实践动手能力，进一步发挥实验教学的育人功能，促进交流与共享。

第一节　实验教学说课的概念阐释与价值审视

实验教学说课就教研活动的创新形式而言，是说课活动的深入与精细化发展；然而因其对象本体是实验教学，由此实验教学说课又与一般说课有所区别。正确理解和认识实验教学说课，掌握实验教学说课方法，是有效开展实验教学说课活动的前提。

一、实验教学说课的概念定位

关于说课的含义，不同的学者从不同的研究视角出发，在认识上形成了不同的理解，并且存在着较大的差异。郑金洲在《说课的变革》一书中，从性质、内容、操作环节和组织形式上，分类梳理出四种说课的定义以及定义上的分歧。郑金洲在梳理相关定义的基础上，提出了说课的操作性定义：说课是教师主要用口头语言对自身教学

[①] 中国教育装备行业协会：《第三届全国中小学实验教学说课活动获奖优秀作品集》，天津人民出版社，2014，第1页。

设计、教学实施等情况进行分析和说明的教学行为。它作为教师职业活动中的基本构成，是课堂教学行为的延伸与扩展，是教师总结教学经验、发现教学问题、提升教学智慧的重要手段和桥梁。[1] 任宝贵和陈晓端则提出："中小学教师在教研时的说课，是指在授课之前或授课之后，让教师面对同行或教学研究人员，系统地谈自己的教学设计及理论依据，口头表述一节课的教学设想，然后由听者评析，以便相互交流、共同提高的一种教研活动"。[2] 从说课的具体呈现形式上来说，是指在一定的场合下，教师依据教育理论、教学大纲、教材内容、学生情况、教学条件等，分析教学任务，陈述教学目标，讲说教学方案及其依据，然后让听者评说，达到共同提高之目的的教学研究形式。[3] 综合文献研究发现，有关实验教学说课目前尚未见到比较明确的定义。实验教学说课与说课具有共性，但又有自己的个性，也就是说二者之间仍存在一些差异性。从性质上来看，实验教学说课属于说课的范畴；从教学内容上看，实验教学说课是一种专题性的说课，相对于完整的说课而言，其切入点较小，一般是截取某节课的某个局部的实验教学内容进行说课；从目的上看，实验教学说课是为了促进教师开展实验教学研究，创新实验教学设计，提升师生实践动手能力，从而提高实验教学水平。因而，笔者认为，实验教学说课是指：教师依据实验教学内容、学生情况、实验环境等，分析实验教学任务，陈述实验教学目标，讲述实验原理和实验方法设计，阐明实验教与学的设想及其理论依据，并对实验教学进行反思和评价，是针对实验与实验教学研究的教研形式。

二、实验教学说课的内涵阐释

说课作为一种新的教研形式，在实践中得到了广泛的运用；而实验教学说课是说课发展的新领域，针对的是中学物理、化学、生物、地理及小学科学等有实验要求的学科。由于实验特有的实践操作性，因此实验教学说课在具体的内涵上与一般的说课有所不同。

（一）学科性

在中小学各科教育中，中学物理、化学、生物、地理及小学科学的课程标准明确指出实验是教学的重要内容、重要教学方法及重要教学手段。因而，在这几个学科的教学中，教师都会把实验作为重要的学习资源和教学资源，深入开发实验的教育功能，为学生学习创造一个基本环境，让学生经历实验过程，积极主动地掌握知识与技能，逐步深入认识科学的本质。各级各部门组织的中小学实验教学说课活动，也仅限在以

---

[1] 郑金洲：《说课的变革》，教育科学出版社，2007，第1页。
[2] 任宝贵、陈晓端：《说课与教师专业发展》，《教育科学研究》2009年第2期。
[3] 邵长波：《教研活动的新形式——"说课"》，《山东商业职业技术学院学报》2006年第4期。

上几个实验教学学科中开展。

（二）操作性

由于实验环境相对复杂，实验过程涉及多处细节和操作步骤，实验现象常常需要综合多种感官进行观测，教师难以用语言清晰描述实验的过程和现象，因此，教师在实验教学说课时，多数通过现场实验操作演示或利用事先录制的实验视频呈现，并辅之以必要的解说，将复杂的实验过程具体化，让听者能够获取有关实验最直观的感受。操作性成为实验教学说课最基本也是最重要的特征。

（三）精细性

实验教学说课的内容一般是整节课教学内容的局部，然而也必须把它当作一个完整的教学环节加以对待。教师不仅要遵守说课的一般规范和要求，还必须针对实验教学内容制订相应的教学目标，体现该部分的教学重点和难点，确定实现教学目标所采取的教学策略与教学途径，进行完整的教学过程设计，清晰而又完整地说明教学步骤和实施过程，体现最优化完成教学目标的理论依据与实践操作。这样的教研活动将教师的关注点集中在实验教学该如何教才更有效、更高效上，因此实验教学的目的更为明确。实验教学说课这种形式体现了教师对教学的精细研究和深入研究，通过参与实验教学说课的过程，帮助教师及时准确地获取反馈信息，大大提高教研的效率。

（四）创新性

学科教育与科学技术进步联系紧密，又与教学研究发展息息相关。科学技术不断地向前发展，新材料、新技术、新设备不断涌现，必定会带来新方法、新环境。同时，随着教育教学研究的深入，教学理念也在不断地发生变化，产生众多新的教学模式和教学方法。在这样的形势下，教学创新已经成为教育改革必不可少的一个重要理念与方法。表2-1-1为笔者在2016年全国中小学实验教学说课现场收集到的说课评价表。

表2-1-1 2016年全国中小学实验教学说课评价表

评分项目	说明	分值
实验教学目标	1. 知识目标是否合理 2. 能力目标是否考虑 3. 情感态度与价值观目标是否体现 4. 目标制订是否有依据	10分
实验内容	1. 确定实验内容前是否做教材分析和学情分析 2. 实验内容是否符合目标要求 3. 实验内容是否有创新 4. 实验内容是否体现重点或难点的突破	20分

续表

评分项目	说明	分值
实验环境设计	1. 实验环境设计是否考虑教学目标 2. 实验环境设计是否有特点 3. 实验环境设计是否有创新 4. 实验环境设计和人文环境是否和谐统一	10分
实验方法设计	1. 实验方法设计是否有依据 2. 实验方法设计是否有突破 3. 实验数据处理是否有创新 4. 实验设计是否有自制教具等辅助	20分
实验教学过程	1. 实验教学过程是否考虑教学策略 2. 实验教学过程组织是否合理 3. 实验教学过程中是否积极调动学生 4. 实验教学过程是否有创新点 5. 实验教学过程是否有创新性	30分
实验教学评价	1. 是否具有实验教学评价环节 2. 是否具有实验教学评价方法 3. 实验教学方法是否与教学目标对应 4. 实验教学方法是否有创新	10分

表中评分项目的说明，多处提及创新和创新性的评价要点，由此反映实验教学说课对创新的重视程度。因此，教师应该充分发挥个体创造性，及时学习和吸纳新理念，改变现有实验教学模式；开发实验教学内容，创新实验教学方法；积极应用新材料或是其他先进技术成果，创新实验环境，以获得比传统教学更科学、更有效率的教学效果，推动实验教学的发展。

三、实验教学说课的价值审视

在当前我国中小学教育实验教学水平相对薄弱的情况下，以实验教学说课的形式来推进中小学实验教学，无疑是一个很有价值的举措。

（一）激发教师主动完善专业知识的自觉

实验教学说课独有的学科性，源于自然科学是以实验为基础的科学，科学规律的发现和理论的建立都必须以实验为基础。要做好实验教学说课，教师必须理解与实验相关的事实、概念、定律、原理和理论，掌握相关的实验技能和方法，具备一定的基本科学过程能力（如观察、分类、交流、测量、估计、预测、推理等）和综合科学过程能力（如明确问题、控制变量、给出操作定义、作出假设、实验、解释、图形化、模型化等），还要了解学科发展的历史和现状，调查已有同类实验教学研究的状况，及时把握学科最新的发展动态。随着时代的发展，学科知识不断更新，中小学实验内容也会随之改变，教师只有树立持续的学习观念，激发自己主动学习专业知识的自觉，积极学习以弥补已有认识的有限性，才能适应教学发展的需要，获得新的适应力，实现更高品质的教学。

（二）提高教师实验教学水平

实验教学说课从本质上来说，是为了提高教师的实验教学水平。一方面，实验教学说课容易形成良好的教研氛围，坚持举办实验教学说课活动，能丰富教师的学科专业知识和学科教学知识，提升教师的自我反思能力，提高教师的教学研究能力。另一方面，实验教学说课重视说明教的原理、教的依据，教师必须理性地分析、回答为什么这样教的问题；在准备实验教学说课的动态过程中，教师不断反思原有备课思路中存在的问题，重新调整自己的备课思路，对自己下一步的教学设计作决策，逐步完善、建构教师个体备课方法和备课策略。这样的过程符合美国儿童心理学家弗拉威尔提出的元认知理论的核心意义，即对认知的认知和对认知的调节。教师关于教学的元认知是促进教师学会教学的关键，因而通过实验教学说课能让教师掌握有效教学的方法，提高实验教学的水平。

（三）提高教师的实验教学研究能力

目前，借助教师的教育科研提高教师专业水平的重要性已经形成统一认识。教师群体应该努力提高教研中的科研含金量，将教研上升到科研高度，以科研促进教研水平的提升。实验教学中存在着各种问题，教师必须把研究与行动结合起来，在行动中不断改变自己行为，解决实验教学和学生成长中的各种问题。实验教学说课切入口较小，教师通过对细微的教育问题进行观测、分析和了解，对教育实践困惑进行追问，对自身教育教学工作进行反思，在教育教学的过程中有意识地、有目的地去解决一些问题，从而发现日常生活中常见教育现象之间的本质联系与规律。从研究范围、研究周期、研究过程来看，实验教学说课就是进行小课题研究的教育科研方式。与传统的依靠经验进行教学设计相比，实验教学说课在"说实验教学目标"环节时，教师要借助问卷或师生交谈等调查方法确定学生的学习起点状态，必须结合心理学知识分析学生的心理特点；"说实验教学过程"，也不仅是简单地介绍教学步骤，还必须说明其教学论、课程论的依据。所有这些，都要求教师由"知其然"向"知其所以然"前进，促进教师从"实践者"向"研究者"的角色转化。因而实验教学说课既能提高教师的理论水平，又能促进其实践能力的提升，这样的教研方式有助于解决教师科研意识不强、科研方法单一、教学研究能力薄弱的问题。

（四）丰富教师的学科实验教学知识

学科教学知识与教师在教学中所用的学科知识和技能不同，它是一种融学科知识和教学知识为一体的特殊教学知识与能力，与课堂教学关系最为密切，因而成为教师知识的核心。实验教学说课的操作性，包含大量的教学策略知识，是教师个人独一无二的教学经验的综合体现。教师必须根据不同的实验类型、不同的实验目的、不同的实验环境、不同的教学需求对学科知识进行筛选、重组，创新教学形式，是教师将原理应用于案例能力的体现。教师专业成长与知识结构变化的调查研究表明，新手教师成长为专家型教师，需要掌握更多的学科教学知识。通过实验教学说课的展示与交流研讨，将教师内隐的教学知识外显，借助实验教学说课这一新颖的教研形式，丰富教师的教学知识，促进教师专业成长。

（五）通过自我反思与评价转变实验教学行为

2012年，教育部颁布《小学教师专业标准（试行）》《中学教师专业标准（试行）》，将反思与发展能力列为教师的六项专业能力之一，并提出了"坚持实践、反思、再实践、再反思，不断提高专业能力"的教师发展理念，可见教师教学反思能力的重要性。影响教师成长的主要因素，其一是外在的影响，其二是教师内在的自我完善，显然内在因素才是主因。美国学者波斯纳认为，教学反思是教师专业成长的核心因素。他提出了教师成长的公式（教师的成长＝经验＋反思），认为没有反思的经验只是狭隘的经验，至多只能形成肤浅的知识。然而目前教师的教学反思，多为应付检查而写，流于形式，简单、肤浅，缺乏问题原因分析、相关理论支撑以及改进措施，对问题的探讨不够深入……这都说明目前教师的教学反思意识、反思能力亟待提高。实验教学说课的"教学反思与评价"环节，要求教师回顾、再现授课过程，分析教学目标的达成情况及教材处理、教学方法设计、学生学习方法研究等方面的得与失；在与同行或教学研究人员进行面对面深入交流的过程中，进行自我批判，重构教学过程，使教师的反思有深度有内涵，改变反思有"形"无"神"的问题。教师的每一次反思都意味着对旧我所包含的教育理念和行为的扬弃与对未来发展图景的规划，是一种自我超越。[①] 实验教学说课让反思日常化，并使之成为自己专业生活的一部分，通过反思有效地总结经验教训，从而实现教师的自我完善，推动教师的自我发展。

实验教学说课的提出，并作为一种提升中小学教师实验教学水平的重要教研形式，在实践运用过程中具有一定的价值。通过对实验教学说课实践情况的梳理总结，有助于加深教师对实验教学说课的认识，从而更好地推动实验教学说课在实践中的运用，进而促进中小学实验教学的发展。

---

① 任宝贵、陈晓端：《说课与教师专业发展》，《教育科学研究》2009年第2期。

第二节　系统论视角下实验教学说课的框架建构与实践操作

实验教学说课作为一种提升中小学教师实验教学水平的重要教研形式，越发受到重视。说课是中小学教师由实践型走向研究型的重要通道，可以有效地促进教师的专业化发展，从而促使课程标准所倡导的理念能在教育教学过程中落实，进而放大课堂教学的功效。① 然而从已有的研究来看，传统对说课的认识是基于要素分析的解剖式建构，往往是取自经验主义视野下的实践割裂认识模式。笔者通过研究认为，应从系统论视角出发来重新建构实验教学说课的框架体系与操作系统。系统论的核心思想是系统的整体观念。系统论的创始人贝塔朗菲认为："系统是处于一定相互联系中的与环境发生关系的各组成部分的总体。"② 系统论的基本方法要求把研究对象当作一个系统，从系统总体出发，在系统与要素、要素与要素、系统与环境的相互作用中解释与处理研究对象的特质和规律。③ 由此，笔者认为应将实验教学说课分为理念系统和操作系统两个层面来分析。理念系统可分为目标系统、本体系统、过程系统和反馈系统，进而结合目标定位、本体资源、过程推进及反馈循环的操作系统，构成实验教学说课系统的整体观念，避免割裂思维下的经验性认识。实验教学说课系统框架如图 2-2-1 所示：

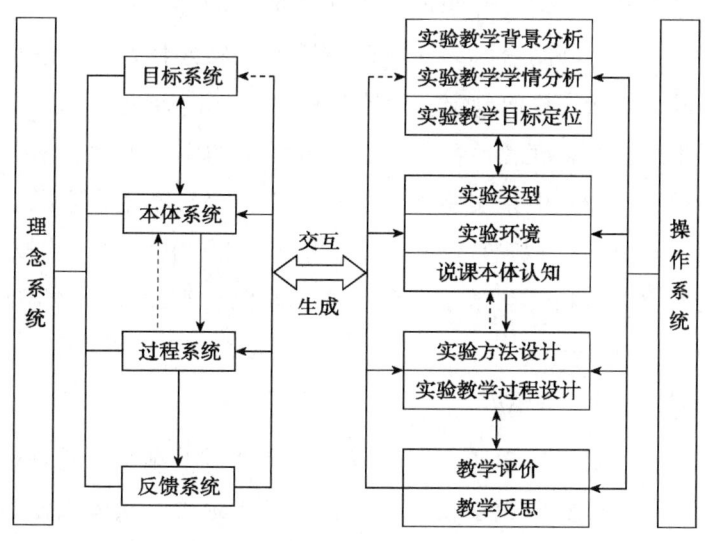

注：实线箭头代表强相关，虚线箭头代表弱相关。

图 2-2-1　实验教学说课系统框架

---

① 吴芳竹、王宽明：《课改近十年中小学说课研究的元研究》，《中小学教师培训》2015 年第 1 期。

② 王雨田主编：《控制论、信息论、系统论科学与哲学》，中国人民大学出版社，1988，第 402 页。

③ 安文铸：《教育科学与系统科学》，吉林教育出版社，1990，第 102 页。

一、实验教学说课的目标系统

目标系统的定位是指向目标的前展后延,对事物的整体认识能为事物定下其所在的时空点,由此可知,目标的确立是基于多元化的复杂认识,需先对事物形成系统的整体认识。教学目标通常包含多个子目标,如知识与能力、过程与方法、情感态度与价值观等子目标。合理且能达成的教学目标,必须建立在深入理解教材地位和做好学情分析的基础之上。目标定位是教师教学行为的导向,并以此为基点确定相应的教学策略、教学方法和教学过程。

(一)实验教学背景分析

实验教学说课是一种面对群体的教学研讨形式,因而在开始部分,教师应该简要说明课题来源、学科和年级,概述实验教学的内容,阐明实验教学内容的教学价值和意义。这一部分的内容类似导言,其作用是通过简洁明确的一段话,方便听者在最短的时间内了解本次实验教学说课的主题及要点,迅速进入共同话语体系。

(二)实验教学学情分析

学情研究和分析是为了了解学生,做到因材施教,从而提高教学的有效性。教学前教师会对学生已有的学习情况和学习需求作出准确的理解和把握,针对实验内容的教学也是如此。教师还必须结合实验学科的特殊性和特定性,分析学生的过去和现在的状态,对可能的未来状态作出判定。学情分析的基本内容有:(1)了解所任教学生的基础,包括学生的学习态度、学习兴趣,多数学生的学习习惯、学习方法以及相关知识技能的掌握程度;(2)根据实验教学的重难点,分析学生在学习过程中可能遇到的困难及其原因。[①] 教师需要综合考量学情分析的结果与教学设计、教学实践的关系,进而决定采取何种教学策略、教学手段和方式,确保教学设计、教学实践的各个环节与学情分析的结论具有针对性。[②]

(三)实验教学目标定位

实验教学目标是指实验教学活动实施以后预期达成的结果,它是通过教学可以明确达到的,也是教师进行实验教学设计的依据。简单地说,实验教学目标就是让学生通过某种学习方式和途径,经历学习的过程,从而达到某种教学要求。编制实验教学目标时应紧扣课程标准,建立在精心研读课程标准基础之上。除此之外,实验教学目标的制订要有针对性,要注意区分实验教学目标与课时目标的不同,不能笼统草率地以课时目标代替实验教学目标。对预计要达到的教学目标作出整体描述,一般均涉

---

① 姜小军:《高校教师说课技巧刍议》,《教育与职业》2012年第3期。
② 邵燕楠、黄燕宁:《学情分析:教学研究的重要生长点》,《中国教育学刊》2013年第2期。

知识与技能、过程与方法、情感态度与价值观等维度。表述方法多采用行为目标陈述法，将目标转化成可观察和可测量的行为陈述。通常由四个要素组成：陈述的主体（对象）——学生；行为产生的条件；行为，即学生在学习之后能做什么；标准，即规定评定上述行为是否合格的标准。[①] 例如，学生（主体）能用图示、文字（条件）描述物体运动的状态与过程（行为），准确率应达到百分之百（标准）。在制订目标时应同时明确教学重点和教学难点。所谓教学重点是教材中最重要、最基本的中心内容，是知识网络中的连接点，是教师设计教学过程的主要线索。所谓教学难点是学生在学习过程中，学习上阻力较大或难度较高的某些关节点，也就是学生接受比较困难的知识点或问题不容易解决的地方。实验教学说课时应该突出重点：实验创新及其在教学中如何融合应用；是否体现新技术、新方法、新材料的应用；是否体现实验教学设计思想与育人效果。教师讲课贵在少而精，讲课面面俱到，不抓重点，不突破难点，就无法保证学生真正理解教学内容，教学目标也难以实现。[②]

二、实验教学说课的本体系统

实验教学说课区别于其他一般的说课，在于其不仅具有说课的普遍规律，而且还聚焦于实验及实验教学。而实验和实验教学本身所具有的实践性、操作性、探究性、验证性等性质决定了其本体资源的丰富性，构成了实验教学说课内在的品性。为此，研究认为实验教学说课的本体系统包含实验类型和实验环境及说课本体认知。

（一）实验类型及其环境

实验教学说课的核心本体是实验。中小学课程标准根据不同的实验目的，将实验分为四种类型：即观察性实验、探究性实验、验证性实验、运用性实验。本体系统的实验内容设计指向不同类型的实验。不同类型的实验，有其特定的教学过程、教学方法和教学设计方面的规律，其所蕴藏的育人价值也不同。在实验教学说课本体系统中与实践操作层面对应的是实验内容设计与实验环境设计两个要素。

实验内容设计指的是实验教学内容的选择与设计。多数教科书已经为各个知识点提供了经典的实验教学内容，教师可以根据课时教学目标和教学任务选择相应的实验内容，也可以基于自己的研究和理解，进行优化、替代、重组和创新，以达到更好的教学效果。选取的实验内容应有助于知识的理解和掌握，有助于培养和锻炼学生独立思考的能力，能启发学生从实验中提炼实验思想和方法以及提高自主设计实验的能力。实验内容设计要尽量贴近课程标准的要求，既注重结果又关注过程与方法，尽可能为

---

① 皮连生：《教学设计——心理学的理论与技术》，高等教育出版社，2000，第59-61页。
② 江新华：《中小学课堂教学重难点问题探究》，《教学与管理》2005年第4期。

学生提供动手实践的机会，努力让学生参与体验实验探究的基本过程。

"实验环境"这个词一般出现在信息技术或大学工科的实验设计中，指向实验过程中涉及的各种软硬件。从学习环境的角度来分析，实验环境包括教学资源与工具两个方面：一是支持教师教学的资源，二是支持学生学习的资源和工具，包括学习的环境、进行实验的场所、实验操作要求、实验对象处理等。在中小学教学设计中，一般不提"实验环境"这个词，但可以理解为实验教学时要使用的相关仪器、试剂和材料等，更偏向课堂中的物质因素。

（二）说课本体认知

实验教学说课的表征本体是说课。从性质上来看，实验教学说课属于说课的范畴，但相对于完整的说课而言，实验教学说课是一种专题性的说课，其切入点较小，一般是截取某节课的某个局部的实验教学内容。实验教学说课的目的侧重在促进教师开展实验教学研究，创新实验教学设计，提升师生实践动手能力，从而提高实验教学水平。既然是说课，必须突出"说"字，在较短的时间内，充分发挥教师自身的教学个性和创新精神，结合教育理论，按自己的思路有重点、有层次、有理有据地表达出自己对实验教学的研究。

三、实验教学说课的过程系统

实验教学说课的过程系统是教师在教育教学理论的指导下，结合自身的教学经验，在综合考量教学对象、实验教学目标、实验教学内容、实验环境、教学策略的基础上，以教学设计呈现教学组织程序，其目的是使教学过程达到最优化。过程系统主要涵盖实验方法设计和实验教学过程设计两个主体要素。

（一）实验方法设计

实验方法设计是组织实验教学的前提，必须依据实验教学目标、实验原理，以及实验的类型来决定。如按实验的主体选择演示实验或分组实验，按实验的目的设计成观察性实验、探究性实验、验证性实验、运用性实验，按实验揭示变量之间的质与量的关系选择定性实验、定量实验，按实验的认知作用分为对比实验、模拟实验、析因实验。设计实验方法时，要充分考虑实验教学的基本理念，深入开展学情分析，才能配套相关的教学与活动策略。实验设计时还要合理安排实验过程，以期用较小的规模（实验次数）、较短的实验周期和较低的实验成本，获得理想的实验结果并得出科学的结论。合理的实验设计可以显著提高实验效果和教学效率，是提高实验质量的重要保证。

（二）实验教学过程设计

实验教学过程设计是基于教学对象和教学任务的分析，运用系统的方法分析研究实验教学目标、实验教学方法、实验环境等相互联系的各部分的问题和需求，有序、优化地安排教学诸要素，形成教学方案的过程。这一部分的内容是教师比较熟悉和擅长的，因而不需要作过多的解释。建议教师在说课活动时，将教学过程设计转化成教学流程图进行展示，这样不仅能让听者快速地了解教学的主要流程，还可以让听者明确教师、学生、教学媒体、教学内容四个基本要素在教学过程中的相互关系。在教学流程图中清楚标注出每一个阶段的教学目标、教学媒体和相应的评价方式，还有利于教师反思自己的教学过程设计与教学目标达成之间的关系，从而使教学过程合理、有序地开展，有利于课堂教学过程的最优化。

四、实验教学说课的反馈系统

实验教学说课的反馈系统具有对整个系统进行诊断、反馈与优化的功能，能够有效促进实验教学说课各个系统实现循环推进，从而在系统的自组织机制下不断演进。基于控制论中的反馈概念，当教师完成教学实施过程以后，应该以教学目标为标准评价教学情况。一般通过课堂观察结合评价量表评价等方法对教育教学过程进行监控与评价。评价反馈的结果能为教师进行教学研究、改进教学提供科学、客观的量化依据。在此基础上，教师通过教学反思，形成对教学的正确自我评价，从中分析问题成因，采取有效措施改善教学，以提高教育质量。

（一）教学评价

教学评价必须分析学生的学习结果与目标达成情况，客观地衡量和科学地判定教师教学及其效果。为了更加全面、深入、客观地研究与评价教学过程的有效性与学生学习的达成度，在教学评价过程中应该积极运用多元评价方式，如表现性评价等，并在评价过程中实现多种评价方式的互证与互补。

新课程实施以来，课堂教学评价观发生了改变，教学评价主体逐步转向学生，因而建议说课教师应紧扣实验教学的主题，从实验环境与学生学习情况、实验教学过程与学生学习效果两个方面进行评价。为获得真实、全面、自然、客观的评价结论，评价要结合课堂观察法、量表评价法、分析法、提问法、调查法等，搜集、整理和分析学生学习过程的有关信息。值得注意的是，评价时观察工具的设计和运用要根据具体的观察点而定，应便于记录与反思；并且，应有计划地开发出系统的、适合本校本学科实际的量表。[①] 准确的评价是进行有效教学反思的起点。

（二）教学反思

实验教学说课后教师对自己的教学加以思考，体现了教师对教学实践合理性不断

---

① 崔允漷：《听评课：一种新的范式》，《教育发展研究》2007 年第 9B 期。

追求的态度。反思有利于教师发现和解决教学中存在的问题，总结经验以获得实践性知识，形成新的教育理念。实验教学后的反思可以围绕实验教学目标制订的合理性、教学内容的适切性、教学过程的适用性、教学策略的成效等方面进行，可以写成功之处、不足之处，也可以写教学创新之处。提倡教师将反思的出发点从教师的教转变成是否有利于学生的学，从学生的学习情况分析来反思教师的教学过程，反思教师是否为学生创设了有利于学习的环境及是否能引导学生自主学习等。评价与反思的结果能反馈目标系统和过程系统的合理性，共同促进教师教学行为的改变。

从系统论视角出发建构形成的实验教学说课框架体系与操作系统，进一步明确了实验教学说课的六个要素：实验教学目标定位、实验内容设计、实验环境设计、实验方法设计、实验教学过程设计、教学评价与反思。为更好地达成有效的教学研修，建议教师针对某一专题开展持续研究。教师事先选取实验教学主题，根据实验教学说课系统框架和流程要素，撰写实验教学说课稿，准备实验环境集中展示，通过集体研讨优化形成统一的认识，进而进入"达成共识—行为跟进—进一步认识—进一步改进"的螺旋式上升通道。经常性的实验教学说课研讨，能有效提高教师的实验教学研究水平，提高教师的业务素质，提高实验教学的效率和质量。

五、实验教学说课的操作实务

实验教学说课活动有哪些等级分类，实验教学说课有哪几种常见的类型，实验教学说课的流程和规范要求有哪些，这些都是教师需要了解的，也是做好实验教学说课的前提。

（一）实验教学说课活动的组织

目前最高级别的实验教学说课活动，是由教育部基础教育司举办的全国中小学实验教学说课活动。教育部基础教育司提前制订全国中小学实验教学说课活动方案，提出说课要求，转发各省、自治区、直辖市教育厅（教委），各计划单列市教育局，新疆生产建设兵团教育局。各级单位则据此开展实验教学说课培训、研讨、展示、评比等活动，层层向下落实，并做好层层向上择优推荐工作。

以示范和评比为主要目的的说课活动，其活动的一般流程如下：主管部门制订实验教学说课的方案和要求，各级单位下发通知发动宣传，由教研团队共同做好说课前的各种准备，一段时间以后组织公开展示，聘请专家结合评分细则进行评比，会后组织点评与研讨活动，对优秀的组织单位和个人进行表彰，并汇编材料。

以教学研究为主要目的的说课活动，主要包括以下几个环节：选取实验教学主题，撰写实验教学说课稿，准备实验环境集中展示，集体研讨优化形成统一的认识。要想达成有效的教学研修，必然要坚持对某一专题开展持续研究，进入"达成共识—行为跟进—进一步认识—进一步改进"的螺旋式上升通道。活动的方式应该多样化，例如可以开展集体备课，可以开展同课异构，可以一课二上三反思，更可以把实验教学说课与实际教学进行比照……活动形式也可以丰富多样，如学术沙龙式教研或网络教研，巧妙利用参与者中的资源，让不同层次的教师都有参与学习和提高的可能，帮助教师形成基于实践的理论。

（二）实验教学说课的常见类型

1. 从实验教学的目的和用途分类

（1）研（讨）究性实验教学说课。

这类型说课的目的是为了进行实验教学研究。教师围绕着某个实验主题或实验内容进行说课展示，通过集体研究、商议实验教学方法、策略，凝聚集体智慧，解决教学问题，促进整体发展，提高实验教学的水平。这种说课活动适合在小范围内开展，如以教研组或小群体为单位，让群体内的教师轮流说课，形成研讨氛围，有利于共同提高教师的业务素质和研究能力。

（2）示范性实验教学说课。

示范性实验教学说课的目的是提供教师学习的榜样或典范。说课教师事先精心准备说课稿，打磨展示的细节，优化展示的过程，再通过讲解与实验操作示范，突出实验教学的重点，阐明关于实验教学的思想或理念。最后组织教师或教研人员对说课教师的说课及课堂教学作出客观公正的评析，听课教师在听说课、听评析中增长见识，开阔眼界。例如开展实验教学专项培训时的示范、推广优秀实验教学方式时的示范性说课，都属于这个范畴。

（3）评比性实验教学说课。

实验教学说课评比能有效地引导教师关注实验教学活动，有利于教师反思实践、交流感受、总结经验，展示优秀的研究成果。利用评价的导向功能，明确实验教学说课的要求，形成规范，同时激发教师的研究热情。在各级教学主管部门的组织下，参赛教师按指定的实验教学内容，精心备课，集中展示，最后由听课评委评出比赛名次。

2. 从交流呈现的方式分类

（1）纯文本：以实验教学说课稿的方式进行交流。

（2）说课视频：将实验教学说课的全过程录像记录。

（3）现场展示：教师现场面向听众进行说课展示。展示时较为常见的有两种，一种是教师边说课边进行实验操作，另一种是先说课再进行实验操作。考虑到实验环境的复杂性，说课时可以直接进行实验操作，也可以结合实验视频进行展示。

组织者可以根据研讨交流的需要，对以上几种方式优化组合、灵活应用。

（三）实验教学说课的要求

以下为全国中小学实验教学说课活动的说课要求和稿件要求。

全国中小学实验教学说课活动的说课要求

一、说课主题

中小学实验教学设计。实验教学内容应符合国家相关课程标准。

二、说课环境

多媒体教室环境，提供电子白板、电脑和投影设备。

三、基本要求

1. 说课时间：10分钟。

2. 说课表述：以PPT文稿演示，语言流畅，表述清晰。

3. 实验操作：规范、熟练，效果明显。

四、说课内容

1. 要点：实验教学目标、实验内容设计、实验方法设计、实验教学过程设计、教学反思与自我评价。

2. 重点：实验创新及其在教学中的融合应用，体现实验教学设计思想与育人效果，鼓励新技术、新方法、新材料的应用。

五、说课资料要求

说课资料包括说课文字稿和PPT演示文稿。格式要求如下：PPT文稿为".ppt"格式；视频存储为".wmv"或".mp4"格式，视频片段3分钟以内，视频图像、声音要清晰；图片存储为".jpg"格式，图片要影像清晰。在制作PPT演示文稿时，要将插入的链接（如图片、文稿、资源、视频片段等）与该PPT文稿放在同一文件夹中，确保链接文件的路径正确。说课文字稿为Word文档，3000字以内，按说课内容要求撰写，图文清晰，图片下方、表格上方分别标明"图1、图2……""表1、表2……"，并在文稿中一一明确对应，全文字体字号为宋体、四号。将以上说课资料打包到命名为"学段-学科-姓名-学校"的说课文件夹。

获得推荐参加全国中小学实验说课活动的教师，须在全国中小学实验在线平台（http://www.syzx-edu.com/）注册，活动申报、遴选、直播、成果展示均在该平台上进行。每名教师通过网络平台提交实验说课案例，项目内容包括教师教授实验课程视频（不超过15分钟）。上述15分钟的教学视频须参赛教师另外录制（注：省级说课活动一般不要求提供该视频），内容是参赛教师上实验课的场景，讲课对象是学生。这个视频除了作为全国中小学实验说课活动专家遴选的评价依据，还将作为课程资源在教学平台上供全国分享。

全国中小学实验教学说课活动的稿件要求

一、内容要求

稿件内容一般应包括"一、使用教材""二、实验器材""三、实验创新要点/改进要点""四、实验原理/实验设计思路""五、实验教学目标""六、实验教学内容""七、实验教学过程""八、实验效果评价"等部分。作者也可按自己的思路进行调整。

稿件总体要求：逻辑严谨，数据准确，文字通顺。须保证著作权的独立性，无抄袭，署名排序无争议。

以下是对各部分内容的具体要求。

"一、使用教材"：清晰完整地说明版本（或出版社名称）、学段、年级、教材名称、册次、课次、课程名称等。

"二、实验器材"：列举实验过程中使用的全部器材，可分组列举。

"三、实验创新要点/改进要点"：简洁明晰。

"四、实验原理/实验设计思路"：简洁明晰。

"五、实验教学目标"：一般分为"（一）知识与技能""（二）过程与方法""（三）情感态度与价值观"三部分。作者也可按自己的方式表述。

"六、实验教学内容"：明确，完整。

"七、实验教学过程"：翔实，可图文并茂。

"八、实验效果评价"：简明，实事求是。

请在稿件之后附上作者姓名、单位名称（须完整）、联系电话、电子邮箱等。

二、标题和正文格式

请使用 Word 排版。

文章标题（即说课题目）居中，字体用宋体（中文标题）、三号字，加粗。说课教师学校名称、说课教师姓名（二者之间空一格）放在文章标题之下，居中，用宋体（中文正文）、五号字，加粗。

正文字符采用中文简体半角格式，用宋体（中文正文）、五号字。

正文行间距 1.5 倍行距。

三、正文层次序号的使用

正文按内容层次依次使用以下序号：

一、……

（一）……

1. ……

（1）……。

①……。

　　　　a. ……。

　　其中前三个为不同层次的段落标题，结尾不用标点符号；后三个属于段落内容，句子结尾处应用句号或其他点号。

　　具体使用中，作者可根据内容情况灵活安排层次，比如可越过"（一）"或"1."或"（一）""1."。

四、对文中图表的要求

　　文中的插图和表格一般都需命名，图名/表名须准确概括图/表内容。图名（有序号的在前面加上序号）放在图片下方，表名（有序号的在前面加上序号）放在表格上方，左右居中。

　　文中有多个图/表的须编序号，按图1、图2、图3……/表1、表2、表3……排序，全文连续。序号和图名/表名之间空一格。

　　图片须清晰，格式可为JPG/TIF/BMP。扫描图片的分辨率不低于150 DPI。图片请直接粘贴到文中相应位置，不要采用"链接到文件"或"插入和链接"的方式插入文中，也不使用文字环绕格式。

　　表格如有注释，须放在表格下方，有多条注释的可排序列出。表格中如有以上标引入的注释（这种情况下，请作者依次使用 *、* *、* * *……作为上标符号），须在表格下方以相同的符号依次注出。

　　图片或表格都不宜过大，应避免以下情形：（1）把多张图片放在一张大表格中。（2）将表格以图片的形式呈现。如有情形（1），建议拆掉该表格，其内容改用普通的叙述方法进行表述。如有情形（2），请用Word重新制作该表格。

　　认真解读文件，理解文件中有关说课的具体要求，遵守规范，才能在比赛中获得评委的认可。实验教学说课的重要意义在于，它帮助教师掌握实验教学研究的方法，是交流、改进教学的有效手段。在日常的教学研讨中，一般以课本中的实验内容为主题开展活动，提高教学的有效性，同时应摒弃为参赛而说课的功利化思维。

第三节 科学实验教学说课存在的问题与对策

实验教学说课越来越受到重视和认可。全国各级相关部门和机构积极组织开展各种研讨性、示范性和评比性的说课活动，呈现出一片繁荣的景象。笔者以系统论的视角分析实验教学说课的案例，发现教师在实验教学说课时，存在着本体认识模糊、目标定位不清晰、过程缺乏理论支持、反馈效度不高等问题。以问题为起点，分析其原因，并寻找可行的对策，有利于提高教学研究的效率，提高实验教学说课的整体水平。

一、科学实验教学说课存在的问题

（一）实验教学说课本体认识模糊

实验教学说课的核心本体是实验，包含不同的实验类型和实验环境；实验教学说课的表征本体是说课。通过研究全国中小学实验教学说课活动汇编的案例，笔者发现两种不同的说课形态：一种形态是按传统方式说课，说教材，说教法，说学法，说教学设计，甚至包括板书设计等；另一种形态是按说课要求中的要点，从实验教学目标、实验内容设计、实验方法设计、实验教学过程设计、教学反思与自我评价等方面进行说课。这两种形态的说课其主要内容与侧重点明显不同，前者呈现的是针对一节课的完整说课，后者则是针对实验部分的重点说，相较而言，第一种形态严重偏离了实验教学说课的要求。因此，按传统方式说课时，会把课堂环境理解为影响教学活动的开展、质量和效果，并存在于课堂教学过程中的各种物理的、社会的及心理的因素的总和[①]，而不是指向实验过程所涉及的各种软硬件，如实验教学时要使用的相关仪器、试剂和材料等，实验操作要求、实验对象处理等。这些现象反映了教师对实验教学说课本体的认识不清晰，混淆了说课与实验教学说课的概念。

（二）实验教学说课目标定位偏差

准确的学情分析才能制订出合理的教学目标。然而，教师在实验教学学情分析时往往依赖自己的教学经验，或直接照搬教师教学用书上的资料，显得粗糙和简单，存在着形式主义的现象；学情分析多停留在对学生基本特征的整体性描述，显得空洞和模糊，只见到结论而看不到分析的过程；说课者缺乏针对学生的实验基本素养、实验准备技能、实验设计能力、操作能力和研究能力方面的分析，不能突出实验教学学情分析独有的内涵特点。这些问题反映出教师不太重视学情分析的重要价值，并不认为学情分析能为"以学定教"提供依据、能帮助确定教学的合理起点并有助于制订出有

---

① 范春林、董奇：《课堂环境研究的现状、意义及趋势》，《比较教育研究》2005年第8期。

针对性的教学策略。

教学内容是实现教学目标的主要载体。目前，实验教学的内容多数直接选自教科书，教师并不敢做过多的变动。部分教师在实验环境设计时，会对实验器材做一些简单的改进与变化，但并未达到创新的标准，鲜有自制教具或者创新实验。针对实验教学方法、教学过程、实验数据处理方面的实验教学设计创新就更少了。部分教师还把整课的教学目标不加区分地等同于实验教学的目标。这些现象说明了教师对目标系统的制订原则、教学内容要点的认识不足，导致目标定位出现偏差。

（三）实验教学说课过程缺乏理论支持

说课除了要说出"教什么""怎么教"，更重视能说出"为什么这样教"，其目的是促进教师从"实践者"向"研究者"的角色转化。多数教师具有丰富的教育实践经验，但教育理论普遍储备不足，理论和实践相脱节导致其说课缺乏理论依据的支撑。例如教师"说实验方法设计"时只是简单地说明采用实验法、讲练结合法、讲述法等，并未说明其方法的设计是根据何种实验类型、实验环境和学生基础来确定的。又如"说实验教学过程设计"时，一般按照情境导入、设计实验、实验探究、数据分析、研讨小结等步骤进行，没有说明每一步骤这样做的理论依据。

（四）实验教学说课反馈效度不高

实验教学说课的最后环节是评价。判定学生的学习结果，需要制订科学、合理、系统的评价反馈方案，借鉴多种手段进行测量和统计，最终通过实践来检验效度。多数教师在阐述这一部分内容时，采用的是经验推测法或专家预测法，分析教学目标的达成情况及教材处理、教学方法设计、学生学习方法研究等方面的得与失。这样的评价取向，表明了教师对评价的内涵和核心要求理解错误。

目前教师的教学反思，多数是反思自己教学设计的巧妙之处，实验改造的成功之处，简单地讲就是报喜不报忧。这样的反思多流于形式，简单、肤浅，缺乏问题原因分析、相关理论支撑以及改进措施，对问题的探讨不够深入……教学反思有"形"无"神"的问题反映出目前教师的教学反思意识、反思能力亟待提高。

二、科学实验教学说课存在问题的原因分析

针对以上问题，笔者从活动组织、教师个体素质与认识、外部评价机制等方面寻找问题的主要原因。

（一）未能妥善组织实验教学说课活动

全国中小学实验教学说课活动最初是由中国教育装备行业协会举办，直到2015年才转为由教育部基础教育司举办。因此各省各地市负责这一活动的教育主管部门并不

统一，有些地区是由教育装备管理办公室（以下简称"装备办"）牵头组织，有些地区则由教育教学研究部门来负责。这两个部门的职能分工有很大不同，装备办更多以承担教育技术装备的配置和应用工作为主，教育教学研究机构主要负责指导教学、指导教学研究、负责教师培训工作。以装备办为主组织活动，因其缺少教师教育科研组织和培训方面的资源，对活动过程不够关注和重视，因而会采取应对比赛的相关策略。然而实验教学说课的目的是为了教学研究，符合常态教研的特征，因此由教育教学研究部门如教师进修学校或教研室来组织为好。组织不当影响了实验教学说课活动所需的培训、研讨、展示、评比等环节的质量，直接影响任务的落实。

（二）教师专业素养结构不够完善

教师的基本知识除了深刻的政治理念、广博的文化素养、精深的学科知识外，大量的教育学、心理学知识也是教师知识素养中必不可少的。拥有了这些知识，可以使教师在教学设计的时候切实将学生作为学习的主体来考量。[1] 可见教师如果仅仅凭借自身的教学经验和感性认知，凭借对教育学、心理学一知半解的认识，在说课中是不可能准确地阐明其选择教学方法等的依据，也无法为其教学设计的合理性提供理论支撑。

例如学情分析是教学预设的基本依据。若教师对学情分析的基本内涵、主要功能、基本内容及其常用方法认识不足，他们就只能基于自身已有的教学经验，主观地进行分析与研究，受经验主义思维的限制，其观点往往孤立、片面。应该说，在进行学情分析时，运用多元分析方法与多维分析视角，其分析结果更为可靠，也更有指导作用与理论价值。[2] 但是教师缺少的正是做好实验教学说课学情分析所需要的相应方法和手段。又如，实验教学说课的评价环节，同样存在类似的问题，教师同样缺乏编制测量教学效果工具的方法，最常用的方法是请有关专家对教学目标与教学效果的符合性作出判断，但这样评价的效果并不客观，效度也不高。

实验教学说课活动强调突出实验创新，强调体现新技术、新方法、新材料的应用。然而，教师们的教育观念依然陈旧保守，把应试教育的质量标准作为衡量教学的质量标准，因而他们会选择按部就班地传授书本上的知识，反复训练实验技能，规避教学改革和创新可能带来的一些问题。这也与现有的教师考核制度不利于教师的创新发展，不能提供创新所需要的环境有关。教师缺乏创新思维和意识，就不会创新思路，也就不可能产生学习新的教育教学方法的动力，自然就不会投入大量的时间和精力进行研究、探索和尝试新的教学内容和教学方式。

---

[1] 吴芳竹、王宽明：《课改近十年中小学说课研究的元研究》，《中小学教师培训》2015年第1期。

[2] 马文杰、鲍建生：《"学情分析"：功能、内容和方法》，《教育科学研究》2013年第9期。

（三）外部社会性评价影响教师的科学课程价值取向

科学课程是科学教育最重要的途径，科学课堂教学是科学教育的常见形式。课程的根本价值取向必须基于时代和社会发展的现实水准。从科学课程的发展趋势上看，科学课程的价值取向是促进学生科学素养水平的不断提升和个性的全面发展。科学课程发展至今，逐步形成知识性课程和操作性课程两种基本形态。知识性课程以系统知识的认知和传承活动为主要内容，多按学科划分为不同的课程。操作性课程是以操作性活动为主要内容，主要目的在于使学生获得某些操作经验和体验，包括实验课程、活动课程以及各种实践活动课程。

教育行政部门、教师习惯用外部社会性评价（如各类升学考试评价）来评价科学课程的实施效果，这种评价的导向势必使教师更侧重知识性课程的教学。这种价值取向也必然会影响科学课程教学时的目标定位，扭曲教学过程，自然无法深刻认识实验教学说课的教育价值，导致实验教学说课目标定位偏差，以及当下科学课堂的教学文化环境仍呈现主客体师生关系和被动接受的传统学习方式。

（四）实验教学的功能与价值认识不到位

教师一般认为实验教学就是让学生在教师的指导下，把涉及物理、化学、生物学、天文和地球科学等学科的实验，作为重要的学习资源和教学资源，为学生学习科学创造一个基本环境，让学生经历实验过程，积极主动地掌握知识与技能。这仍是以传授分科科学知识为主，忽视科学知识之间的联系以及科学过程与方法、科学态度、情感与价值观等重要教学目标的片面认识。当前我国科学教育在实验教学方面存在实验教学知识化、实验教学形式化、实验教学虚拟化、实验教学边缘化等主要问题。

科学学习过程把科学实验放在十分重要的地位并突出其作用。从行为科学研究的角度看，科学学习过程就是科学学习行为发生的过程。从教育学和心理学的角度看，科学学习过程是学习者的发展过程。教师要认识到"实验教学的主要目的是检验或发展理论，探索新的事物，培养学生的能力"[①]。实验教学有利于发展与开发学生的智力，有利于促进学生对科学本质的认识，进而促进学生科学的世界观与方法论的形成。科学学习过程不应该仅限于科学知识的获得，更要认识到科学实验是重现和研究各种科学现象的重要手段，能帮助学生形成直接的科学经验和接受间接的科学经验。若教师对实验教学的功能和价值认识不到位，就不可能为学生的学习提供充分的参与机会、选择适合的实验内容、设计新颖的教学方法，不利于发展学生的创新思维，无法有效落实实验教学。

---

① 张永兵、柳中海：《教学实验室导论》，山东教育出版社，2002，第286页。

三、提升科学实验教学说课质量的对策

面对目前存在的问题，积极寻找破解的思路和方法，才能有效提升实验教学说课的质量。

（一）重新认识实验教学说课的形式与价值

从近十年来实验教学说课发展的历程看，说课内涵呈现横向拓展和纵向延伸的特征。一方面，目前实验教学说课的主要内容已经从"说教材、说教法、说学法、说教学过程"四个方面转向为"说实验教学目标、说实验内容设计、说实验方法设计、说实验教学过程设计、说教学反思与自我评价"五个方面。这说明研究者已经从最初的关注说课形式和方法的层面，提升到关注教师理解教材能力的提升、教法和学法的实际应用性、习题设置的科学性、说课内容之间的连贯性和合理性等。[①] 另一方面，实验教学说课研究还存在从实践形态向理论形态发展的趋势。实验教学说课是将教育理论和教育实践结合起来的说课，是站在一定理论高度上的教学研究，能帮助教师理解为什么这样教以及这样教的可行性与必要性的理论依据。开展实验教学说课活动旨在促进教师进一步学习教育理论，关注教育改革和发展，使其成为具有创新精神的研究型教师。[②] 因而，必须正确认识实验教学说课在提升教师理论素养、提高教师理论应用于教学实践的能力方面的功能与价值，解决目前实验教学说课活动教学目标定位不准确、不懂得如何用理论支持实验教学设计的问题。

（二）整合科学教师在职培训课程体系

英国课程专家斯滕豪斯基于"课程即研究假设"的观念进一步提出：在教学实践中的研究、探索与试验是教师尝试改进自身的教学并通过教学实践来验证教育理论基本假设的一种行动。[③] 从一定意义上讲，什么样的培训课程造就什么样的教师。然而，教师的大学教育课程与在职教育课程之间缺乏系统性和连贯性的设计，难以形成有效的课程合力；课程实施方式相对单一，评价体系滞后。因此应该依据培训对象的不同需求加以合理设置，整合教师职前与在职的培训课程体系，以满足教师专业发展的需要。根据实验教学说课培训的需要，依据成人学习理论的研究成果，逐步确立教育学理论、心理学理论、课程理论和课程标准四大基础理论课程结构。除此之外，还应该将课程集成化、模块化，采用实践性、参与式、案例式和体验式的培训方式，让教师

---

① 吴芳竹、王宽明：《课改近十年中小学说课研究的元研究》，《中小学教师培训》2015 年第 1 期。
② 许佳：《说课——一种有效的教研活动形式》，《中国教育学刊》2002 年第 3 期。
③ 王立忠、刘要悟：《"课程即研究假设""教师即行动研究者"——斯滕豪斯课程观之要义》，《大学教育科学》2010 年第 2 期。

从体验开始，进而通过反思、总结、理解理论，最后将理论应用于实践，提高培训的效度，解决教师理论素养方面存在的问题。

（三）完善监督与评价机制

外部社会性评价确实会影响到学校和教师对科学课程的价值取向，然而，我们必须回归教育的本质，遵循教育的规律，发挥科学课程独有的育人价值。要在冲突与矛盾中寻求解决方案，有效的监督机制是必不可少的。建议督导工作在评估学校实施素质教育的情况、教育教学水平、教育教学管理等方面情况时，要有意识地加强科学课程实施状况的调研，调查实验教学开展的情况，关注学生的实验学习过程。针对学校不严谨的教学管理机制、教师不扎实的教学过程，必须不断完善督导机制与方法，实行无为问责制度。例如对不履行或不有效履行课程标准和教学要求，导致教学事故的责任部门和责任人，采取诫勉谈话、通报批评等方式予以问责，以达到惩戒的目的，提高课程执行力。明确目标导向，围绕着提高教学质量设计一套简洁、操作性强的关键绩效指标方案，辅之以薪酬激励、培训激励，以期最大限度地调动人力资源，调动教师的科研积极性，提高教师的课程执行力。

（四）加大实验课程研究

最近，越来越多的科学教师和科学教育研究者将"科学实践"的观点引入我国的科学课程和教学。这必将促进教师对科学本质的理解，提高教科书和课堂教学的品质。引入教育新理论能为教学方式的转变和创新提供广阔的空间，因而需要大量深入细致的研究和持续不断的努力。实验内容设计是开展科学教学的基础，不同的教学内容对学生发展的价值不同，应加强开发一些新颖性、启发性和研究性相结合的实验教学内容，既拓展学生的知识面，又增强学生的学习兴趣。通过研究引进合适的新技术、新材料、新成果，创新实验环境，创新实验教学手段，提高实验教学效率。为了让学生能更好地掌握科学知识结构以及通过实际的探究活动学会科学研究的方法，要尽可能让学生主动参与并积极探究，还要不断创新实验教学方法，改革教学过程。可以从评价内容多元化和评价主体多元化两个方面研究如何构建科学的学生评价体系，确定合理的课程考核方式，改变过分关注结果而忽视形成过程的评价，促进学生的全面发展。

就科学学习而言，人们通常认为有两个特别重要的目标，即掌握科学知识结构以及通过实际的探究活动学会如何去从事科学研究。[1]应充分利用实验教学说课活动具有的科研与实践有机结合的特点，完善科学课程体系，逐步确立科学教育的结构和模式，激发教师参与课程的使命，实现科学课程独有的教育功能与价值。

---

[1] 郑毓信：《科学教育哲学》，四川教育出版社，2006，第44页。

第四节　科学实验教学说课的创新思路与教学设计

创新是实验教学说课的重要内涵之一。从字面上释意，创新泛指推陈出新、革故鼎新；从理论上讲，创新包括两个含义，一是指产生前所未有的东西，即创造发明，二是指将原有的东西引入到新的领域产生新的效益。创新实验教学，是推动实验教学发展的动力。充分发挥个体和集体的创造性，加大对实验教学的研究，依托实验教学说课的框架系统，可以为实验教学创新提供思路。

一、创新实验教学内容

课程改革对课堂教学的要求之一是教师的课堂教学能够从传统的"教教材"向"用教材教"转变。"用教材教"最好的办法是教师能够以学生寻求真知为目标，按照课程标准的要求，综合分析现有的教材，并结合学生的学习情况和自己的教学情况，以超越教材的方式来教学。同样的道理，为了达到更好的教学效果，教师可以根据实验教学的目标，选择、优化或创新合适的实验内容。

（一）挖掘教材有意义的实验内容

目前，基于小学科学课程标准已经开发出多个不同版本的教材，这就意味着在相同的课程标准下允许不同编者有不同的解读。虽然编者在撰写教材的过程中，必须遵循课程标准的要求，但并不意味着教材能百分之百地体现课程标准。正因为上述原因，如果教师能够深度解析课程标准，把握"用教材教"的内涵，就能从教材中挖掘出有教育意义的实验内容。

案例1：《研究透镜》实验教学说课

《研究透镜》选自《科学　五年级上册》（苏教版）第2单元《光与色彩》中的第3课。

【实验教学目标】

根据小学科学课程标准的要求，以及对教材的研究和理解，制订如下教学目标：通过教师设计的一系列探究活动，引导学生在实验观察中自行发现折射的现象及其产生的条件，知道光通过两种不同的透明物体时会改变行进的方向。同时引导学生开展探究实验，通过对日常生活中特殊现象的观察与思考，体验科学探究的乐趣。

【实验内容分析】

为了让学生初步认识光的折射，教材安排了如下实验教学内容。

实验过程：把吸管、铅笔、毛笔分别插入水中，从正面和侧面观察，如图2-4-1

所示：

图 2-4-1　教材中认识光折射的实验

实验目的：通过实验观察物品在水和空气的交界面上发生弯折这一现象，由教师讲解并让学生掌握光折射的概念。

本实验存在的问题：本节课的教学对象是五年级上学期的学生，这一学段的学生逻辑思维能力一般，抽象思维能力和概括能力还较低，因此如何将看到的现象与光的折射建立联系是一个难点，只有突破了这个难点学生才能真正理解折射。让学生仅仅从观察到物品在交界面上发生弯折这一现象直接引入折射概念的学习，是一种从现象直接到本质的认识，他们或许可以通过背诵记住折射的概念，但事实上并不能真正理解。这对后续学习折射的相关知识（如凸透镜和凹透镜的特点和作用、阳光透过三棱镜发生折射等）都会产生影响，很难将这一理论转化到实践中。

【实验器材创新】

基于以上问题的思考，教师改进并创新了实验，设计一套能让学生反复模拟叉鱼的探究器材。实验器材有纸质小鱼、普通烧杯、PV 管、竹签、激光笔、筷子、玻璃棒、水、透明胶布，如图 2-4-2 所示：

图 2-4-2　折射探究器材

先将小鱼粘在烧杯外底，如图 2-4-3 所示：

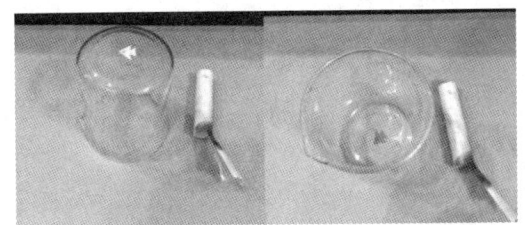

图 2-4-3　杯底的小鱼

再用透明胶布把 PV 管固定在烧杯上，PV 管的作用是模拟人的观察视线和叉鱼时的角度。观察效果如图 2-4-4 所示：

图 2-4-4　模拟人的观察视线和叉鱼时的角度

实验过程中使用长竹签、激光通过 PV 管模拟叉鱼，如图 2-4-5 所示：

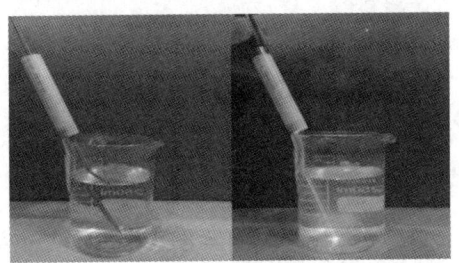

图 2-4-5　叉鱼操作

【实验方法设计】

模拟体验叉鱼，激发学生学习的兴趣，同时在实验过程中不断发现问题，引起思维的冲突进而反复探究。实验过程中运用合作探究法，以小组为单位，人人动手，合作探究，在实践中学习。

【实验教学过程设计】

一、引入叉鱼实验，发现问题

1. 讲解渔民叉鱼的故事，看得到鱼却叉不中。
2. 分组活动：利用竹签模拟叉鱼。

(1) 提问：从小管中观察水底的鱼，你看到了吗？

(2) 预测：使用长竹签叉鱼，能叉到鱼吗？

(3) 实验：使用长竹签叉鱼，能否成功叉鱼？尝试思考原因。

3. 分组活动：把水倒出，再次从小管观察鱼。

(1) 提问：你看到鱼了吗？

(2) 思考：为什么会出现这个现象？

4. 思考：如何才能在水中叉到鱼？

（设计意图：这一环节的主要目的是让学生利用竹签模拟叉鱼，学生可以发现当烧杯中有水的时候，明明看到了鱼，但是叉不到，要想叉到鱼，必须弯折竹签才能做到。该活动利用真实的场景制造了概念冲突，引起学生对该现象的探究兴趣，引发学生的思考。）

二、尝试解决问题

1. 分组活动：把玻璃棒和一次性筷子插入水中，并从正面和侧面观察现象。

提问：它们真的弯折了吗？

2. 思考：在空气和水的交界面上看到玻璃棒和筷子弯折了，但实物并没有弯折。第一个实验明明看得到鱼却叉不到，竹签要弯折后才能叉到鱼。这两件事有关联吗？为什么会这样？

（设计意图：该环节的主要目的是引导学生思考这种现象可能跟水有关，看到的可能不是真实的鱼，而是鱼的虚像。）

3. 再次模拟叉鱼，得出结论。

(1) 分组活动：利用激光笔射鱼。

具体要求：活动分两次进行，第一次烧杯中有水，第二次烧杯中没有水。

(2) 提问：为什么会出现这样的现象？

(3) 思考：激光能射到鱼，它在水中发生了什么变化？（引导学生与竹签弯折后才能叉到鱼相联系。）

(4) 小结激光从空气进入水时改变了行进的路线，从而引入折射的概念。

(5) 总结折射的概念及其产生条件。

（设计意图：这个环节利用激光笔射鱼，学生可发现激光在有水条件下可以射到鱼，而前面的活动中竹签弯折后才能叉到鱼，学生自然能在两者之间建立联系，发现激光在有水的情况下可能改变了行进路线。这时引入折射概念，学生便能充分理解，进而可继续探究折射产生的条件，除了水还有什么物质也可以产生折射，为后面学习透镜做准备。）

【案例点评】

本课的教学设计，围绕"叉鱼"主题所制造的这些冲突，如看得到鱼却叉不到；

物品明明是直的，却在交界面上弯折；激光在有水条件下能射到鱼，无水时却不行等。这些现象能引起学生的主动思考，带动学生反复探究，在探究过程中学生可自行建构、梳理出一些相关信息，使光的折射这个抽象的概念具体化，符合这个学段学生的思维特点。同时，在经历探究的过程中培养了学生的观察能力、分析能力和推理能力，帮助学生获取科学的学习方法，提升科学素养。

本课所使用的实验器材简单易得，可以做到分组实验教学，确保学生人人动手充分参与探究。模拟叉鱼趣味性强，能充分调动学生的学习兴趣。此外这个实验最大的特点是用光线直观地展示出折射，完善了教材中实验的不足，突破了教学难点。从竹签入手，再到一次性筷子、玻璃棒，最后使用激光，从有形物品到无形的光，层层递进，每个实验相互联系，引起学生的思考，带动下一环节的学习。在探究过程中，学生积极参与，结合观察到的现象不断思考，最终理解折射的概念。这是学生在感性认识的基础上建立起的理性认识，能有效促进学生理解和掌握科学概念。

（备注：本案例获得第一届厦门市中小学实验教学说课活动一等奖。案例合作者厦门市观音山音乐学校曾理琳。）

（二）开发学生感兴趣的探究性实验

兴趣是人认识某种事物或从事某种活动的心理倾向，它是以认识和探索外界事物的需要为基础的，是推动人认识事物、探索真理的重要动机。当我们认识到实验内容在实验教学中能帮助学生寻求真知和建构知识时，就应该思考什么样的实验内容才能激发学生的求知欲，增强学生的学习兴趣。通过深入了解和分析学生的实验过程，观察学生的兴趣点，可以发现很多实验只要巧妙加以拓展，就能帮助学生建构知识，激发学生更为广泛的探究兴趣和更为深入的探究行为。

案例2：《吸热和散热》实验教学说课

《吸热和散热》选自《科学 四年级上册》（苏教版）第2单元《冷和热》中的第4课。

【实验教学目标】

依据小学科学课程标准，经历本课教学后必须让学生达到如下教学目标：通过教师设计的一系列探究活动，引导学生完成不同物体吸热、散热性能的对比实验，并且能够设计完成物体颜色对吸热、散热性能影响的实验，知道不同物体吸热、散热性能不同且深色的物体比浅色的物体吸热快、散热也快。同时让学生意识到结论需要证据来验证，意识到身边的许多现象蕴含着科学道理。

【实验内容分析】

围绕以上目标，苏教版教材提供了四个对比实验（图2-4-6）：

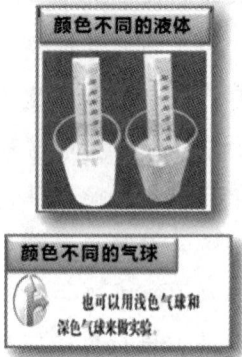

图 2-4-6　四个对比实验

实验一：对比水和食用油吸热、散热情况。

实验二：对比纸板和金属片吸热、散热情况。

实验三：对比颜色不同液体的吸热、散热情况。

实验四：对比颜色不同气球的吸热、散热情况。

上述实验设计存在以下不足：

1. 难以呈现规律：液体的吸热、散热性能与其比热容、黏度、导热系数、蒸发速率等因素有关。按照教材的实验方法，食用油在实验中可能会出现各种不可预料的现象，时而升温比水快，时而升温比水慢，难以呈现规律。

2. 受制于天气条件：实验利用太阳辐射进行加热，必须在阳光下才能完成，如长时间碰上阴雨天气则该实验无法进行。

3. 耗时长、不易组织：利用太阳辐射对物体进行加热，耗时较长（10分钟），学生等待时间较长，探究效率低，且由于场地开放，不利教师有效组织教学。

4. 实验现象不明显：物体放置在秋季阳光下吸热6分钟，温度大约升高1～3℃；在散热阶段，物体降温的幅度相差甚小，学生经常误以为降得一样多，无法得出深色物体比浅色物体散热快这一结论。

5. 验证过程不严谨：教材提供了两种颜色的液体及气球作为实验介质，学生从实验中只能得出这两种颜色的物体与散热、吸热性能的关系，无法论证不同颜色、不同材质的物体与吸热、散热性能的关系。

6. 对比的科学性有可质疑的地方：如水和油使用两个酒精灯加热，对比条件不够严谨；纸板与金属片的密度不同，大小、厚度也难以掌控；盛放液体的器具放置在地板上，受地面辐射的影响较大。

【实验器材创新】

为解决原有教材实验设计所产生的问题，有效展开教学，对原有实验进行整合、创新，自主设计、开发"吸热和散热"分组实验盒（图2-4-7）。

图2-4-7 "吸热和散热"分组实验盒

1. 实验盒具有高效性。利用灯泡的发热代替太阳产生的辐射热，能避免天气条件的限制。100 W的灯泡发热快，能在较短的时间内提供较多的热量，物体升温快，实验现象明显。

2. 实验盒具有便利性和科学性。将实验介质装入塑料盒内，塑料盒的宽度窄且大小相同，可提供一个所需介质少、探究效率高、公平的实验环境，且不同介质之间的替换简单易操作。

3. 实验盒具有探究性和开放性。为了增强实验的趣味性及说服力，采用黑白两色的液体、沙子及卡纸作为实验介质，再配合实验盒的使用，引导学生探究物体的颜色、材质与吸热、散热性能的关系。同时，实验盒还配有拓展性器材，包括多种颜色的沙子、卡纸及黑白芝麻，满足学生对更多物体的颜色及材质进行探究的需求。

4. 实验盒具有安全性。实验前，教师将插头接入电源。实验时，学生只需通过开关控制灯泡的亮与不亮。

【实验方法设计】

1. 合作探究法：依托"吸热和散热"分组实验盒，教师由扶到放，逐步引导学生通过合作对物体的吸热、散热性能进行自主探究。

2. 比较归纳法：通过实验、观察、分析、讨论，进而归纳出实验中蕴含的热学原理。

【实验教学过程设计】

教材原有的教学流程（图2-4-8），分为四个实验：前两个实验说明不同物体的吸热、散热性能，后两个实验说明物体颜色与吸热、散热性能的关系。从学生的认知来看，生活中更容易接触到的是物体的颜色与物体吸热本领的经验，教材中以水和油进行第一个实验，明显不符合学生的认知规律。

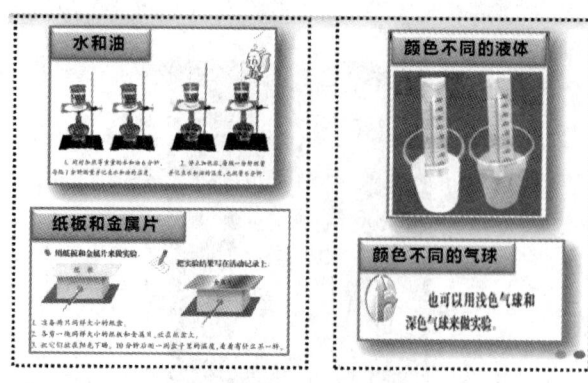

图 2-4-8 教材原有的教学流程

依托"吸热和散热"分组实验盒,结合学生的认知结构,借鉴实验探究型教学模式(如图 2-4-9),重构本课的教学设计。

图 2-4-9 实验探究型教学模式

围绕"探究物体的吸热、散热性能",采用分组探究方式展开教学。先引导学生对物体颜色与吸热、散热性能的关系作出假设,以物体颜色为变量自行设计出对比实验(黑白两色的卡纸、液体、沙子)的方案,明确实验的注意事项,做好数据记录、整理,再引导学生从"黑白两种颜色"及"同一颜色不同物体"两个方面分析物体吸热、散热过程中的温度差,最终得出物体吸热、散热性能的关系。

教学流程如图 2-4-10 所示:

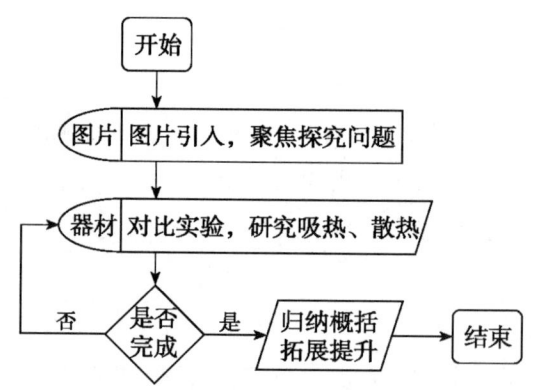

图 2-4-10 "物体颜色与吸热、散热性能关系"教学流程

一、图片引入,聚焦探究问题

1. 出示两张图片:学生上体育课的情形;学生触摸不同颜色的体育器材。

2. 提问：你们有什么发现？

3. 聚焦问题：物体颜色与吸热、散热性能有什么关系？

二、对比实验，研究吸热、散热

学生针对提出的问题，作出假设，自行设计实验方案展开探究。

对比实验：探究黑白卡纸、黑白液体、黑白沙子的吸热与散热性能。

三、数据统计与分析

表 2-4-1 "吸热和散热"实验数据汇总

物体颜色	物体名称	吸热			散热		
		0分钟	5分钟	温度差	0分钟	1分钟	温度差
黑	卡纸	28	72	44	56	53	3
	液体	28	44	16	40	39	1
	沙子	28	57	29	48	45.5	2.5
白	卡纸	28	55	27	56	54	2
	液体	28	40	12	40	39.5	0.5
	沙子	28	48	20	48	46.5	1.5

将实验数据汇总到表格中，引导学生对"同一物体不同颜色的温度差"进行对比、分析，归纳总结得出结论：深色的物体比浅色的物体吸热快，散热也快。紧接着以"你还有什么发现吗？"这一问题引发学生对"同一颜色不同物质的温度差"进行比较、分析，归纳总结得出结论：不同物体的吸热、散热性能不同。

四、拓展实验，提升探究广度

引导学生利用拓展性材料，对更多的颜色及物体展开探究，实验后汇总数据，让学生了解更多的颜色及物体的吸热、散热性能。如教师可为每一小组提供黑、白、大红、水红四种颜色的卡纸，学生按照颜色由深到浅的顺序进行实验，教师根据学生的实验顺序，重建表格，引导学生分析、归纳、总结得出结论：物体的颜色越深，吸热越快，散热也越快；物体的颜色越浅，吸热越慢，散热也越慢。

【案例点评】

新的教学设计配合改进后的教具，较好地解决了传统教学设计所产生的教学问题，使得探究有成效、有深度、有广度。这样的设计与优化体现了以下几个理念。

1. 教学体现了"以生为本"的设计理念。

新的教学设计，符合学生多样化的探究需求，体现了"以生为本"的教学理念。学生自主完成实验时，不仅解决了物体颜色与吸热、散热性能的问题，同时也让学生认识到不同物体吸热与散热性能不同，完成了教学目标。

2. 教学体现了生活化的设计理念。

选用生活中常见的材料,将学生的视角引向生活实际,使学生关注日常生活中的吸热、散热的现象,体现了科学知识"源于生活,用于生活"的课标理念。

3. 器材创新保证了探究活动的科学性和高效性。

通过合理的器材创新,实现了教学本身与教学环境之间的多向、多层面的交互作用。沙子及卡纸的引入,丰富了探究过程;配合实验盒的使用,使得实验现象明显,可操作性强,探究效率高。

4. 有效提高学生的数据意识等科学素养。

通过实验记录单引导学生收集、整理数据,依托数据汇总表引导学生多角度分析、对比数据,培养学生敏感的数据意识以及实事求是、用事实说话的科学精神和态度,推动学生科学思维不断向前发展。

(备注:本案例获得第三届全国中小学实验教学说课活动一等奖,案例合作者厦门市莲龙小学陈巧凌、海沧区鼎美小学陈雅彬。)

二、创新实验环境

在中小学教学设计中,实验环境一般指实验教学时要使用的相关仪器、试剂和材料等,更偏向于课堂中的物质因素。在教学中,很多教师都会自主优化或创新实验装置,主要是为了使实验现象更明显,实验结果更易于被学生接受。在不影响实验效果的前提下,对于那些原理不够科学的实验装置,可以利用身边的素材自主设计实验装置替代教材中的实验装置;对于那些现象不够明显的装置,可以在原实验装置的基础上加以改造提升;对于那些不利于学生操作的实验装置,可以加以优化、创新,以适合学生的学习水平和探究能力,从而更好地实现实验教学目标。

(一)设计符合原理的迭代性实验

实验原理是实验设计的依据和思路。要创新实验,前提是明确实验的原理,真正掌握实验的关键、操作的要点。创新实验首先要遵循实验的科学性原则,实验中涉及的实验设计必须依据经前人证明的科学理论。除此以外,在创新实验时还要关注可行性,主要从实验仪器、实验条件和实验操作等方面综合考虑,如分析实验环境是否符合实际情况、能否达到实验目的,关注实验操作是否简便、是否精确、是否可靠等。

案例3:《色光的合成》实验教学说课

《色光的合成》选自《科学 五年级上册》(苏教版)第2单元《光与色彩》中的第4课《七色光》。

【实验教学目标】

本实验教学是建立在学生知道"太阳光可以分解为七种颜色的光"的基础上。根据小学科学课程标准的要求，以及对教材的研究和理解，制订了如下教学目标：通过一系列探究活动，引导学生学会做滤光实验，制造单色光，学会设计色光的合成实验，观察产生的新色光。知道滤光的实验方法，知道不同的单色光可以混合形成新色光，红、绿、蓝三种单色光可以合成为白光。同时通过实验感受到光与色彩的无穷奥秘，激发学生对科学探究的兴趣。

【实验内容设计】

围绕以上目标，苏教版教材安排了以下实验教学内容。

实验一：旋转七色陀螺，即用牛顿盘做光的合成实验（如图2-4-11）。

实验二：滤光实验1，即通过滤光纸获得单色光（如图2-4-12）。

实验三：滤光实验2，即透过滤光纸观看彩色图案，了解滤光现象（如图2-4-13）。

图 2-4-11 教材中的七色陀螺

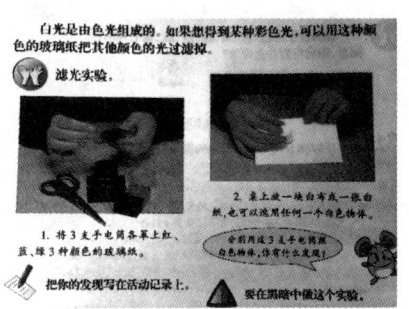
图 2-4-12 教材中的滤光实验1

图 2-4-13 教材中的滤光实验2

仔细研究并分析这三个实验，会发现存在以下三个主要问题。

1. 实验原理不科学。

采用七色陀螺探究光的合成时，由于实验中所用的陀螺不是发光体，而是反光体，因此体现的是不同颜色的混合，而不是不同颜色单色光的混合。其次，实验利用了人视觉暂留效应，不能直接演示不同单色光的混合。再有，经过查阅文献可知，真正的牛顿盘上七种颜色的搭配是有一定的比例的，如图2-4-14所示，而不是如教材中的平均分配。

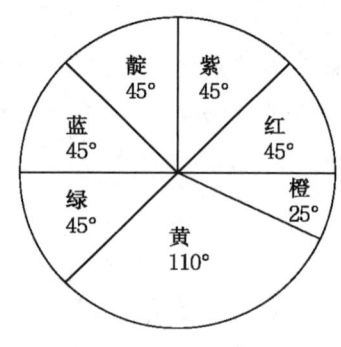

图 2-4-14 牛顿盘

2. 实验器材不够生活化。

小学一般没有配备滤光片，滤光实验所需要的滤光纸在生活中不容易获得。

3. 难以操作，现象不明显。

自制的七色陀螺，铅笔与纸盘的连接处很容易松动，而且陀螺的转动速度不够快，即使通过改进，使用手动小风扇提高转速，颜色的混合效果也不好。透过滤光纸观察彩色图案时，由于滤光纸的颜色与彩色水笔的颜色不一致，难以看到明显的滤光效果。因此，教材提供的实验并不是最好的选择。为了更好地完成本课的教学目标，有必要对本课的实验进行创新。实验中主要采用以下材料：铁架台、白色灯罩、橡皮筋、三种颜色（红、绿、蓝）的气球、手电筒（如图 2-4-15）。

在实验前，将红、绿、蓝三种颜色的气球分别用橡皮筋固定在三支手电筒上，白色灯罩固定在铁架台上（如图 2-4-16）。

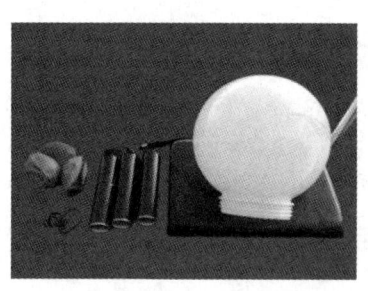 

图 2-4-15　实验的主要材料　　图 2-4-16　实验前的准备

做滤光实验时，只需打开手电筒，白光透过彩色气球，再将单色光照射到白色灯罩内，即可观察到漂亮的单色光；接着将不同的单色光同时照射到灯罩内，就能够探究光的合成。如能为实验提供一个相对暗的环境，效果会更好。

从成本上来说，白色灯罩3.5元/个，橡皮筋和气球不到1元，手电筒可以由学生自带，一整套设备不超过5元钱。除了白色灯罩，废弃的白色塑料瓶等（如图2-4-17）也能得到明显的效果，而且还更容易获得，更贴近生活，成本几乎为零。

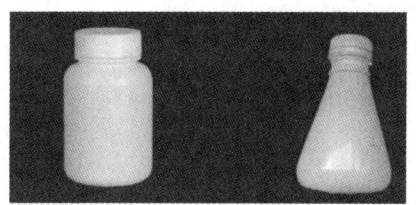

图 2-4-17　可利用的"灯罩"

【实验方法设计】

1. 探究发现法：教师引领学生经历探究过程，从观察到的现象引发思考并作出猜测，进而设计实验，发现滤光方法，观察多种色光混合后的现象，得出自己的解释。

2. 小组合作法：学生以学习小组为单位，一起制订实验方案，合作完成实验，共同讨论、得出实验结论，符合课程改革提倡的"自主、合作、探究"的理念。

【实验内容分析】

经历制造彩虹、用三棱镜分解太阳光的实验之后，原教材通过以下两步进行实验教学。

第一步，色光的合成：通过旋转七色陀螺将七色光合成为白光。

第二步，滤光实验：通过滤光纸获得单色光，透过滤光纸观看彩色图案。

色光的合成需要单色光，却把滤光实验放在后面教学，两个环节的材料没有联系，学生的思维需要跳跃和转折。

为了让教学流程更合理，教师重新调整了实验教学顺序。

第一步，滤光实验：引导学生发现获得单色光的方法，制造单色光。

第二步，色光的合成：将第一步中获得的两种或三种单色光混合，研究色光的合成现象。

如此一来，两个环节既相互联系，又符合学生的认知结构（如图2-4-18）。

教材：光的色散→光的合成→滤光实验

本实验：光的色散→滤光实验→光的合成

图 2-4-18　调整前后的教学流程对比

【实验教学过程设计】

根据以上分析，为了能让更多学生亲自动手体验、经历探究的过程，教师将实验类型定为分组探究实验，具体的实验教学设计如下。

一、图片导入，设计滤光实验

出示红绿灯、舞台射灯的图片，引导学生发现除了使用三棱镜将太阳光分解成七种颜色的光之外，还可以利用生活中的常见材料获得单色光。

二、滤光实验，解释滤光现象

1. 设计实验方案：教师引导学生小组交流讨论，梳理出实验方案，即将红、绿、蓝三种颜色的气球套在手电筒上，制造红、绿、蓝三种单色光。

2. 分组实验并探究。

3. 分析小结，猜测滤光原理。

4. 拓展：猜测白光通过其他颜色的气球会怎样。

三、探究两种色光的合成

1. 提问：两种色光混合后会怎样？

2. 设计实验方案：学生设计混合色光的方案，预测实验结果，如表2-4-2所示。

表 2-4-2　混合色光实验设计方案

实验	单色光混合方式	合成的色光
1	红＋蓝	紫
2	红＋绿	黄、橙
3	蓝＋绿	靛

3. 分组实验并观察。

4. 汇报交流。

四、探究多种色光的合成

1. 提问：如果三种色光混合后会产生什么现象？

2. 分组实验并观察。

3. 提问：红、绿、蓝三色光混合可以形成白光，能说明什么问题？

五、拓展

1. 提问：既然阳光经过三棱镜后会分解成七色光，那么七色光混合后是否也会形成白光？

2. 演示：用放大镜演示七色光合成白光。

六、总结与延伸

1. 总结：滤光的原理以及色光合成的现象。

2. 延伸：合作完成七色光混合的实验。

【案例点评】

利用创新的实验器材，配合改进后的教学设计，保障教学顺利地进行，高效达成了教学目标。学生在充满乐趣的实验中，合作探究，建构知识，有效促进了思维发展，充分感受到光与色彩的无穷奥秘。

本课的实验教学体现了以下几个特点。

1. 实验环境具有独创性。本次实验能够激发学生的探究欲望，提高学习热情。

2. 实验原理具有科学性。学生观察到的是不同单色光直接混合后的现象，符合科学原理，学生容易理解。

3. 实验材料具有生活性。采用的气球、灯罩、手电筒等材料，简单易得，贴近学生生活实际，渗透了"科学来源于生活，应用于生活"的理念。

4. 实验设计具有层次性。实验教学建立在充分的学情分析之上，三个小实验，由浅到深，由易到难，层层递进，符合学生的认知规律，促进学生主动发展。

5. 实验探究具有延伸性。创新的实验装置有着丰富的拓展可能，结合生活化的实验材料，能激发学生课后继续探究光和色彩奥秘的兴趣。

科学实验是科学教学的重要内容，也是科学教学的重要方法，更是科学教学的重要手段。实验教学时，教师应该为学生提供丰富的感性认识材料，使知识形象化，学生才能在感性认识的基础上建立起理性认识，从表象深入本质，促进学生理解和掌握科学概念和规律。科学教师必须具备认真的科学态度、严谨的科学作风，重视让学生经历有意义的实验探究过程，培养学生的实验操作能力、观察能力、分析能力和推理能力，帮助学生获取科学的学习方法，提升科学素养。

（备注：本案例获得第三届全国中小学实验教学说课活动二等奖，案例合作者厦门市康乐小学张媛。）

（二）自制符合学生能力的新器材

实验教学在小学科学课程中发挥着无可替代的作用。实验教学通过让学生亲自动手，在实验过程中培养学生的实践意识，加深对知识的理解和掌握，因此学生的实验能力与其科学素养的形成有直接的关系。教育心理学的一个重要研究结论就是学生的学习存在差异。聚焦学生的实验过程，也能发现他们的实验能力存在差异。根据学生的智力水平、生理年龄、身体条件设计与之相符的实验环境，做到因材施教，才能让学生在动手实验中既发展智力，又提高科学素养。因此，教师应该关注学生实验时的表现，并能透过表象深入实质，了解造成学习差异的原因，从而找到减少差异的方法。这也为创新实验环境提供了一条思路。

案例4：《玩转小水轮》实验教学说课

《玩转小水轮》选自《科学 一年级下册》（苏教版）第2单元《水》中的第2课。

【实验教学目标】

依据小学科学课程标准，本课对应的科学知识目标是让学生在实验中建立流动的水有力量的概念，能够利用教师提供的简单器材让小水轮转动起来。在科学探究方面的目标是通过引导学生玩转小水轮，探究影响小水轮转动快慢的因素，并在教师指导下描述实验过程和现象，培养学生简单的收集证据、处理信息和表达交流的能力。在科学态度方面的目标是激发学生参加科学活动的探究兴趣和探究热情，培养实事求是、追求创新的意识，形成合作分工的习惯。

【实验内容分析】

在前一课认识"水可以流动"的基础上，本课从工程技术的视角设计教学内容，主要包括"探究用水的力量让小水轮转动起来"以及"研究让小水轮转得更快的方法"两个实验。

图 2-4-19 《玩转小水轮》教学内容

原有实验存在以下问题。

1. 操作难度高，课堂效率低：教材提供的实验器材和实验方法，基本上是全"手动"，需要小组多人合作完成。而一年级学生动手操作能力较差，手拿漏斗时很难将其固定在一个位置不变，经常会出现漏斗口位置前后左右晃动，甚至漏斗口下端打到小水轮叶片的情况。教师在纠正、处理无关因素上耗费的时间较多，实验效率低下。

2. 结果靠感知，结论不科学：使用未经改造的器材实验时，在反复装水、倒水的过程中，小水轮不能持续转动，这对学生观察小水轮转动的快慢造成了很大的干扰。有时为了不让自己的衣服被打湿，学生会专注于倒水的动作，而忽略观察小水轮转动的快慢。由于学生的观察能力不强，再加上小水轮转动得较快，对小水轮转动的快慢仅用感官进行观察、判断，得出的结论不准确。

3. 课堂秩序乱，目标难完成：一年级的学生，看到实验器材后就很兴奋，急于动手，急于表现，自制力较差。当学生爱玩的天性被激发出来以后，他们会毫无顾忌地去玩小水轮，甚至玩水，事前教师交代的实验步骤和注意事项，基本上忘得一干二净，陷入了单纯"玩"这种无效学习状态，导致实验教学目标无法落实。

【实验器材创新】

实验是学生获得感性认识的一个基本途径。学生认识自然事物的规律是从直观到抽象、从简单到复杂。设计学生探究活动时，应该既要让学生看得见、摸得着，又要让学生从实验中获得最具体、最直观、最生动的感受。因此，低年级的实验设计理念应该是：用最简单的器材做最简单的实验，让学生学到有意义的知识。因此，在玩转小水轮的实验中要尽可能地减少外界环境的干扰，让学生把注意力放在实验探究活动本身，促进其科学素养的形成和发展。为了更好地落实课程标准所倡导的探究式教学理念，尽可能让每个学生都能亲历探究过程，教师自主设计开发了"玩转小水轮"实验装置（图 2-4-20），主要结构如下。

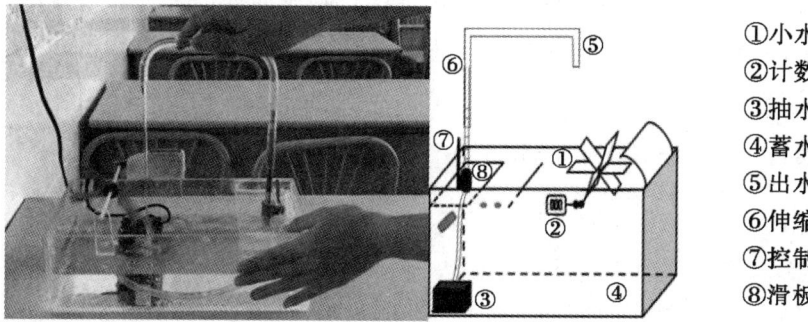

① 小水轮
② 计数器
③ 抽水泵
④ 蓄水池
⑤ 出水口
⑥ 伸缩水管
⑦ 控制水阀
⑧ 滑板

图 2-4-20 "玩转小水轮"实验装置

创新教具的主要功能与优势如下。

1. 使用自动水循环系统，解决学生反复加水影响实验的干扰因素，省时高效。

2. 水流量大小能用水阀控制；出水口高低、冲击小水轮叶片的位置可调节；水轮可更换，能满足多样化的探究需求，功能丰富。

3. 简单计数器能自动、精确记录小水轮转动的圈数，有利于培养学生的数据意识，方便易用。

【实验方法设计】

1. 合作探究法：学生四人一组，利用实验装置自主探究，在合作交流的过程中感受小水轮转动快慢的变化。

2. 数据分析法：学生通过计数器记录小水轮转动的圈数，再利用数据分析得出影响小水轮转动快慢的相关结论。

【实验教学过程设计】

一、转动小水轮

1. 说一说：是什么让小风车转起来？

2. 想一想：用什么方法能让小水轮转起来？

二、玩玩小水轮

1. 做一做：组装小水轮。

2. 玩一玩：分组玩小水轮，让小水轮转动起来。

3. 说一说：描述自己观察到的实验现象，认识流水的力量是使水轮转动的原因。

三、比比谁更快

1. 比一比：你的小水轮转得快还是别人的小水轮转得快？（用多种方法比较）

2. 议一议：为什么别人的小水轮转得快？

3. 猜一猜：水流量的大小、出水位置的高低与小水轮转动的快慢有什么关系？

四、动手试一试

1. 试一试：指导学生根据提出的两个想法自主进行实验探究。

2. 记一记：指导学生用小组记录的实验数据来说明猜想是否正确。

五、大家来挑战

1. 问一问：当水流量不变，出水高度不变，还能让小水轮转得更快吗？

2. 试一试：让学生利用实验装置进行实验探究。

教师引导学生发现水击打小水轮叶片的位置也会影响小水轮转动的快慢。

六、全家总动员（课后环节）

1. 小制作：提供制作萝卜水轮的视频，让学生和家人一起制作。

2. 新探究：小水轮叶片的数量与小水轮转动的快慢有关系吗？

【案例点评】

本课通过自制教具，更好地适应了低年级学生的科学教学任务，达到了较好的教学效果。本实验教学具有以下优点。

1. 合理创新效果好，科学探究兴趣浓：本实验装置的原理科学、携带方便、操作简单、现象明显，为学生建构概念提供了直观的支架，充分满足了课堂上分组实验的要求，有效激发了学生科学探究的兴趣。

2. 专注探究获实证，突破教学重难点：创新设计的教具能为学生排除诸多干扰因素，让学生能专注于实验本身，教学有效率。简单的操作方法符合低年级学生的动手能力水平，学生能在课堂中充分利用自制实验装置完成多样化的探究活动，突破教学重难点。

3. 改变模糊为精确，数据意识自形成：使用计数器来判断小水轮转动的快慢，相比只凭感觉的做法，更直观更精确，并能培养学生的量化数据意识。

4. 精心设计有童趣，动手动脑玩科学：教学设计建立在深入研究低年级学生学情的基础上，充分考虑学生的心理特点，采用游戏、任务、比赛等多种组织方式，层层推进，课堂生动有趣。学生在玩的过程中，既动手又动脑，不仅学到了科学知识，还训练了实验技能，科学思维能力也得到了培养和提升。

（备注：本案例获得第六届全国中小学实验教学说课活动金奖，案例合作者厦门第二实验小学何雪薇。）

三、创新实验方法

实验方法的创新是永无止境的，需要教师不断地追求和探索。基于面向全体学生的理念，教师就会设计更多的分组实验而减少演示实验；基于发展学生的探究能力，教师就会想办法改验证性实验为探索性实验；基于发展学生的理性思维，教师就会更多地设计定量实验替代定性实验。随着科学技术的快速发展,实验仪器和设备不断更新,教学方法和手段更为多样,这都为实验方法创新提供了多样化的途径。合理的实验方法设计是提高实验质量的重要保证。

(一)采用数据思维破解教学疑难点

信息可视化进入人们的视野以后,主要用于对异质性数据中"抽象"的部分进行分析,帮助人们理解和观察抽象概念,放大了人类的认知能力。信息可视化充分利用了人们对可视模式快速识别的自然能力。目前,可视化技术在科学教育领域也有广泛的应用。可视化教学就是在教学过程中利用图形、图像、动画等视觉表征手段和视觉认知辅助工具为教学活动提供一种从抽象到具体的处理方法,使得教学形式和方法实现突破成为可能。在实验教学中,使用这种方式能够帮助学生正确地重构、记忆和应用知识,还能将符合学生认知经验的教学内容经由相应的教学活动内化为学生的认知结构。

案例5:《声音是怎样传播的》实验教学说课

《声音是怎样传播的》选自《科学 四年级上册》(教科版)第一单元《声音》中的第3课。

【实验教学目标】

依据小学科学课程标准的基本理念,结合课程标准中有关"声音传播"的学习要求,以及四年级学生的认知水平,制订如下目标:能设计实验探究声音的传播;知道声在不同物体中可以向各个方向传播;意识到从实验中获取事实是认识世界的基本方法,以及改进实验装置可以获得更直观、可靠的证据。

【实验内容分析】

教材在本课安排了"振动物体与声波"、"土电话"游戏以及"声音在不同固体中的传播"对比实验。

【实验教学改进】

在实验教学中存在一些困难,例如学生难以理解振动物体与声波的关系,并且声音的传播只能听到不能看到,而教学目标是要让学生知道声音在不同物体中可以向各个方向传播。

为了更有效地达成实验教学目标,经过反复实验研究,教师作了以下改进。

1. 利用气体传播声音:将发声器装入充满空气的透明气球中。学生可以在气球的不同位置听到发声器发出的声音,由此自主推测出:声音可以在空气中传播,传播的方向是向四面八方。

2. 利用固体、液体传播声音:将发声器置于装有固体的容器中,在容器的不同方位安装声波传感器,当发声器发出声音时,传感器接收到通过该物质传播的声音即会亮灯。用同种方法验证液体传声。由此说明声音在固体和液体中可以向各个方向传播,实现声音传播的可视化。

3. 利用不同物质传播声音:

可视化声音传播演示器:可根据实验需要灵活更换传播声音的物质,可单独使用或同时使用几种物质进行实验,帮助学生建构比较全面的有关声音传播的科学概念。

可听声音传播演示器:将声音传播器放置在装有物质的容器中,用听诊器可以听到发声器发出的声音,证明该种物质可以传播声音。

数显式声音传播演示器:连接分贝仪,用直观的数据显示不同物质传播声音的效果。

4. 创新教具的结构图如下(图2-4-21):

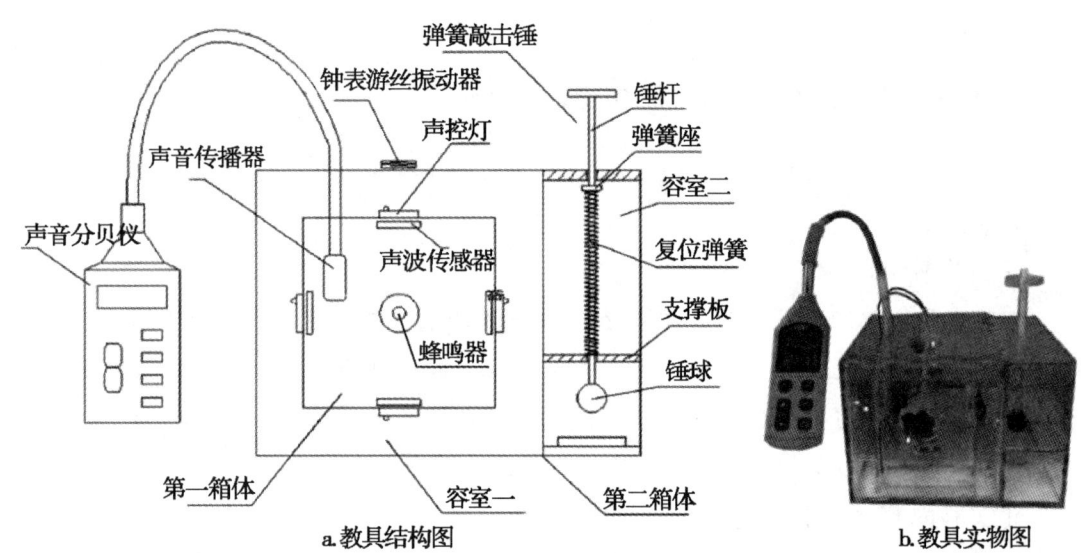

图 2-4-21 可视化、数显式声音传播演示器

【实验教学过程设计】

一、激趣导入,发现问题

1. 演示:"能看到的声音"(音乐软件播放,看到波形变化)。

2. 提问:通过刚才老师的演示实验,你们能提出哪些问题?

(声音是怎样传播的?声音可以在什么物体中传播?)

二、探究声音是怎样传播的

1. 活动:画出声源(音叉)发出声音的传播示意图。

(前测:学生对声音传播的认识。)

2. 推测:声音是怎样传播的?

列举声音在空气中传播的事例,如广播声、教师讲课声等。结合生活经验,学生自主推测出:声音是向四面八方传播的。

3. 实验:借助创新教具,验证声音可以在空气中向各个方向传播。

三、探究声音在不同物体中的传播

1. 提问:我们平时听到的声音大部分是靠什么传播?
2. 提问:声音能不能在固体、液体中传播?

(1) 结合生活经验提出猜测,并想办法证明。

(2) 借助创新教具,探究声音在不同物质中的传播。

听(用听诊器听);看(借助声波感应灯);测(使用声音分贝仪)。

3. 小结:声音在不同物质中可以向各个方向传播。

四、拓展延伸与课后实践

1. 提问:真空能传声吗?
2. 提问:月球上为什么听不到声音?
3. 实验:对比不同物体的传声效果。
4. 制作:自制创意土电话。

【案例点评】

本课教学采用了STEM教育理念,教学时融合了科学、技术、工程、数学等多个学科的内容,有利于培养学生的实证意识。教师的教学,体现了以学生为主体的教学思想,引导学生经历"提出问题—作出假设—设计实验—验证猜想"的科学探究过程。

教师创新了实验教具,有效突破了教学难点。主要有两个优点:一是将看不见的声音"可视化",二是将难以听辨的声音大小"数显化"。实验装置具有独创性,而且具有复制推广的价值。

(备注:本案例获得第三届福建省中小学实验教学说课活动二等奖,案例合作者泉州师范学院附属小学许文凤。)

(二)借助数字化工具提高实验精度

在当代社会,国内外教育领域的许多专家学者都关注计算机技术与科学课程有效整合的问题。将数字化实验系统引入科学实验室,不仅能开发出许多新的探究实验课题,还能创造性地利用数字化技术解决实验难点,发展学生的创新思维。

数字化实验系统一般由传感器、数据采集器和配套软件组成。整个系统在实验过程中能定量采集数据,并与计算机连接完成数据处理等各种后期处理工作。数字化实验系统是一种新型的现代化实验手段,具有便携性、准确性、实时性、直观性、综合性等特点。数字化实验系统在同一时间内可进行多种数据的采集和处理,学生可以直接观察到实验数据及其变化情况,方便学生从多个角度综合了解实验。将数字化实验系统引入科学课堂教学，必然能够拓展课程内容，变革实验手段，改进教师的教学方式。

案例6：《小车的运动》实验教学说课

《小车的运动》选自《科学 四年级下册》（苏教版）第3单元《物体的运动》中的第4课。

【实验教学目标】

根据小学科学课程标准的要求，结合教材的解读，制订了以下实验教学目标：能根据已有的经验对影响小车运动快慢的因素作出1~2个假设，能根据假设设计实验进行验证，能收集和分析实验数据得出相关结论；知道小车运动的快慢与哪些因素有关并且掌握控制变量的方法；体会反复实验获取可靠数据的重要性，体会和同伴之间合作探究、解决问题所带来的乐趣。

【实验内容分析】

本课以学生喜爱的小车为话题，按照"提出问题—作出假设—实验验证—得出结论"的科学探究过程，对影响小车运动快慢的因素进行探究。教材首先以问题直接导入，而后让学生进行假设。学生在作出假设后，采用控制变量的方法来收集数据，采用数据分析法进行分析，从而验证假设。

教师在组织实验过程中，发现存在以下问题。

1. 器材缺陷多。

本实验需要用到小车运动轨道装置、小车、钩码、秒表和垫片等，但使用的实验器材存在着较大的缺陷，无法满足实验的需要。

（1）轨道缺陷：实验室配套的轨道装置比较简陋，只是一块木板，前端装有一个定滑轮，轨道末端无防护措施。当拉力较大时，小车撞击滑轮易出现翻车事故，无法保证实验顺利进行，且存在着一定的危险性。轨道装置过于简单，功能单一，无法用于研究路面对小车运动快慢的影响。

（2）小车缺陷：实验室配套的简易小车，只能研究拉力大小、载重量多少对小车运动快慢的影响，而对于学生更感兴趣的轮子大小、数量等因素则没办法提供研究支持，实验的开放性差。

2. 准确计时难。

（1）轨道过短，导致学生计时困难：不管是用实验室提供的小车运动轨道装置还是让学生在桌面上直接进行实验，均存在距离过短的问题。这么短的距离让学生采用秒表计时，存在一定难度，学生即便在注意力高度集中的情况下仍有可能出现较大误差。

（2）分组实验需多人配合，导致计时误差大：实验过程中，一个学生掐秒表，一个学生启动小车，这要求学生之间互相配合，但在每次计时过程中总是存在提前按秒表或反应慢半拍的现象，从而导致误差过大。

3. 数据处理麻烦。

实验时获得的数据为两位小数，如1.56秒等。为了提高实验的准确性，必须重复实验求平均值以减小误差，而计算过程中涉及的两位小数加法及两位小数除以整数是学生还没学过的知识。因此，计算难度大，花费的时间长，从而影响了教学进度，降低了实验效率。学生把大部分的时间用于数据处理，对于后续的数据分析草草带过，甚至有些学生根本来不及数据分析，无法得出结论，打击了学生实验的积极性。

【实验器材创新】

针对以上问题，教师对实验器材进行了改进，如图2-4-22所示。

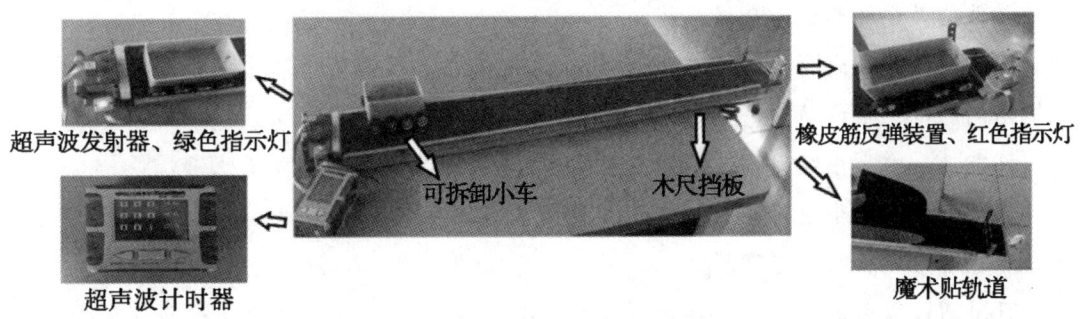

图2-4-22　小车运动探究装置

1. 功能多样的小车。

改变细绳上钩码的数量，可研究拉力大小对小车运动快慢的影响；改变小车上钩码的数量，可研究载重量对小车运动快慢的影响；改变轮子大小或轮子数量，可研究轮子对小车运动的影响。改进后的小车功能多样，可以研究拉力大小、载重量多少、轮子大小或轮子数量对小车运动的影响。

2. 易于变换的轨道。

通过反复实验，发现增加轨道长度，可以大大降低实验误差，提高实验结果的准确性。用木尺作为侧面挡板避免小车冲出轨道，利用橡皮筋反弹防护装置避免小车碰撞滑轮出现翻车现象，从而保证了实验能够顺利进行，也提高了实验的安全性。利用魔术贴和砂纸在轨道上创设粗糙程度不同的路面场景，可用于研究路面对小车运动快慢的影响。

3. 能够精确测量并自动计算的超声波计时器。

以超声波计时器代替传统的秒表计时，存在着以下优点。

（1）操作简单：触摸屏幕就可启动计时模式，当小车启动时自动开始计时，当小车到达所设定的位置时，自动停止计时，操作简单。

（2）误差较小：该装置能自动感应计时，避免学生反应慢或配合不默契而产生的计时误差。

（3）无需数据处理：该装置能存储三组数据，并能自动求出平均值，显示于屏幕右下方，省去了"求平均值"这一费时的计算过程，为接下来的数据分析环节节约了时间，提高了课堂效率。

【实验教学过程设计】

教材以问题直接导入，而后全班学生围绕"拉力"这一因素设计实验并进行探究。但这样的教学安排并不能满足学生强大的好奇心，也不利于培养学生的创新思维。因此，有必要对教学过程进行调整。教师主要采用实验探究法、小组合作法进行实验教学。

具体的教学环节如下。

环节一：开展比赛，在比赛的过程中发现有的小车运动快，有的小车运动慢，以此提出问题：小车运动的快慢与哪些因素有关？

环节二：学生小组讨论，根据自己的生活经验提出1～2个假设。

环节三：学生小组讨论，依据提出的假设设计实验，而后请小组代表发言汇报方案，班级合力完善实验方案。

环节四：以微课的方式让学生了解装置的使用方法，而后各小组根据实验方案进行实验，收集数据。

环节五：对收集到的数据进行分析，得出结论。

环节六：班级交流与分享。

【案例点评】

本实验具有以下几个创新点。

1. 教具方面。

（1）利用本套实验器材能大大降低实验误差，提高实验结论的准确性。

（2）实验器材具有多效性，可以对影响小车运动快慢的多种因素进行研究。

（3）实验器材具有高效性，可以节约时间，让学生省去费时的数据处理环节，有更多的时间分析数据得出结论。

（4）实验器材具有生活性，本套实验器材中的超声波感应计时装置来自现有热门的机器人套装，其他实验器材也能从生活中获得。

（5）实验器材具有延伸性，本套实验器材中的轨道装置还可用于《摩擦力的秘密》一课的教学。

2. 教学方面。

（1）本实验具有科学性，按照科学探究的过程进行探究，符合科学探究原理。

（2）本实验具有开放性，让学生自主选择研究因素，自主设计实验，自主实施探究。

利用本套创新的实验器材结合改进后的教学设计，可以保障教学顺利进行，高效达成实验教学目标。学生在充满乐趣的科学课堂中合作探究，从探究中获得最直接、最具体的认识。在分析和处理数据的过程中，从感性认识升华到理性认识，对影响小车运动快慢的因素有了深刻的认识。

数字化实验系统的功能全面增强以及各种新型传感器的研发，为科学实验教学的变革带来了机遇。在探究过程中，学生不再需要花费大量时间进行数据记录和数学计算，也不需要根据计算结果绘制图形，学生只需要根据实验的目的和原理选择合适的数字化实验仪器，这样就可以把更多的时间放在观察实验现象、思考实验曲线变化的原因以及得出实验结论等环节，无形中培养了学生善于观察、仔细分析、判断推理的能力，也给学生留出了更多的想象空间，激励学生大胆联想、大胆创新。

（备注：本案例获得第二届福建省中小学实验教学说课活动一等奖，案例合作者厦门集美区杏东小学胡艺芬。）

四、创新实验教学设计

实验教学设计是指教师以完成一定的实验教学任务和优化教学效果为目的，以教学系统及其活动为对象，运用系统方法，分析教学问题和制约条件，选择并确定教学实施方案的活动和过程。无论是从时代的需要还是理论研究的发展趋势来看，以引发学生的学习体验为重心，通过围绕学习体验的生成来构建新型教学模式，设计新型教学策略和教学行为都应是一种必然要求。

创新实验教学设计的目的是优化教学效果，具体而言，就是提高实验教学质量和教学效率，使学生能在规定的时间内有效地完成既定的教学目标。体验式教学设计是以实践性问题的解决为逻辑起点，以学习体验的生成为重心，以实践性思维的训练为直接目标的教学设计。在实验教学中采用体验式教学设计，既尊重学生已有的知识经验，又能够有效引发学生的学习体验，使其在与环境的相互作用中实现知识增长、智慧增加、能力发展的目标指向。

（一）针对真实问题开展探究教学

学生的问题往往来源于他们对情境中事物的好奇，也有很多问题源自学生已有经验与情境产生冲突的结果。真实的情境应该是来源于生活现实，是真实可感的，但并不是说一定是学生生活实际中发生的情境，而是强调情境要与学生的经验相联系，比较容易唤起学生已有的经验，激起学生的好奇心和求知欲。真实的情境中包含着丰富的信息，可以引发学生从多方面、多角度进行思考，促使学生去探索和研究。

案例 7：《雨下得有多大》实验教学说课

《雨下得有多大》选自《科学 三年级下册》（苏教版）第 4 单元《关心天气》中的第 3 课。

【实验教学目标】

基于对课程标准、教材、学情的分析，本课的实验教学目标设计如下：会用雨量器测量雨的大小；知道用毫米表示雨量的大小；知道柱状的雨量器更便于观察和测量；知道口径不同的雨量器所测得的雨量一样；乐意使用自制的雨量器测量雨量。

【实验内容分析】

教材在本节课中设计了制作雨量器以及模拟测量雨量两个实验。

本课的教学对象是三年级学生，他们根据日常经验对雨下得大还是小，有着自己的感性认识，对描述雨的大小也很感兴趣，因此，让学生知道雨量器是测量雨量大小的科学仪器，并学会制作简易的雨量器，这一教学目标在课堂上容易达成。第二个实验，教材只交代了探究的问题和背景资料，就要求学生完成实验设计并实施探究，难度较大。

由于实验结果无明显规律，甚至和科学结论相悖，因而本实验在实际教学中的开出率和成功率较低。教师教学时通常避重就轻，要么直接给出结论，要么索性忽略。通过研究与分析，发现主要存在以下问题。

1. "降雨"不稳定，精准数据获取难。

在实际教学时，学生用喷壶模拟降雨，由于学生手持不稳，导致喷壶出水不均、喷洒范围不稳定等各种不可预料的情况，实验结果不尽如人意。

2. 过程难重复，定量要求满足难。

利用喷壶模拟降雨难以定量重复实验，学生只能以单次实验的结果来推测结论，不符合科学实验要求的可重复性。而且，测得的数据无规律、不准确，学生压根无法得出"同一时间、同一地点测得的雨量一样""口径不同的雨量器测得的雨量一样"这些结论。学生常混淆降雨量的单位"毫米"与容积单位"毫升"，不利于学生建构科学概念。

3. 卫生无保证，课堂组织纪律愁。

场地的开放，给教师的课堂组织增添了困难。喷壶的喷洒范围与洒水量不易控制，实验结束后，整理和打扫卫生的工作量大。

【实验器材创新】

基于上述问题，为了更好地落实课程标准中所倡导的探究式教学理念，尽可能让学生在接近真实的情境中去自行建构知识与概念，经过反复的实践研究，教师自主设计开发了"多功能降雨模拟装置"（图2-4-23），主要结构如下。

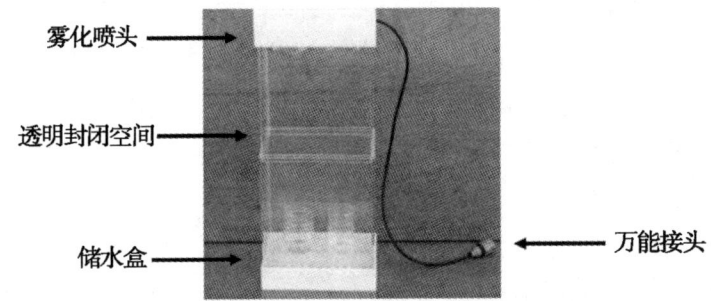

图 2-4-23　多功能降雨模拟装置

装置创新之处主要有以下几点。

1. 原理科学：根据伯努利原理，只要将雨量器对称摆放，其接收的水量可视为"同一场雨"。通过开关的控制，可实现定量降雨。

2. 直观高效：利用加压的雾化喷头，能够较快、较均匀地模拟降雨，透明的封闭空间方便学生全方位观察，现象直观有趣，适合课堂分组实验探究。

3. 环保易用：入水管采用万能接头，根据实验室配备可外接普通水龙头、实验室倒U形水龙头、桶装水手压泵等。实验完毕后，回收储水盒里的水，简单易打理。

4. 一物多用：装置可拓展搭配地表模型、激光笔、平面镜等，满足学生开放性探究"不同土壤渗水性""水土流失""光的传播"等课题。

【实验教学过程设计】

一、初次模拟降雨，引出研究问题

1. 教学初始，学生自制雨量器，利用多功能降雨模拟装置模拟降雨，连续测量3次1分钟降雨量。

2. 汇总实验数据（如表2-4-3），通过对比数据，发现误差。

表 2-4-3　第一次模拟降雨测得的雨量汇总表

雨量器	形状	口径/mm	1分钟/mm	2分钟/mm	3分钟/mm
1	圆柱	83	12	23	35
2	方柱	61	11	22	33
3	圆台	51	6	14	23
4	圆柱	55	12	24	35
5	圆柱	100	12	23	35
6	圆柱	63	12	24	36
7	圆柱	65	13	25	37

3. 提出问题:为什么"同一场雨"各个小组测得的数据不一样,本组内不同雨量器测得的数据也不相同?

二、聚焦实验问题,探究自制雨量器存在的不足

1. 学生展开讨论交流,猜测自制雨量器的形状、纹路、口径大小可能会影响测量结果。

2. 尝试提出改进自制雨量器的方法。

3. 小组合作改进自制的雨量器。

三、利用改进后的雨量器,再次测量,验证猜测

1. 学生分组实验,连续测量3次1分钟降雨量。

2. 通过多次测量,将实验得出的数据汇总到表2-4-4,对比改进雨量器后的数据。

表2-4-4 第二次模拟降雨测得的雨量汇总表

雨量器	口径/mm	花纹	1分钟/mm	2分钟/mm	3分钟/mm
1	63	无	11	22	33
2	83	无	11	22	33
3	63	浅	11	22	34
4	65	深	12	23	35

3. 通过对比、分析,师生共同归纳总结得出结论。

(1) 同一时间、同一地点测得的雨量一样。

(2) 口径不同的雨量器收集到的雨水体积不同,但水位上升的高度相同。因此,雨量的大小不能看收集到的雨水的体积,而应看其水位上升的高度,从而让学生理解为什么以毫米作为雨量的计量单位,以及雨量器的口径大小不会影响测得的雨量。

四、拓展延伸,课后自制雨量器

当学生掌握了雨量测量的秘密后,课后让学生选择有利于制作雨量器的材料,再次自制"完美雨量器",做好课外探究。

【案例点评】

回顾本实验的设计和实施的全过程,具有以下特点。

1. 探究中获实证,突破教学重难点:新的教学设计,符合学生的探究需求,体现了"以生为本"的理念。学生自主完成实验后,发现雨量器制作的科学性会影响雨量的测量,既完成了教学目标,又突破了教学重难点。

2. 化定性为定量,强化数据意识:通过引导学生收集、整理、对比数据,培养学生的数据意识以及用事实说话的科学精神和态度,推动学生科学思维不断向前发展。

3. 创新中见高效,提升探究动力:实验原理科学、装置便携、操作简便、现象明显,为学生建构概念提供了直观的依据,充分满足了课堂上分组实验的要求,有效提

升了学生课后持续性探究的兴趣。

（备注：本案例获得第五届全国中小学实验教学说课活动金奖，案例合作者厦门市云顶学校赵秋燕、松柏小学林宏宇。）

（二）搭建仿真模型助力概念理解

在科学探究过程中，有些问题单凭观察是难以得出结论的，这时就需要通过设计实验来探究。实验离不开观察，但与单纯的观察不同的是，实验是在人为控制研究对象的条件下进行的观察。在难以直接拿研究对象做实验时，有时用模型来做实验，即模仿实验对象制作模型，或者模仿实验的某些条件进行实验，这就是模拟实验。根据相似性原理，用模型来代替研究对象，这种实际存在的研究对象叫原型，而模拟的替代物叫模型。将模拟实验的结果类推到原型上去，可以揭示研究对象的本质和规律。

案例8：《斜坡的启示》实验教学说课

《斜坡的启示》选自《科学 五年级下册》（苏教版）第1单元《神奇的机械》中的第3课。

【实验教学目标】

依据小学科学课程标准的相关要求，经历本课教学后，学生必须达到以下教学目标：了解斜面的结构特点，设计实验探究斜面是否省力以及什么样的斜面更省力，了解斜面在实际生活中的应用等。

【实验内容分析】

围绕以上目标，苏教版教材进行了如下教学设计：以推自行车上台阶的情境来导入→定义斜面的概念→通过实验探究斜面坡度大小对小车拉力的影响→回归生活。

教科版教材则采用以下模式进行教学：出示盘山路图片来导入→定义斜面的概念→通过实验研究斜面的作用，并进一步研究不同坡度斜面的特点→将其应用于生活之中。

可以看出，两种教材所采用的教学设计十分相近，实验内容也较为一致，基本上都采用以下两种装置之一开展实验教学（图2-4-24）。

图 2-4-24 常用斜面装置

这两种装置的特点是简易、直观，操作难度小，能保证操作者借助实验器材得出相应的结论。但教师如果简单地按照上述模式进行教学和实验，会产生一些比较明显的问题。

问题1：当谈到斜面在生活中的应用时，不少学生对立交桥、楼梯是不是斜面会产生疑惑。他们无法解释过街天桥为什么要设计两种不同形状的引桥。这类问题反映出学生对斜面定义的理解不到位。

问题2：在汇报结论时，学生会得出"同样的高度下，坡度越小的斜面越省力""同样的高度下，斜面越长越省力"两种结论，并且认为这两者是不同的。这反映出学生没有理解并掌握斜面省力的实质。

类似的现象，在教学中屡次出现。这与固有的教学模式不无关系。梳理这两个版本教材所采用的教学设计，可以看出它们的教学模式基本相同，如图2-4-25所示：

图2-4-25　常用教学设计模式

在这种教学模式下，教师先帮助学生确定斜面坡度实验的研究主题，然后引导学生通过观察、实验、分析几个特定高度下小车通过斜面所需的拉力，最后通过数据对比，得出斜面的作用及特点。这就是典型的"演示讲授型"教学模式。该模式强调教师利用简单高效的典型实验，让学生快速理解和掌握相关的知识或概念。然而从学生学习的方式来看，学生只是被动地按要求改变斜面高度，尝试几种不同坡度的斜面是否省力的实验，自主探究程度不高。其次，现实生活中的斜面问题多数是高度恒定，这与教材提供的探究实验装置不一致。

【实验内容设计】

为更好地落实课程标准所倡导的探究式教学理念，尽可能地让学生在接近真实的情境中去自行建构知识与概念，需要对教材原有教学设计进行调整，并对实验器材进行相应的改进。

教师将本实验的类型定为分组探究实验、对比实验。实验内容则分为两大部分："观察与搭建引桥"及"探究斜面的作用及特点"。

第一部分，学生先观察天桥图片，自主搭建天桥模型。利用模型的简单变换，对比分析两种引桥的相同点和不同点，进而掌握斜面的定义。

第二部分，引导学生对斜面的作用提出假设，以斜面坡度为变量自行设计出多种对比实验方案，明确需要测量的数据，利用实验装置展开研究，最终得出斜面的作用及特点。

按照上述教学设计的需要，必须对实验装置进行如下改造（如图2-4-26）：将斜面分为两块，用旗形合页与伸缩天线进行连接。只要简单的旋转与伸缩，这个实验装置即可切换为过街天桥模型。同时，斜面装置的坡度、高度、长度可任意调节设置，并可以直观地看到测量结果。

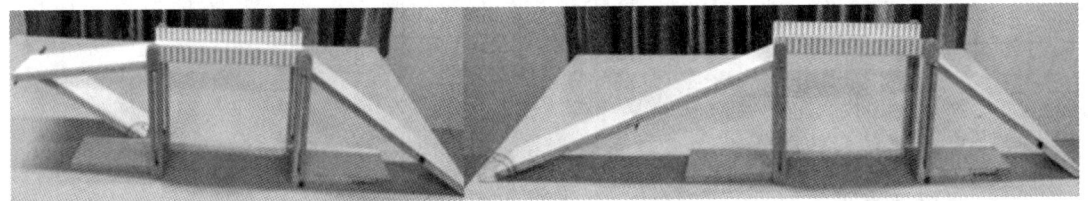

2-4-26 可建模斜面探究装置

【实验教学过程设计】

借鉴实验探究型教学模式（如图2-4-27），结合改进后的装置，重构本课的教学设计。

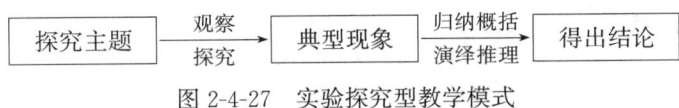

图 2-4-27 实验探究型教学模式

一、图片引入，观察过街天桥的引桥

1. 导入：由校园周边的过街天桥图片导入，引导学生观察引桥的特点。

2. 聚焦问题：为什么会有两种不同的引桥设计？

二、对比分析，探究斜面的定义

1. 搭建模型：学生模仿并搭建引桥，观察引桥的人行道与车行道的相同点和不同点。

2. 组织研讨：明确二者的相同点，即都是将引桥搭建在低处与高处之间，借此通行。

通过实验器材的变形，引导学生发现两种引桥的实质都是斜面。通过对比，发现两种引桥的坡度不同，坡长也不同，继而产生探究热情，提出新问题：为什么要设计不同坡度的斜面与不同坡长的斜面？

三、对比实验，研究斜面的特点

学生可以针对提出的问题，作出假设，自行设计实验方案展开探究。

1. 探究问题一：不同坡度的斜面有什么作用？

先搭好一个斜面，测量斜面的角度，再用测力计拉动小车，记录拉力。然后，搭建一个不同角度的斜面，测量它的角度及拉动小车所需的拉力。多次实验后，可以得出结论：斜面高度不变时，坡度越小，越省力。

2. 探究问题二：不同坡长的斜面有什么作用？

同样先搭好一个斜面，测量斜面的坡长，再拉动小车，记录拉力。接着，搭建一个新的斜面，继续实验。最终可以得到结论：斜面高度不变时，坡长越长，越省力。

四、梳理归纳，概括总结出结论

1. 经过自主探究，学生能得出以下结论：相同斜面高度下，坡度越小，越省力；相同斜面高度下，坡长越长，越省力。

2. 面对两种不同的结论，容易引发学生再次冲突，到底斜面省力的秘密是什么？学生会很自然地对两种装置再次进行对比梳理，并得出以下结论：

（1）相同高度下，斜面的坡长与坡度是相关联的，坡长越长，坡度越小。

（2）坡度越小，即坡长越长时，斜面越省力。

（3）过街天桥引桥的车行道设计得更长是为了让推车的人更省力；而人行道比较短，是为了减少行走的距离。选择适合的斜面要综合考虑，具体情况要具体分析。

五、拓展实验，提升探究广度

本装置还可以任意改变高度，方便学生探究斜面高度改变时斜面省力的秘密，这也提升了探究的广度。

【案例点评】

新的教学设计配合改进后的装置，较好地解决了传统教学设计所产生的教学问题，学生的自主性增强了，观察、分析、探究的水平提高了，学生对斜面的理解更为丰富了。这样的设计与优化体现了以下几个理念。

首先，教师要尽可能从有利于学生学的角度出发进行教学设计，让学生通过自主探究自行建构起相关的知识和概念。

其次，实验器材与现实模型相似程度高，并具有开放性，能为学生的探究活动提供充分的支持，保障学生探究活动的自主性与开放性，并能保障获得的结论符合科学原理。

最后，教师必须基于学情创新教学设计，合理自创、自制实验器材，以达到更好的教学效果。

总而言之，本次创新教学设计，借助自制斜面教具，着重为学生创设一个更生活化、更有探究味的学习环境，让学生在接近真实的情境中开展探究，获得知识，解决实际问题。

（备注：本案例获得第四届全国中小学实验教学说课活动一等奖，案例合作者厦门市梧村小学林祺。）

五、创新实验教学目标

实验教学目标也可以从知识与技能、过程与方法、情感态度与价值观三个维度加以表述。知识与技能目标主要包括实验的核心知识、基本实验技能的学习程度；过程与方法目标包括达到课程目标的学习方法和学习过程；情感态度与价值观目标强调实验的教育价值以及实验对学生意志、品质等方面可能起到的教育意义。即便是经典的实验，赋予不同的教育价值，必然会改变实验教学的导向，更新实验的内容，影响实验的教学方法和学习过程。因此，必须重视实验教学目标的创新，准确定位实验教学目标。

（一）赋予传统实验新的教育价值

虽然传统实验能帮助学生实现掌握基础知识、基本技能的教学目标，但是，知识和技能是不断发展更新的，因此，更重要的是让学生掌握获取知识和技能的方法。基础教育课程改革的理念重视教学中学生的主体性地位。教师在新课程理念的指导下，可以赋予传统实验特定的价值理念和目标导向，培养学生的主体性，使其具有自我发现课题、自我学习、自我思考、自我判断、自我行动的意识与能力。

案例9：《热空气和冷空气》实验教学说课

《热空气和冷空气》选自《科学　四年级上册》（苏教版）第1单元《我们周围的空气》中的第2课。

【实验教学目标】

依据小学科学课程标准的相关要求，经历本课教学后，学生必须达到以下教学目标：能运用多种感官感受热空气的存在，能设计实验探究影响袋子升空的因素；在教师的引导下，能依据证据运用分析、比较、推理、概括等方法，分析结果，得出结论；知道热空气向上升，热空气会带动周围空气的流动；知道热空气是使孔明灯上升的主要因素；善于发现生活中蕴含的科学现象，并在课堂上探讨研究；能运用课堂所学，联系生活实际；了解科学技术对人类生活方式和思维方式的影响。

【实验器材创新】

1. 丰富的探究器材。

改进前的探究器材是：蜡烛、打火机、纸蛇、塑料袋、细绳。改进后器材有所增加：热空气性质探究支架、打火枪、固体酒精、纸蛇、涂有变温油墨的纸筒、塑料袋、细绳、软尺。

2. 创新教具的优点。

（1）操作简便，科学有趣：运用支架支撑、固定塑料袋，学生可单人实验，也可相互协作，大大提高了实验的成功率。通过一系列的实验，

图2-4-28　热空气性质探究支架

让学生在娱乐中感受热空气的存在和特点，增强了学生的探究兴趣。

（2）安全高效，携带便捷：器材中运用打火枪和固体酒精制造火源，火力足，升温速度快，支架加大了实验的安全性。整套装置均可拆卸、可折叠，且支架可横向纵向伸展，存放不占空间，携带方便。

（3）突出探究，一物多用：本实验在教材放飞孔明灯这一环节进行了拓展，不局限于体验热空气使袋子上升，还拓展探究了影响袋子升空高度的因素。除了可以探究热空气性质外，还可研究教材中与热源有关的内容，例如《热的传递》《吸热和散热》等课程。

【实验教学过程设计】

一、多感官感受热空气在火焰周围的位置

1. 提问：生活中热空气藏在哪儿？（点燃蜡烛，用触觉找到热空气。）
2. 实验：出示热空气性质探究支架，利用变温油墨，感知纸筒上端的热空气。
3. 小结：热空气在火焰的上方。

二、借助纸蛇观察热空气的流动

1. 实验：将纸蛇挂在支架上，点燃纸蛇下端的固体酒精，发现纸蛇会转动。
2. 小结：热空气带动了纸蛇周围空气的流动。

三、在教室内放飞"孔明灯"

1. 实验：利用塑料袋子和热空气性质探究支架在教室里使袋子往上升。
2. 小结：热空气是使袋子向上升的主要原因。

四、探究影响袋子上升高度的因素

1. 猜想影响因素。
2. 设计实验，探究袋子的长短对升空高度的影响。
3. 分组实验。
4. 分析实验数据（表2-4-5），得出结论。

表2-4-5　袋子的长短对袋子升空高度的影响数据记录表

	实验次数	1	2	3	平均值
上升高度/cm	长袋子	168	178	182	176
	短袋子	112	95	100	102.33

5. 小结：袋子越长，其升空高度越大。孔明灯存在安全隐患，不可在城市内随意放飞。

【案例点评】

本课的教学设计由浅入深，符合学生的学习特点，感受式体验、自主性探究充分体现了"以生为本"的教学理念。在教材实验的基础上进行拓展，源于教材又高于教材的探究活动，有助于培养学生敢于提问、善于挖掘、勤于思考的科学学习素养。本次实验课，运用自制的教具，重构教学设计，达到了较好的学习效果，给学生一个生动有趣的科学课堂。

（备注：本案例获得第五届全国中小学实验教学说课活动银奖，案例合作者厦门市莲花小学方婧。）

（二）侧重学生解决问题能力的培养

基于问题的学习是把学习置于复杂的、有意义的问题情境中，通过让学生以小组合作的形式共同解决复杂的、实际的或真实的问题，来学习隐含于问题背后的科学知识，培养解决问题能力和自主学习能力的一种学习模式。实验教学目标如果重视对解决问题能力的培养，"以问题为中心"组织学习过程，可让学生在解决问题的学习过程中形成终身学习、独立工作的能力，尤其有利于发展学生的创造性思维与意识。

案例 10：《摩擦力的秘密》实验教学说课

《摩擦力的秘密》选自《科学　四年级下册》（苏教版）第 4 单元《无处不在的力》中的第 4 课。

【实验教学目标】

依据小学科学课程标准的相关要求，经历本课教学后，学生必须达到以下教学目标：能够设计研究摩擦力大小和哪些因素有关的实验；知道木块移动需要克服摩擦力以及增大或减小摩擦力的方法；培养学生尊重事实的探究精神，能意识到结论需要证据来验证。

【实验内容分析】

围绕以上目标，苏教版教材提供了两个对比实验（图 2-4-29）："研究如何减小摩擦力""研究如何减小液体的阻力"。

图 2-4-29　两个对比实验

大部分教师在上课时会对教材的实验进行改造：用一块木板（木板的正反两面，一面粗糙，一面光滑）和一辆载着重物的小车，利用弹簧测力计匀速拉动小车并读数。根据拉力的大小得出摩擦力的大小与哪些因素相关。

但上述实验设计存在以下不足。

1. 难以匀速拉动小车。

控制小车匀速运动，对于教师而言，已经很难做到了，更何况是学生，这就不利于学生的操作，降低了课堂效率。

2. 不利于学生读数。

学生要一边控制小车匀速运动，一边读数，很不方便。

3. 实验数据难统计。

利用弹簧测力计匀速拉动小车，且每次实验要做三次并取平均值，这对于四年级的学生而言，计算难度大，花费时间长，以至于难以准确得出实验结论。

4. 验证过程不开放。

学生利用教材提供的实验，只能探究摩擦力和接触面粗糙程度、压力大小的关系，不够开放。

【实验器材创新】

为解决教材原有实验设计所产生的问题，有效展开教学，对原有实验进行整合、创新，自主设计、开发"探究摩擦力大小的影响因素"分组实验装置（图2-4-30）。

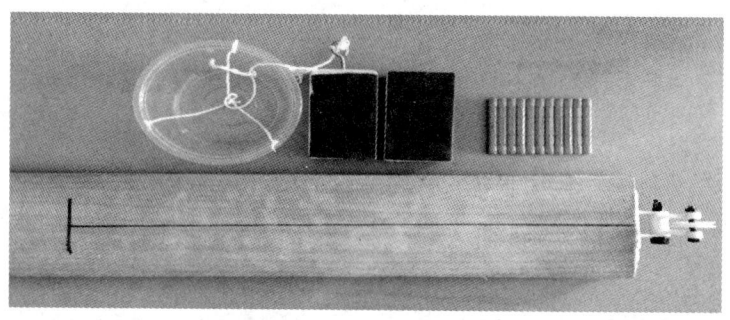

图2-4-30　"探究摩擦力大小的影响因素"分组实验装置

利用磁力棒的重量代替小车受到的拉力，解决了难读数、难控制匀速拉动的不便。1根磁力棒产生的拉力为0.1 N，学生通过数磁力棒的根数，就能很快得出拉力的大小。该实验装置具有便利性。

为了增强实验的探究性和说服力，采用2个四面粗糙程度和面积不同的长方体木块进行探究，学生可以利用1个木块或是把2个木块组合在一起，设计多组对比实验，探究不同因素对摩擦力大小的影响。该实验装置具有开放性和科学性。

【实验方法设计】

1. 合作探究法：依托"探究摩擦力大小的影响因素"分组实验装置，教师由扶到放，逐步引导学生通过合作对摩擦力的影响因素（如接触面粗糙程度、接触面大小、压力大小）进行自主探究。

2. 对比分析法：通过观察、分析、对比、讨论进而归纳出摩擦力的大小和哪些因素有关。

【实验教学过程设计】

依托"探究摩擦力大小的影响因素"分组实验装置，结合学生的认知结构，借鉴实验探究型教学模式（如图 2-4-31），重构本课的教学设计。

图 2-4-31　实验探究型教学模式

围绕"探究摩擦力大小的影响因素"，采用分组探究方式展开教学。首先引导学生对可能影响摩擦力大小的因素作出假设，以接触面的情况为变量自行设计出对比实验的方案（2 个四面粗糙程度和面积各不相同的长方体木块：一面接触面小、光滑；一面接触面小、粗糙；一面接触面大、光滑；一面接触面大、粗糙），明确实验的注意事项，做好数据记录、对比、整理，引导学生从"接触面粗糙程度""接触面大小"及"压力大小"三个方面对比分析摩擦力大小的影响因素，最终得出摩擦力大小只与接触面的粗糙程度、压力大小有关，而与接触面的大小没有关系。

教学流程如图 2-4-32 所示：

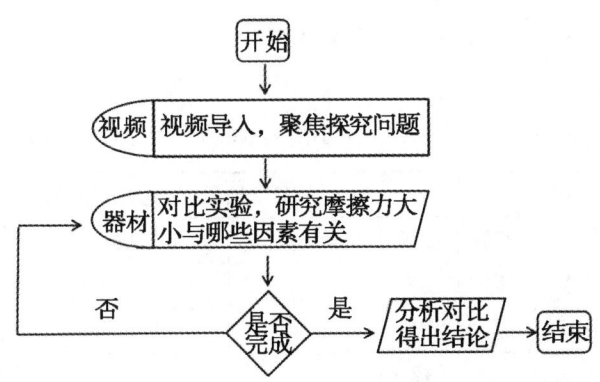

图 2-4-32　"探究摩擦力大小的影响因素"教学流程

一、视频引入，聚焦探究问题

1. 播放电影特技演员从高空滑下来安然无恙的视频。
2. 聚焦问题：电影特技演员在下滑的过程中，是怎样减速的？

二、对比实验，探究影响摩擦力大小的因素

学生针对提出的问题，作出假设，自行设计实验方案展开探究。

对比实验：接触面光滑、粗糙；接触面大、小。

配合微课讲解实验操作。

三、数据统计与分析

用 1 个木块进行探究实验，将实验数据汇总到表 2-4-6 中，引导学生对摩擦力与接触面粗糙程度、接触面大小是否有关进行对比、分析，归纳总结得出结论：接触面越粗糙，摩擦力越大，摩擦力的大小和接触面的大小没有关系。

表 2-4-6　"探究摩擦力大小的影响因素"实验 1 数据汇总

接触面特点				实验结果（磁力棒根数/根）			最后结果
大	小	光滑	粗糙	第一次	第二次	第三次	（取中间值）
●	○	●	○	2	2	2	2
○	●	●	○	2	2	2	2
○	●	○	●	4	4	4	4
●	○	○	●	4	4	4	4

四、加大难度，进一步探究

增加 1 个木块，进一步加大探究难度。将实验数据汇总到表 2-4-7，引导学生进一步对摩擦力与接触面粗糙程度、接触面大小是否有关再次进行对比、分析，归纳总结得出结论：接触面越粗糙，摩擦力越大，摩擦力的大小和接触面的大小没有关系。通过两次多组对比实验，使得实验结果更有说服力。紧接着以"你还有什么发现吗？"这一问题引发学生对摩擦力与压力大小是否有关进行比较、分析，归纳总结得出结论：压力越大，摩擦力越大。

表 2-4-7　"探究摩擦力大小的影响因素"实验 2 数据汇总

接触面特点						实验结果（磁力棒根数/根）			最后结果
叠	连	大	小	光滑	粗糙	第一次	第二次	第三次	（取中间值）
○	●	○	●	●	○	5	5	5	5
○	●	○	●	○	●	12	12	12	12
○	●	●	○	○	●	12	12	12	12
○	●	●	○	●	○	5	5	5	5
○	●	●	○	●	○	5	5	5	5
●	○	○	●	●	○	5	5	5	5

【案例点评】

新的教学设计配合改进后的教具，较好地解决了传统教学设计所产生的教学问题，使得探究有成效、有深度，更具开放性。这样的设计与优化体现了以下几个理念。

1. 教学体现了"以生为本"的设计理念。

新的教学设计，符合学生多样化的探究需求，体现了"以生为本"的理念。不仅解决了探究摩擦力的影响因素的问题，同时也让课堂更开放、自主，高效地完成了教学目标。

2. 教学体现了开放性的设计理念。

课堂上让学生自主探究，设计了多组对比实验，并根据各小组的数据进行对比、分析，体现了课堂的开放性。

3. 器材创新保证了探究活动的科学性和高效性。

通过合理的器材创新，实现了教学本身与教学环境之间的多向、多层面的交互作用。利用两个木块进一步丰富了探究过程；配合分组实验装置的使用，使得实验现象明显，可操作性强，探究效率高。

4. 有效提高了学生的数据意识等科学素养。

通过实验记录单引导学生收集、整理数据，依托数据汇总表引导学生多角度分析、对比数据，培养学生敏感的数据意识以及实事求是、用事实说话的科学精神和态度，推动学生科学思维不断向前发展。

（备注：本案例获得第三届厦门市中小学实验教学说课活动一等奖，案例合作者厦门市松柏小学郭晓勤。）

六、创新实验教学形式

小学科学教学的目标之一是通过传授有关的科学知识来提高小学生的常识水平。创新实验教学形式的目的是尽可能创设出符合小学生的生理和心理特点的教学情境，通过游戏化教学激发学生内在的学习动力，营造生活化的教学氛围，将一些特殊复杂的科学现象转化为生活中的普遍现象，促进学生更好地理解相关知识，引导学生自主探索科学知识的奥秘。

（一）运用游戏教学推进自主学习

喜欢游戏是儿童的天性，游戏是儿童最熟悉且乐于参与的活动。从生理角度来看，游戏能提高学生神经系统的兴奋程度，使他们的大脑处于良好的机能状态，促进大脑发育；从心理角度来看，游戏能使学生产生轻松愉快的情感体验，学习兴趣高涨，注意力更加集中，思维更加活跃，学习效率也会随之提高。科学课程中的部分内容比较死板生硬，学习过程显得枯燥无味。如果把游戏和教学结合起来，使其融为一体，可以达到相互促进的效果。学生在游戏化的教学情境中快乐学习，认识事物，获取相关的知识和经验，就会收到事半功倍的效果，从而提高了实验教学的实效性。

案例 11：《研究透镜》实验教学说课

《研究透镜》选自《科学 五年级上册》（苏教版）第 2 单元《光与色彩》中的第 3 课。

【实验教学目标】

根据小学科学课程标准的要求，以及对教材的研究和理解，制订了如下教学目标：能用简单的实验器材初步探究凹、凸透镜能否聚焦；能使用改进后的多功能透镜研究装置开展透镜的聚焦实验，并记录实验现象和数据，通过对比分析、归纳概括，得出结论；知道凸透镜能够聚光，凹透镜不能聚光；知道不同凸透镜聚焦的距离不同；知道平行光线经凸透镜折射后会聚焦，聚光点的温度很高；认同科学技术对学生的实验方式和学习效率有极大的提升作用；培养学生乐于探究的态度，积极参与实验，并且懂得实验安全的重要性。

【实验器材创新】

1. 改进前的实验器材：凸透镜1个、凹透镜1个、纸。改进后的实验器材：多功能透镜研究装置（如图2-4-33，包含凸透镜2个、凹透镜1个、指南针、气泡水平仪、红色减光片、数字测温器、对光十字准星、特别设计的太阳高度量角器等）、印有战船的圆形纸片。

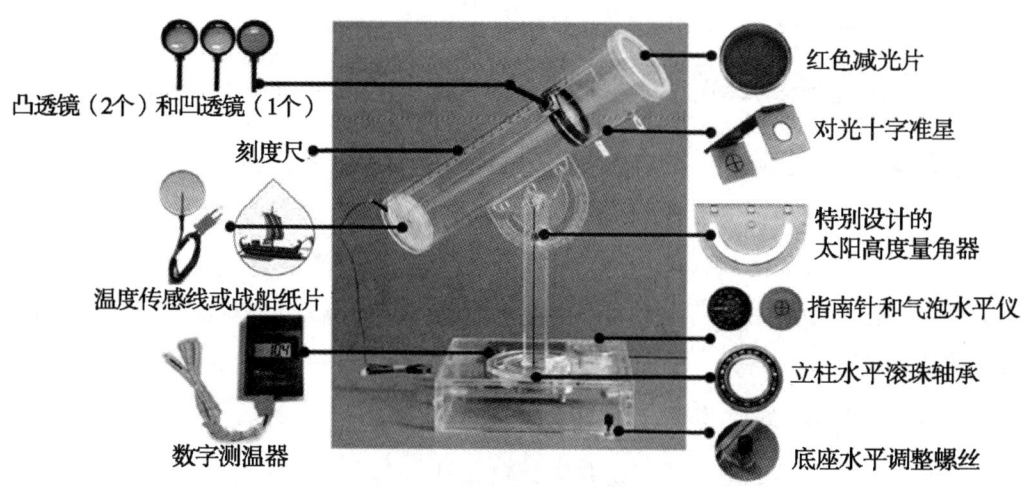

图 2-4-33　多功能透镜研究装置

2. 实验创新要点。

经过精心设计，将零散的实验器材整合为多功能透镜研究装置，创新点主要体现在以下几个方面。

（1）巧妙设计对光易。

实验操作要求让透镜镜面垂直太阳光线，这对于五年级学生来说，操作上存在难点；部分学生可能直接将凸透镜对着太阳，存在灼伤眼睛的安全隐患。通过创新设计的水平旋转和上下旋转结构，将圆筒口大致对准太阳，再辅以十字准星对光装置，快速解决镜面垂直太阳光线的问题，对光快速、安全。

（2）透镜移动快又顺。

圆筒状的外形，透镜可以方便嵌入并自由平移，圆筒底部有可以放纸片的插槽，圆筒外壁有刻度，能解决学生手持透镜不稳定、纸片容易被风吹走、透镜与纸的距离不固定等难题。

(3) 减光护眼重安全。

红色减光片的使用，能避免学生在长时间操作和观察过程中，强光对眼睛的伤害。

(4) 数字传感很震撼。

实验装置底部放置数字测温器，将带有数字温度传感线的圆盘放到聚光点的位置，即可实时显示光斑温度的变化。

(5) 拓展功能很丰富。

多功能透镜研究装置拓展性强，搭配不同颜色的纸片、凹凸透镜组合等，可以拓展探究照相机、望远镜、太阳高度角测量仪、颜色与吸热的奥秘等实验活动。

【实验设计思路】

1. 实验原理。

光线经过空气和镜片两种不同介质时，传播方向会发生偏折，产生折射现象。太阳光可视为近似平行光，穿过透镜后产生折射，呈现凸透镜能聚焦、凹透镜不能聚焦的现象。光线聚焦时，光线的能量也在聚集，当光斑最小、最亮时，在聚光点可产生高温烧穿纸片。

2. 实验设计思路。

转化低效、不安全的实验操作方式，抓住实验成功的关键，保持镜片与光线垂直，精准对光，使光斑最小、最亮，并能方便移动透镜，固定透镜位置。

(1) 实现透镜与太阳光线垂直：调整装置达到水平状态，根据太阳大致方向调整圆筒朝向。让太阳光穿过对光器的圆孔，打在十字准星上，便完成了太阳光线与圆筒开口方向一致，嵌入式的透镜与筒壁垂直。

(2) 实现光斑最小、最亮（聚焦）：让嵌入式的透镜在圆筒内自由平移，改变透镜与纸片的距离，观察纸片上光斑的大小变化，达到光斑最小、最亮。

(3) 感受聚光点的温度：将带有数字温度传感线的圆盘插入圆筒底部，调整光斑到最小、最亮时，通过数字测温器实时显示聚光点的温度变化。

【实验内容设计】

第一部分：按照教材提供的方法，手持透镜，利用太阳光进行聚光烧战船游戏，发现聚焦现象。

第二部分：在认识和了解多功能透镜研究装置的基础上，使用新装置探究凸透镜和凹透镜烧战船游戏，初步得出凸透镜能聚焦、凹透镜不能聚焦的结论。

第三部分：使用新装置，对比不同凸透镜聚光烧战船游戏，发现不同凸透镜聚光时，透镜与纸片的距离不同。

第四部分：用数字测温器，直观、高效感受聚光点温度的变化。

【实验教学过程设计】

本实验采用学生自主探究模式进行教学，以游戏方式开展，经过观察、对比、归纳、概括，最后得出结论。教学分为以下环节。

一、故事引入，定义聚焦

1. 阿基米德烧战船故事导入。

故事导入：在公元前 215 年，古罗马派战船攻打古希腊，传说阿基米德命令几百名士兵手持凹面镜，所有的镜子一起向一艘战船反射灼热的阳光，不一会儿，战船烧着了。如图 2-4-34 所示。

图 2-4-34　阿基米德烧毁战船

提问：阿基米德为什么能利用太阳光把战船烧毁呢？

生：一面镜子反射的太阳光不怎么热，但是几百面镜子反射的光，集中在一条战船上，温度就可能变得很高，所以战船就烧着了。

2. 定义聚光点和聚焦。

当所有的镜子反射的光聚集到某一点，这个点就叫作聚光点，聚光点的温度会升高，这个聚集光线的过程叫作聚焦（图 2-4-35）。

图 2-4-35　聚焦

二、游戏探究——手持凸透镜烧战船（图 2-4-36）

图 2-4-36　聚光烧战船游戏

1. 导入：除了阿基米德的方法外，还有其他聚焦的方法吗？

（1）引入教材实验：教材提供了一个实验，大家一起来看看教材上是如何介绍的。

（2）学生学习实验要求（图2-4-37）：让阳光穿过凸透镜，观察聚焦情况。让镜面与光线垂直，调节镜片与纸的距离，使光斑最小、最亮。

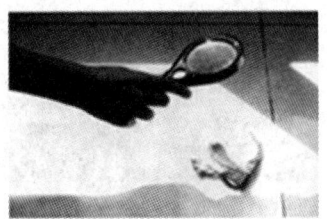

图 2-4-37　聚焦实验示范

2. 定义凸透镜和凹透镜。

（1）提问：什么是凸透镜？什么是凹透镜？

（2）学生观察透镜：请小组长拿出抽屉中的两面透镜，小组组员一起观察，可以看一看，摸一摸。

学生观察汇报：两面透镜的玻璃不一样，一个是凸出来的，一个是凹进去的。

（3）定义概念：中间厚、边缘薄的透镜称为凸透镜，中间薄、边缘厚的透镜称为凹透镜。

3. 进一步解读实验要求。

实验有两个要求（图2-4-38）：一是让镜面与光线垂直，二是调整镜片与纸的距离，使光斑最小、最亮。

图 2-4-38　聚焦实验要求

4. 实验：手持凸透镜烧战船游戏。

（1）学生实验操作，尝试让太阳光穿过凸透镜，观察聚焦情况，教师巡视指导。

（2）学生反馈实验情况，共同总结实际操作中存在的问题（镜面与光线难垂直，镜片与纸的距离难固定，光斑最小难实现，长时观察伤眼睛）。

三、引入多功能透镜研究装置

教师介绍多功能透镜研究装置的特点和使用方法。

（1）实验前仪器的调整。

仪器底座配有调整螺丝，可以根据地形调整仪器的水平状态。根据太阳的大致方位，水平旋转和上下旋转圆筒，使太阳光穿过圆孔并对准十字准星。锁定水平旋转和上下旋转的螺丝后，便完成了实验的准备工作。（图2-4-39）

图2-4-39　实验前仪器的调整

（2）将透镜插入圆筒内。

将透镜直接嵌入圆筒内。在圆筒前端套上红色减光片，减少强光对眼睛的伤害。在圆筒末端插入印有战船的纸片。（图2-4-40）

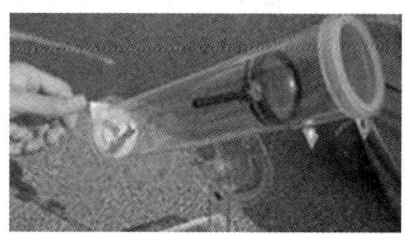

图2-4-40　实验装置配件的组装

（3）移动透镜的位置，观察战船纸片上光斑的变化。（图2-4-41）

图2-4-41　实施聚焦实验

四、采用新装置，游戏探究凹、凸透镜的特点

1. 实验前调整装置，并将凸透镜或凹透镜插入圆筒内，圆筒前端套上减光片，末端插入印有战船的纸片。

2. 学生自主探究凸透镜和凹透镜能否把太阳光聚集成光斑，把印有战船的纸片烧穿。

3. 观察光斑的变化以及光斑最小、最亮时透镜到纸片的距离，做好实验记录。

4. 学生汇报实验结果：凸透镜能聚光，凹透镜不能聚光。当形成最小光斑时，凸透镜与纸片的距离是8.5厘米。（图2-4-42）

《研究透镜》实验记录单

一、游戏探究——凹凸透镜对比

	凸透镜	凹透镜
能否聚光烧穿战船（能/不能）	能	不能
透镜与纸的距离	8.5 cm	无

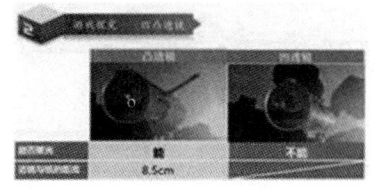

图 2-4-42 凹透镜、凸透镜对比实验

五、游戏探究——不同凸透镜对比

1. 引导学生用另一面凸透镜做对比实验，观察并记录。

2. 学生汇报实验结果，得出结论：凸透镜都能聚光，但是不同的凸透镜聚光形成最小光斑时，透镜与纸的距离是不同的。（图2-4-43）

二、游戏探究——不同凸透镜对比

	凸透镜1	凸透镜2
能否聚光烧穿战船（能/不能）	能	能
透镜与纸的距离	8.5 cm	13 cm

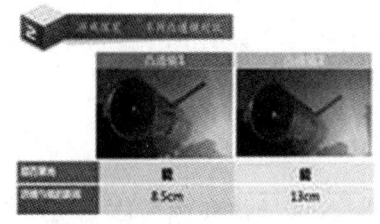

图 2-4-43 不同凸透镜对比实验

六、拓展探究——数显聚光点温度

学生使用数字测温器，将温度传感线放到聚光点的位置，进行测量及实验记录。（图2-4-44）

三、拓展探究——数显聚光点温度

	凸透镜1
聚光点温度	140～160 ℃
透镜与纸的距离	8.5 cm

图 2-4-44 感受聚光点温度实验

【案例点评】

通过经典科学故事的引入激发了学生探究的欲望，同时帮助学生理解聚焦的概念。使用改进后的多功能透镜研究装置开展游戏教学，学生自主探究后发现凸透镜能聚光，而凹透镜不能聚光。再通过两次对比实验的数据，得出"不同凸透镜聚光时，透镜与纸张的距离是不同"的结论。正因为使用了优化设计的教具，避免了诸多干扰因素，为实验教学的顺利开展奠定了基础，学生能专注于透镜探究，化"操作困难"为"高

效安全",教学变得富有层次感。

[备注:苏教版、教科版小学科学新教材均删减了透镜(凹透镜、凸透镜)的教学内容。但是有关折射的概念,在教科版教材《认识棱镜》一课中仍然保留,而苏教版教材只在一段科学史的补充资料中出现过一次"折射"的字眼。本案例获得第五届全国中小学实验教学说课活动金奖,案例合作者厦门市仙岳小学何星源。]

(二)链接生活情境实现深度学习

科学源于生活,又融于生活。《义务教育小学科学课程标准》指出:小学阶段科学课程强调从学生熟悉的日常生活出发,把探究活动作为学生学习科学的重要方式。美国教育家杜威提出"教育即生活",我国教育家陶行知先生则提出"我们的实际生活即是我们全部的课程",从不同角度阐明了教育与生活之间的密切关系。小学生的认知特点、学习特点要求科学课程不应以传授系统的科学知识为主要任务。科学课程与学生的生活世界距离越近,越能引发学生的学习兴趣,学生的学习也就更有效。因此,教师应关注生活、社会中的各种科学现象,基于学生已有的知识和生活经验,用生活化的教学策略引导学生,通过探究、合作等方式理解科学概念、掌握科学规律,并将所学应用于生活。

案例12:《导体和绝缘体》实验教学说课

《导体和绝缘体》选自《科学 五年级上册》(苏教版)第3单元《电和磁》中的第2课。

【实验教学目标】

《导体和绝缘体》主要的实验内容为"检测常见物体的导电性能"。本课的教学目标如下:知道物体按导电性能可以分为导体和绝缘体两大类;知道人体和自然界中的水也是导体;了解导体、绝缘体的相对性,感受辩证唯物主义思想;经历用"电路检测器"检测常见物体的导电性能的探究活动,区分导体和绝缘体,学习科学的分类方法;培养实事求是的科学态度;形成安全用电的意识;激发学生对电学的好奇,培养学生探究电学的兴趣。

【实验内容分析】

本实验的教学重点是认识常见的导体和绝缘体,教学难点是认识人体、自然界中的水等也是导体。

教材中利用简单电路设计制作的检验器,通过观察小灯泡是否亮起来,对常见物体的导电性能进行检测,存在以下不足。

1. 对电阻小的物品(如金属)检测效果明显,但是对一些电阻较大的物品则不适用。比如检测人体、自然界中的水是否是导体时,学生通过实验发现小灯泡没有亮起来,就以为人体、自然界中的水是不导电的。

2. 概念的形成没有经历直观的感受、亲身的体验,不利于培养学生的安全用电、防止触电等意识。虽然教师可以通过讲解对实验现象进行解释,并以举例、讨论等方式对学生进行安全教育,但在这样的教学情境下,学生对"人体、自然界中的水是导体"这一概念的形成并没有直观的感受、亲身的体验,因此安全教育效果欠佳。

【实验器材创新】

1. 实验仪器的改进和创新。

为了更好地完成教学目标,自主设计开发了常见物体导电性能的检测器(图2-4-45)。

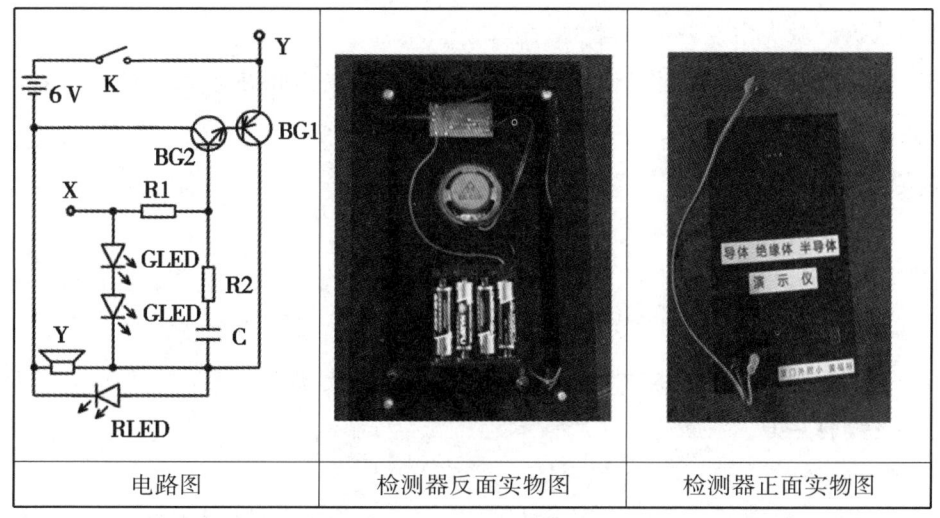

图 2-4-45 电路检测器

实验原理:利用发光二极管、LED灯、喇叭等材料组装成灵敏检测电路。LED灯、喇叭会根据物体的导电性能,分别发出不同的信息,从而直观、准确地判断物体的导电性能。

表 4-4-8 实验现象一览表

被检测物体	LED 灯（两绿一红）	喇叭
绝缘体	LED 灯不亮	无声
大电阻导体	红色 LED 灯亮	发出洪亮的声音
小电阻导体	绿色、红色 LED 灯同时亮	发出洪亮的声音

实验方法:打开电源开关,手拿测试线鳄鱼夹的绝缘部分,用鳄鱼夹夹住被测物体。如果是绝缘物体,仪器LED灯不亮,喇叭无声;如果是大电阻导体,红色LED灯亮,喇叭发出声音;如果是小电阻导体,绿色、红色LED灯同时亮,喇叭发出声音。互换两条测试线,可检验半导体二极管的单向导电性。

2. 创新教具的实验优势。

(1) 深刻性。在检测常见物品是否是导体方面，LED 灯、喇叭会根据物体的导电性能，分别发出不同的信息，学生能通过视觉、听觉直观、准确地判断物体的导电性能，留下深刻的印象。

(2) 直观性。该教具能够灵敏检测出人体、水、大地等电阻较大的物体的导电性能，学生可以通过直观的观察，认识物体的导电性能，有助于形成安全用电意识。

(3) 拓展性。导体和绝缘体是相对的，当环境变化以后，绝缘体也可能成为导体。比如，干木头是绝缘体，但潮湿后就可能会导电；干抹布是绝缘体，而湿抹布是导体。通过直观的实验观察，理解导体和绝缘体的相对性。

(4) 开放性。该教具还能检测半导体二极管的单向导电性。通过实验可以拓展学生的科学认识，激发学生热爱科学的兴趣。

(5) 实用性。该教具结构简单，操作方便，既可以用作演示实验教具，也可以作为分组实验器材，实用性强。

【实验教学过程设计】

一、检测常见物体的导电性能

1. 导入：出示电路检测器，电路接通以后，LED 灯亮了，喇叭发出声音。

2. 提问：如果用其他连接方法重新连接电路，会有什么现象呢？

①将一条测试线的鳄鱼夹和另一条测试线的塑料皮接在一起。②将两条测试线外面的塑料皮接在一起。

3. 演示实验。

4. 提问：为什么电路检测器的鳄鱼夹接在一起，电路能够形成回路，而把测试线外面的塑料皮接在一起或把鳄鱼夹和塑料皮接在一起，电路不能形成回路呢？

5. 提问：这些常见物品的导电性能如何？学生预测、交流。

6. 演示实验方法。

7. 实验：学生进行实验。

8. 讨论：学生汇报实验结论。

二、对常见物体的导电性能进行分类，了解导体和绝缘体的概念

1. 提问：通过刚才的实验，你能根据导电性能对物体进行分类吗？

2. 讲解导体和绝缘体的概念：容易导电的物体是导体，不容易导电的物体是绝缘体。

三、认识自然界中的水和人体是导体，进行用电安全教育

1. 提问：人体、水是导体吗？

2. 讨论：学生根据生活经验讨论、交流对人体、水是导体的认识。

3. 引导：对实验现象进行预测，并采用实验方法验证。

4. 实验：进行实验，得出结论。

5. 提问：既然人体和水都是导体，那么我们在用电的时候为了自己的安全，要注意什么呢？

6. 交流：组织学生进行安全用电小结。

四、了解导体和绝缘体的相对性

1. 提问：干燥的木头、抹布是导体还是绝缘体呢？

2. 讨论：组织学生猜想、讨论。

3. 提问：在什么情况下，这些绝缘体会成为导体呢？

4. 实验：学生进行实验，得出结论。

5. 讨论：联系生活，进行安全用电教育。

五、演示半导体二极管的单向导电性

1. 演示实验：两条测试线交换，检测半导体二极管的单向导电性。

2. 激趣：为什么不同的连接方法会出现不同的实验现象呢？

3. 引导：电学中还有许许多多的奥秘，等待同学们去探索。

【案例点评】

利用改进后的创新教具，结合以学生为主体的探究式教学过程设计，激发了学生主动探究电学的求知欲。

1. 在实验器材创新方面具有以下特点。

（1）多感官助力精判断。LED灯、喇叭分别发出不同信息，学生的视觉、听觉等得到激发，直观、准确地判断物体的导电性能，留下了深刻的印象。

（2）灵敏检测得结论。该教具能够灵敏检测出人体、水、大地等物体的导电性能，学生可以通过直观的观察，认识大电阻物体的导电性能，得出科学结论。

（3）分组演示两相宜。该教具结构简单，操作方便，效果明显，检测范围广泛，实用性强，既可以用作演示实验教具，也可以作为分组实验器材，还可以作为课外探究器材。

2. 在实验教学方面具有以下特点。

（1）深化概念，层层递进。丰富的结构性材料，多层次的实验探究内容，使学生对导体和绝缘体的认识层层递进，不断丰富，深化了对概念的理解。

（2）亲历探究，深化安全教育。学生多次亲历探究，能准确判断出大电阻物体的导电性能，基于对导体和绝缘体的丰富认识，联系生活实际讨论、交流，深化、巩固了安全用电常识。

（3）教学拓展，激趣启发。一方面，学生通过亲历实验探究，了解导体和绝缘体的相对性，初步感知辩证唯物主义思想。另一方面，学生通过观察半导体二极管的单向导电性，引发学生无限的思考和想象，好奇心和探究欲将为学生的后续探究提供持久动力。创新后的实验教学内容丰富，既符合课程标准的要求，也拓展了学生的知识视野，满足了学生多样化的探究需求。

3. 实验教学效果评价。

本实验教学通过创新实验器材，帮助学生循序渐进地建构导体和绝缘体的概念，有效突破教学重难点，深化安全教育，高效达成实验教学目标。丰富的实验教学内容，为学生创设多情境自主学习机会，凸显"以生为本"的教学理念，实验教学效果显著。

（备注：本案例获得第五届全国中小学实验教学说课活动金奖，案例合作者厦门外国语学校附属小学刘阳丹。）

由以上几个实验教学说课创新案例不难看出，坚持"以学生发展为本"的实验创新理念，注重培养学生的"科学探究与创新意识"，关注培养学生的学科核心素养，是创新实验教学的基本原则和导向。基于实验教学说课的框架系统和评价标准，深入研究教材和实验，能为教师提供多种创新实验和创新实验教学的思路。处理好实验创新与实验教学的关系，合理地将实验创新的成果应用于课堂教学，不仅能提高实验教学的效率和效果，彰显实验教学的价值，还能变革课堂教学方式，促进学生的科学学习。

现在创新已经成为新时代的主旋律，新时代需要大量创新型人才，而创新型人才需要靠创新型教育培养，实施创新型教育需要大量的创新型教师。正如美国教师罗恩·克拉克所说的"好老师必须要有创造力"，作为一名小学科学教师，一定要具有丰富的想象力和好奇心，通过实验教学创新实践，培养创新思维，开展创新行动，塑造创新个性，努力使自己朝着创造型教师、智慧型教师的方向不断成长。

第五节　科学实验教学创新应回归教学本质

全国中小学实验教学说课活动调动了教师开展实验教学研究的积极性，增强了实验教学的育人效果，形成了一批可共享的中小学实验教学优秀资源。可是，教师提交的用于活动展示的案例中仍存在着为创新而创新、创新的意义与价值不足、弄巧成拙等现象，说明部分教师对实验教学功能的理解存在偏差。实验教学创新应重视其教学本质，教师应以此为基点，深入研究，认真审视创新的合理性与必要性。教师应该基于课程的性质、理念和目标，基于学习主体的发展需求，寻找合理有价值的创新点，开发出适合学生学习的优秀教育资源，从而增强实验教学效果，发挥实验教学的育人功能。

一、科学实验教学创新的原则——基于课程的性质

课程性质即课程的本质属性，主要阐明课程的学科地位与特点。例如，《义务教育小学科学课程标准》使用"基础性"说明了科学学科的地位，使用"实践性""综合性"表明了学科的教学特点，三者结合界定了科学课程的性质。科学课程的性质决定了教学方法的选择与应用。实验教学重视让学生经历实验过程，主动掌握知识与技能，因而成为适合科学教育的重要教学方式。因此，创新实验教学，应从实验内容的选择、实验环境的创设、实验方法的选用、实验教学的设计等方面充分考虑是否符合课程性质。

以科学学科为例，基于"基础性"的要求，在开发实验教学内容时，应关注是否满足"初步了解与小学生认知水平相适应的一些基本的科学知识"，而不应随意提高难度和要求；基于"实践性"的要求，在实验环境的研发中，要考虑是否从学生熟悉的日常生活经验出发，是否能够让学生亲身经历动手实践活动，不提倡以演示实验替代分组实验；基于"综合性"的要求，教学方式要考虑能否促进学生动手与动脑的结合，能否在理解自然现象和解决实际问题时，综合运用不同领域的知识和方法，而不是以高度自动化的装置简化探究过程，替代学生动手与动脑自主解决问题的过程。

二、科学实验教学创新的依据——符合课程的理念

小学科学课程理念可采用解释学理论进行阐释，即从"何以如此"的视角进行理念的解构。实验教学创新离不开课程理念的引领，应遵循其明确的指向性与目的性。义务教育阶段的课程应为全体学生提供适合的、公平的学习和发展机会，要努力做到面向全体学生。因此，针对实验内容创新实验环境时，应充分考虑地区差异性，综合

考虑成本、材料易得性、制作工艺等因素，判断是否具备推广价值。在选择实验方式时，应尽可能选用分组实验方式。在创新实验环境时，应将设计教具的思路转向为设计学具。

从课程理念的关注点看，传统课程理念在一定程度上偏离了对"主体性因素"的思考，现代课程理念则力图找回失落了的"主体"。[①] 科学课程是学生的课程，其主体是学生，应该还课程以主体性，突出学生的主体地位。为学生开发喜闻乐见的科学主题，营造愉快的教学氛围，才能激发学生学习科学的兴趣。不同学生的发展具有独特性与差异性，在实验开发与教学设计时应予以充分考虑，并尽可能体现层次性，保护学生的好奇心和求知欲。创新实验环境时，如果能为学生提供更多自主选择的学习空间，就能大大增加学生主动探究学习的机会，以此体现课程倡导探究式学习的理念。实验操作应符合学生的行为能力，不是越简单、越方便、越数字化就一定是最优的方案。实验教学过程应努力创设能引起学生认知冲突的情境，以此吸引并启发学生积极思维，重视实验教学在培养学生基本的科学伦理精神和热爱科学的品质方面的重要作用。

三、科学实验教学创新的基点——达成课标相应要求

教师的教学有三种典型类型，一是根据教材按部就班的教学，二是基于教师经验的教学，三是基于课程标准的教学。有了国家课程标准之后，教学目标说明的是"为什么教"和"教到什么程度"的问题，它不是来源于教材或教师的经验，而是来源于国家课程标准。[②] 因此，基于课程标准才能准确定位教学目标，并据此确定教学内容，选择恰当的教学活动方式。实验教学创新的目的，同样是为了能更好地达成课程标准的相应要求，因此教师应当不断反思改进后的实验教学能否达到课程标准对学生所提出的要求，甚至超过标准，应当确保实验教学目标与课程标准之间的一致性。

以《雨下得有多大》一课为例，教材中利用喷壶模拟降雨，但因学生手持不稳，导致出现喷壶出水不均、喷洒范围不稳定等各种不可预测的情况，造成学生测得的雨量数据无明显规律，难以建构"雨量"准确的科学概念，甚至混淆其计量单位。因此，在教学时，多数教师会选择避开实验，以讲解的方式直接告知学生结论。这样的教学显然不利于培养学生的科学知识、科学探究、科学态度目标。为解决这些问题，有教师通过研究，利用多个雾化喷头自制多功能降雨模拟装置，能够实现较快、较均匀地制造、分散水滴，创设了一个稳定、科学的实验环境，方便学生使用简易雨量器测量

[①] 卜玉华：《课程理念的历史透视与重建》，《华东师范大学学报（教育科学版）》2001年第3期。

[②] 崔允漷：《课程实施的新取向：基于课程标准的教学》，《教育研究》2009年第1期。

雨量。学生通过反复实验，得出"同一时间、同一地点测得的雨量一样""口径大小不同的雨量器所测得的雨量一样"的结论，从而达成让学生经历动手探究、自主发现雨量的秘密的教学目标。

四、科学实验教学创新的实质——发挥实验教学的功能

自然科学是以实验为基础的科学，科学规律的发现和理论的建立都必须以实验为基础，并经得起实验的检验。实验方法是科学家研究科学的重要方法，是科学方法的核心。因此实验在科学教育中具有重要的意义。在科学教学过程中，合理选用实验教学形式，能起到激发学生学习科学的兴趣、深入认识科学本质、掌握基本的科学知识和方法、形成科学态度与科学精神、发展学生的综合能力等作用。因此，实验教学同样具有十分重要的地位和作用。

现有教材中的实验内容，仍有一大部分沿用课改以前的教材，限于课改前后的课程支撑理论不同、倡导的教学模式也不同，这些实验的设计理念、教学方法略显落后。又由于受到材料、技术水平等的限制，导致有些实验未能很好地实现其应有的教学功能。这些问题恰好可以成为实验教学创新的方向。及时引入最新的教学理念、教学模式，关注科学技术进步带来的新材料、新设备，必然能为创新带来灵感。

以《吸热和散热》一课为例，其教学目标是让学生知道深色的物体比浅色的物体吸热快、散热也快；知道不同物体吸热、散热性能不同。教材提供的参考实验，存在着受制于天气条件、对比条件不严谨、耗时长、不易组织、实验现象不明显等问题。为解决这些问题，教师自主设计开发出"吸热和散热"分组实验盒（图2-5-1）。装置采用灯泡作为热源，能避免天气条件的限制；灯泡发热快，被测物体在短时间内就能明显升温，实验效率高；只需将实验介质装入塑料盒内，就能在公平的实验环境中进行对比研究。为了增强实验的趣味性及说服力，实验盒还配有多种颜色的卡纸、沙子及黑白芝麻等拓展性材料，满足学生多样化的探

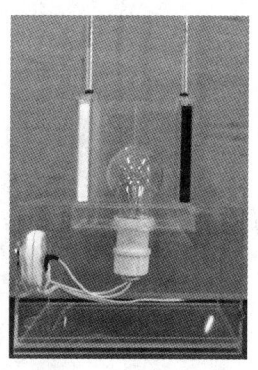

图 2-5-1 "吸热和散热"分组实验盒

究需求。该实验装置的应用是对原有实验器材、活动的整合与创新，不仅能满足学生形式多样的探究需求，帮助学生掌握有关物体吸热与散热的规律，还能让学生进一步了解对比实验的设计方法，兼具趣味性、科学性与创造性。

五、科学实验教学创新的切入点——找准教学重难点

不论是基于教学设计理论或是教师的教学经验，都强调教师在教学中要善于抓住重点、突破难点，实现有效教学。教学重点是指在所教学科知识体系中处于重要地位，

对后续知识的学习和理解会产生重要影响的那些知识点。它不会因教育者或教育对象的变化而发生变化。教学难点是指教材中学生较难理解和掌握的部分。① 教师应该通过学情分析，结合日常教学经验，找准教学的重难点，并以此为落脚点，分析原有教具功能上的不足，进而开发出结构性教具，使之成为合理的教学资源。

以《研究斜面》一课为例，传统实验是利用一块木板，搭建不同坡度的斜面，让学生验证省力程度与坡度大小的关系，学生很容易就能得出准确的结论。但是当谈及斜面在生活中的运用时，不少学生对立交桥、楼梯是不是斜面会产生疑惑，也无法解释过街天桥为什么要设计两种不同形状的引桥。这类问题反映出学生对斜面定义的理解不到位，这才是教学中存在的真正难点，也间接反映出原有实验设计的不合理之处。为此，教师提出尽可能地让学生在接近真实情境中探究，自行建构知识与概念的想法，并依此改造斜面装置：将斜面分为两块，用旗形合页与伸缩天线进行连接，经过简单的旋转与伸缩，即可切换为过街天桥模型，并且斜面装置的坡度、高度、长度可任意调节设置。实验器材与现实模型相似程度高，并具有开放性，能为学生的探究活动提供充分的支持，保障学生探究活动的自主性，保证获得的结论符合科学原理。

六、科学实验教学创新的导向——基于学习主体发展需求

华东师范大学叶澜教授在《我对课堂教学本质的思考》一文中提出，从更高的层次——生命的层次，用动态生成的观念，重新全面地认识课堂教学，构建新的课堂教学观，它所期望的实践效应就是：让课堂焕发出生命的活力。②

因此，我们应该重新认识实验教学的功能，使之成为育人的重要资源和手段，凸显育人的价值。实验教学的目标应全面体现小学科学课程的总目标，培养学生的科学素养，并为他们继续学习、成为合格公民和终身发展奠定良好的基础③。因此教学不能只局限于认识方面的发展，还应把青少年学生内在于生命中的主动精神和探索欲望，在课堂中加以扶植并得到体现。当实验教学变得充满生机与乐趣，学生智慧得到挑战，好奇心得以满足，师生的生命力在课堂中就能得到充分发挥。

以《照镜子》一课为例，关于光反射效果的知识点，教材借助对比观察两张反光图片来完成认识活动。在实践教学中，教师通过创设真实的问题情境，强化学生的学习动力，使用了不锈钢片、塑料板、瓷砖、蜡光纸、镜子等不同材质的物体，要求学生通过实验，对比观察这些物体的反光效果。进而抓住"不同物体反光效果不同"这

---

① 江新华：《中小学课堂教学重难点问题探究》，《教学与管理》2005 第 4 期。
② 叶澜：《我对课堂教学本质的思考》，《基础教育课程》2009 年第 1 期。
③ 中华人民共和国教育部：《义务教育小学科学课程标准》，北京师范大学出版社，2017，第 6 页。

一关键点提出问题，引导学生分析问题，深入思考，将光斑清晰程度、亮暗程度与物体表面光滑程度之间建立关联。结构性的材料，创新的实验教学，体现了教师不满足于简单达成知识目标的基本要求，而是基于拓宽学生思维参与的深度与广度，培养学生分析与解决实际问题的能力进行创新设计，是基于学生全面发展理念深入思考的成果。

实验教学创新应回归教学本质，要求我们必须重新认识教学，认清学科教学的基础地位及其在培养核心素养方面的独特价值。基于课程的性质、理念和目标，基于学习主体发展的需求，挖掘实验内容，创新实验教法，寻找合理的、有价值的创新点，开发出适合学生学习的优秀教育资源，必然能增强实验教学的效果，发挥实验教学的育人功能，落实"教育要以学生发展为本"的理念内涵。

第三章 小学科学实验教学课例研究

教师专业化是现代教育发展的自然结果,是现代教育与传统教育的重要区别。为适应教师专业化和终身学习的理念,教师的培养也由过去的终结式师范教育转变为贯穿教师整个职业生涯的教师教育,教师教育也相应由一个阶段延增至职前教育、入职教育和在职继续教育三个阶段。[①] 如何立足中小学日常工作,提高教研、培训的质量和实效,有效促进教师群体的专业发展,是当前中小学教育亟待解决的问题。为此,笔者对教研活动形式的改革和创新作了一些实践与探索,提出以课例研究的方式组织教师的研修活动。

课例研究是与日常教学结合紧密的研究。课例研究关注日常教学中的问题,聚焦课堂教学的改进,体现了在研究的状态下教学、在教学的过程中研究的质性研究方法。在课例研究的过程中,课程专家与教研员成为教师的学习伙伴,走进课堂和教师一起研究教学问题,把培训过程与研究过程合为一体,一方面对教师进行专业引领,另一方面又与教师进行平等的合作。课例研究唤醒了教师的主体意识,架起理论与实践的桥梁,将抽象难懂的理论知识内化为实践智慧,反过来又能为个体的实践经验找到阐释的理论,从而提升了教师的教育理论素养和专业水平,促进教师的专业发展。

第一节 科学实验教学课例研究的背景与概念

从学校教研工作的现状看,教研活动形式传统、单一和僵化还是较为普遍的现象。随着时代的进步,教师专业发展的内涵不断更新,因此必须寻求能够满足教师专业发展需要的新途径。在短期课程培训、教学观摩或研讨会等教育活动中,都会发现部分教师很难把所学到的知识和技能用到日常教学中,普遍存在着将理论应用于实践方面

---

① 李广平:《建构主义理论对教师教育的启示》,《外国教育研究》2004年第5期。

的困惑。基于探索有效的研修活动、形成学习型教研团队、培养研究型教师的思考，把课例研究作为教师研修的一项重要内容，以期使教师的教育思想得到提升，教学能力得以发展。

一、引入科学实验教学课例研究的背景

自我实现理论强调人的主观能动性对人自我发展的影响，认为人的发展是自我引领的发展。教师要想提升教学能力，必须为自己的专业发展设置追求目标，通过专家指导、同侪互助、自我反思，在教学中不断地提出疑难问题并尝试研究、解决问题，实现专业水平的提高。基于小学科学学科教学的特点，基于目前科学教师队伍的现状，基于学科教学知识积累的需要，基于"生态取向"的教师专业发展趋势，采用课例研究作为教师专业发展的有效途径，具有一定的价值，也是必然性的选择。

（一）基于教研"生态取向"的追求

传统教研对教师发展具有重要价值，但是传统教研也存在诸如主体被动参与、主要依靠经验、受益面小等弊端，因而难以让教师找到研之有用、研之有得、研之有效的感觉。当下，中小学教师教育科研正在发生着变革，主要体现在研究内容拓展、研究视角转变、研究方式变化等方面。随着时代的进步，教师专业发展的内涵不断更新，"生态取向"成为教师专业发展的趋势。教师专业发展的"生态取向"，是教研理念的更新与再造，是在具体的情境之中，经过个体之间的协作，营造某种教师文化，从而促成整个教师团队的发展与进步。面对传统的教研模式与新课程、新要求的冲突，教研员如何才能适应当前形势发展的需要，重新定位自己在新课程中的角色，如何更新教研观念、变革教研模式、提高教研的质量和实效，以满足教师对教研员更高的期待和要求，赢得教师的认可和满意，是当前亟待解决的问题。

（二）基于教师的学科教学知识（PCK）的认识

教师从事教育科研的目标是追求自身的专业化成长，从而改善和提升实际的教学行为和能力。美国舒尔曼教授提出的PCK，实际上是教师对学习者的知识、课程知识、教学情境知识和教法知识等的综合，是教师知识中最有意义的知识。教师的PCK是实践性的，是在实践前、实践中、实践后围绕某一话题开展行动研究形成的。PCK研究为构建教师专业发展模式提供了重要依据。研究表明，改进教师培训课程的内容和方式，选择教材中特定教学内容进行课例研究，是强化教师PCK的有效载体。课例研究过程是教师解决特定教育问题、分享实际教育经验的科研过程，也是不断反思，进而调整或改进工作的研究过程。教师追求专业成长所构建的实践共同体，借助课例的交流、探讨活动，将会变得更加充实而富有意义。优秀教师积累的大量"实践智慧"需要通过课例加以传递，同伴的经验也可以通过课例进行分享。教育教学案例能为某一

话题提供教学知识的样例,是教师专业成长的阶梯,是教师知识结构系统中不可缺少的重要组成部分。

(三)基于科学教师队伍现状的思考

2014年厦门市开展过一次小学科学教学现状调研活动,调研的对象包括全市小学科学任课教师和部分校长、各区教研员以及教师进修学校等业务管理部门,调研的主要内容包括各区师资情况、科学教学现状(包括实验教学现状)、学校重视程度、兼职教师专业及培训情况等。

师资调查表明,厦门市小学科学教师存在以下主要的问题:专职教师严重不足;各校师资力量不均;多数科学教师专业素养、专业知识及专业水平不达标;学校排课随意导致兼职教师多;科学学科教研活动不易有效开展等。

从各区及各校提供的数据可以看出,学校对科学教学的重视程度不够,表现如下:安排科学课的任课教师没有经过认真审核,由许多不具备相关专业知识背景的教师担任科学教师;有些学校把新招聘进校的科学教师挪用任教语数学科;为了保证课时数,部分行政人员挂名科学课教师,未能认真履职科学课的教学;让临退休教师转任科学教师,把语数学科教学质量较差的教师转任科学教师;学校科学教研组活动不正常;学校配套的实验教学资源缺乏;兼职教师的知识结构存在很大问题;教师知识面窄,对科学课程的知识点把握不住,实验操作难度较大,即使教师有主动性,但也苦于心有余而力不足;教师没有相关专业的继续教育机会。

全市六个区,除思明区为专职教研员外,其他五个区均为兼职教研员。

小学科学课程内容涵盖了生命科学、物质科学、地球与宇宙科学、技术与工程等领域,涉及生物学、化学、物理、地理等多门学科知识。为了落实科学课程的教学任务,积极建设科学课程教师队伍,全面提高小学科学教师的科学素养乃当务之急。显然,培训是提高小学科学教师科学素养的有效途径。根据不同专业和学科毕业的小学科学教师的实际情况,制订适合不同需求的培训计划,举办针对性的培训活动是一个重要的举措。就教师本身而言,应当根据自身所学专业的特点,明确科学素养的自我发展和完善目标,制订切实可行的近期、中期乃至远期提高计划并付诸实施。而教师的继续教育,更多地依赖有计划、有主题的培训和教研活动,再加上自身的不断学习积累,才能够有效地提高小学科学课程教师的科学素养。

(四)基于小学科学学科教学的需求

在现代教育科学理念的影响下,科学教学重视经历探究的过程及对科学本质的理解,"发现教学""问题解决教学""探究式教学"是动态科学观倡导的教学方式。教师们已经意识到使用探究式教学既可以加深学生对科学概念的理解,还可以学习科学家认识事物的方式,对发展学生的心智是十分重要的。探究式教学强调实验教学,是因为科学实验是学生认识自然科学的真实源泉，是训练学生科学方法的有效途径，也是养成科学态度的必由之路。在小学科学课堂上，让学生在"动手做"中学科学，正日益普及和常态化。如何提高实验教学的水平，提高实验教学的效益，发挥实验教学的教育功能，这是每个科学教师应长期探讨的课题。

目前国内的科学教材，能够比较全面体现《义务教育小学科学课程标准》倡导的课程理念和课程目标，教材文字精炼，配有大量精美的绘图、照片等，给学生以美的享受，并且能激发学生的兴趣。但与国外的教材相比较，则显得实验过程过分简化，缺乏实验材料的详细规格要求，导致多数学生无法依照教材完成实验；有的教师不知道为什么要进行实验、实验后学生能得到什么启示或收获，实验纯粹作为一种过程和形式，发挥不了实验的教育功能。而教参对教学活动的指导也不够具体、详细，缺乏对实验目的、实验重难点、实验分析评价、实验相关问题讨论等的叙述，对如何操作实验才能达到实验设计的教学目的，尚无具体的阐述；多数教师反映教参辅助教师认识实验教学的功能和掌握实验教学策略的作用不明显，不利于发挥实验教学的重要意义。

综上所述，不论是专职教师还是兼职教师，实验教学对他们来说，都不是一件容易的事，更别说透彻掌握、融会贯通。因而，选取实验教学作为教研主题，采用课例研究的方式组织教研，既有利于满足教学的需要，又有利于教师的专业发展，是合理与务实的做法。

二、课例研究的发展

课例研究作为一种改进课堂教学质量、促进教师专业学习的实践方式，在全球领域特别是亚洲地区得到了推广与流行。越来越多的中国学者和一线教师开始借鉴课例研究的概念以及行动方略充实或者重构教研活动。

课例研究最初兴起于日本。20 世纪以来，陆续为美国、英国、瑞典、新加坡等国家和地区所引进和加以改造。2002 年，上海市教科院顾泠沅教授和华东师范大学的研究人员开始从事课例研究。目前，日本的"授业研究"、香港的"课堂学习研究"和上海的"行动教育"三种模式最引人注目，其中日本的"授业研究"影响最大。

我国的课例研究具有多种形态，具有鲜明的特色，如课例作为研究成果的表达形式、课例作为研究对象、课例作为所研究问题的载体、课例作为研修内容或研修方式等。在我国的课例研究推进中，曾存在以日本"授业研究"为标杆的倾向，本土经验或被遗弃或被遮蔽，课例研究被自我边缘化。好在研究者已经注意到这个问题，提出应在本土条件下借鉴、吸纳国外经验，发掘、弘扬本土经验，并提炼针对本土教育教学问题的行之有效的研究方法。

《行动教育：教师在职学习的范式革新》（王洁、顾泠沅著），主要介绍课例研究的基本方法；《我们的课堂：基于课例研究的课堂教学改进行动》（娄华英主编），主要介绍学校在课例研究带动下的教学变革；《怎样做课例研修》（齐渝华主编），主要研究区域教研部门如何开展课例研修；《课例研究，我们一起来：中小学教师指南》（胡庆芳等著）系统解答了教师们对课例研究的疑难与困惑，还以"范例诠释"演绎突破学科教学中的热点、重点、难点问题的精彩过程。

2014 年，张聪慧在《"课例研究"近十年研究现状的内容分析》一文中指出："从 2004 年到 2009 年，随着教研活动的开展，对具体课例的研究和对课例研究的思考逐渐展开，认识不断深入；从 2010 年《人民教育》发表《教师如何做课例研究》系列文章，课例研究不断升温，并成为目前教师教育研究以及教育教学研究的热点，研究范围也从义务教育阶段拓宽到中职、高职、大学中的课程教学。随着实践的推进，研究者视野逐渐开阔，思考逐步深入，课例研究作为一种重要的校本培训或教研形式，在未来二三年内，课例研究问题还会持续受到人们的关注。"

三、科学实验教学课例研究的概念阐释

国内学者对于课例研究的概念界定不尽相同，但一般认为课例研究的目的在于优化教学质量、改善教学经验、解决教学问题和促进教师专业发展。基于促进教师专业发展的考量，也有学者将课例研究理解为以课例为载体，在教学行动中开展的包括专业理论学习和专业实践在内的教师教育活动或模式。本章所指的"课例研究"，采用的是杨彦军、童慧的观点，即认为课例研究是一种以典型教学内容为载体、以教学实践情境为场域、以实践共同体为单位、以专业引领为支撑、以同伴互助为主要形式、以优化课堂教学质量和提高教师专业能力为核心目的的螺旋上升式的教学研究活动。[①]

课例是一个课堂教学改进的实例，是以学科教学内容为载体、具有某个研究主题的教学实例。而课例研究则表现为教师研究如何改进课堂教学的过程（即"做课例"），是教师在教学过程中，针对教学问题，为了改进教学而进行的研究。一般来说，课例由四个要素构成：背景与主题（研究问题和研究它的原因）、情境与描述（教学中的原始关键片段或撰写者的叙事描述）、问题与讨论（授课思路和过程背后的观点争鸣）、诠释与研究（揭示理念或者总结概括主要观点，往往把一节课的教学研究结果推广和上升到一类课，涉及学科教学和学习理论探讨以及对该学科的本体性认识和理解）。

小学科学实验教学课例研究，是指小学阶段的科学学科，以小学科学课堂教学内

---

① 杨彦军、童慧：《基于课例研究的教师知识协同建构模型及其实践效果研究》，《电化教育研究》2015 年第 12 期。

容为载体，以小学科学实验教学中某个教学问题为主题，以提高实验教学的效率与效果为目标，采用合作研讨的方式，结合课堂观察、文献探讨、讨论交流等方式对教学问题进行深入研究与反复实践，优化课堂教学过程。通过撰写课例，完整描述如何改进授课和解决问题的过程，再现教学问题和教学决定，并从叙述中获得理性的提升。小学科学实验教学课例研究，包含了"课例研究"与"形成课例"两个部分，既要有研究和解决实验教学问题的动态实践过程，还必须将研究的成果以课例的形式表达。

四、科学实验教学课例研究的意义

课例研究强调组建合理、高效的教研共同体，倡导平等、民主的教研文化，借鉴行动研究的方法，强调在真实自然的教学情境中观察和改进教师的教学行为，重视对学生学习效果和教师学科教学知识的研究，将日常教学与研究、培训融为一体，对于学科教学和教研具有重要的意义。

（一）提高教研活动的精度和效度

当下，种种主客观因素制约着教研工作的开展。教研主旨不明、教研形式单一、教研内容不符合教师需要、教研计划不周密、教研组织不力、教研主体错位，导致教研活动具有一定的盲目性，教师参与的主动性和积极性不高，未能形成主动反思的意识，这样的教研基本流于形式，甚至低效无效。

课例研究的主题一直都聚焦在课堂教学，研究的重点是教学时产生的各种问题。研究时以解决教学问题作为发展的驱动力，可以很好地实现"在解决工作问题中学习提高，在提高中实现个体发展"的目的。课例研究通常需要开展"二度教研"，最常态的是进行"三阶段两反思"研讨活动；经常需要采取"同课异构"的方式进行对比分析；针对一个问题的研讨，会采用说课、片段教学、现场观摩、课堂观察与分析等多种方式，或者是多种方式的组合。在研究过程中，教师们需要具有发现问题的敏感性，要学会找到解决问题的切入点，要能够发现自己的不足并加以改进，还必须在实践中真正解决问题。以课例研究为载体的教研活动，在教学实践与总结反思的循环中，不断向前发展。

实验教学课例研究，能满足教师提高实验教学质量的需求。教研活动方案经过精心策划，有着一系列严密的教研活动流程，还需要组织者根据不同的问题选择合理的研讨形式，营造良好的对话交流氛围，从而促进教研活动走向高效。

（二）建立科学教师实践共同体

一方面，教研活动的水平与质量受组织机构与组织者的影响。当组织者的教育理念先进，对相关主题有着深入的研究，具备引领的专业水平，教研活动就会表现出针对性强、实效性高。另一方面，与参与者的组成及个体的水平相关。当教师之间自觉研讨的氛围不浓，教师个体不太关心学科的整体发展，理论水平低，注重于具体的直接经验交流，教研活动就表现出研讨深度不够、效果不佳，常常有着"萝卜烧萝卜"的感觉。

实践共同体理论的提出，为教师解决这一难题开辟了一条新的思路。所谓教师实践共同体，就是作为学习主体的教师通过实践共同体的活动，获得自己的专业发展。基于教师的专业发展，可以青年骨干教师为研修主体，由高校教授提供专业引领和支持，特级教师、教学技能专家提供具体教学实践指导，寻求学校行政的支持，请有电教专长的教师提供技术服务，构建有效的研究团体。事实上，教师实践共同体的构成并无统一定式，其规模可大可小，存在形式可以多种多样，但是最重要的成员组成应倾向多元化。

实践共同体以"协商文化"为机制，形成一种平等的对话关系，力求打破专家主导、教师处于从属地位的局面，鼓励每个教师发挥自身的专长，分享自己的经验，交流互助，为实现教师专业发展的目标而共同努力。

（三）掌握课堂教学研究的方法

在传统的教研活动中，作为主体的多数教师，常常呈现出被动参与的状态，凭经验就课论课，带有明显的主观随意性。研究的内容也局限于挖掘教材、处理教材、重构教学设计等基本内容。

课例研究让教研工作的内涵发生了根本性的变化，不再局限于研究教材教法，还拓展到研究学生的学习过程和学习方法，研究教师的教学行为和教学方式，研究课程资源的开发与利用等，基于实践的反思还必须挖掘出成功教学背后隐藏着的教育学、心理学理论的支撑。借助课堂观察技术，辅以电教手段、计算机软件分析等多种教育科研方法，变质性评价为量化评价；重视实证研究，采用合适的方法验证假设，有理有据地得出结论，摆脱单纯依靠经验的传统教研模式，走向经验与科学论证相结合的教研新高度。

经常参与课例研究，能增强教师的问题意识与行动研究能力，帮助教师在动态生成性教学过程的研究中，改进教学方法，更新教学手段，提升教学智慧，增强解决课堂教学实践问题的能力，逐渐树立和加强研究的方法论意识。

（四）提高科学实验教学的质量

课例研究符合当前所倡导的"回归课堂"的理念，其研究的是原生态、常态下的教与学。正常的教学实践，更能真实地反映教师的课堂教学现状，更贴近教师、贴近学生、贴近现实。小学科学实验教学课例研究，抓准小学科学学科的特点，针对实验教学进行重点研究，采用课例研究方法，分主题、定目标、多方法、多基点地研究如何改进课堂教学，并付诸行动。在课例研究的过程中，教师优化了教学目标，所制订的教学目标具体、全面、可操作；教师优化了教学内容，准确理解和把握教材的设计意图以及教学重点和难点，有利于学生的理解和接受；教师优化组合了教学方法，使之更符合学科特色，符合课程要求，符合学生的学习特点；教师还优化了课堂教学环境、实验教学环境，提高了课堂教学效率。

学校的重点工作是教学，教学的主阵地是课堂，课堂教学效果的好坏取决于教学过程。通过课例研究优化了教学全过程，自然能够实现提高教学质量的目标。

实验教学课例研究改变了教研方式，推动了学习文化、教研文化的重建。通过课例研究把教师的专业发展和教学研究聚焦于课堂教学实践之中，让教师在课堂教学研究中培植教育理论，提高教师的学科教研能力和水平，培养教师合作学习和研究的意识，促进教师之间形成研究实践共同体。就学科教研活动来说，实验教学课例研究是传统教研活动的精致化研究，能对改进实验教学有所启发，在行动研究中形成统一的认识，能让不同类型的教师得以受益，获得专业发展。

（五）引领教师的专业成长

1. 课例蕴涵着丰富的教育与学习价值

教师在大学学习的是学科内容知识和一般教育学知识，然而学科内容知识与一般教育学知识是各自独立的，这就意味着教师必须建立起它们之间的联结，才能将学科内容知识有效地表征为学生能懂的知识，这就是教师最需要发展的学科教学知识。不论是课例研究报告还是课例研究故事，抑或是课例本身，都清楚地交代了问题产生的背景、解决问题的思路与过程、理论如何在教学实践中应用，过程性资料丰富、具体、详实，成为学科教学知识的有效载体。

相比专业理论书籍、优质课教学设计，课例研究以故事的方式讲述教师教学研究背后的故事，更有参考价值，更能启发和促进教师的观念更新，更亲近教师，易于学习、借鉴和吸收。而且，教育案例知识是教师知识结构系统中不可缺少的重要组成部分，优秀教师积累的丰富的"实践智慧"需要通过课例加以传递，同伴的经验可以通过课例让大家共享，教师实践共同体借助课例积极深入地交流、探讨，让教研活动变得充实而富有意义。进行大量的课例研究能为某一话题提供教学知识的样例，揭示教学的基本规律，成为教师专业成长的阶梯。

2. 课例研究是揭示教师实践知识的重要手段

教师的知识可划分为理论性知识和实践性知识，前者可以通过阅读和听讲座获得，后者是教师在教育教学实践中实际使用或表现出来的知识。研究表明，支配教师教育教学行动的不是理论性知识，而是他的实践性知识。甚至从某种意义上讲，实践性知识比理论性知识更为重要，因为它影响着教师对理论性知识的学习与运用，它支配着教师的日常教育教学行为。

小学科学实验教学强调动手操作，强调探究，强调创造性，因而科学教师的实践性知识中包含了大量的策略性知识，如运用理论知识的策略、实验操作的策略、改进实验的策略等。而这些知识往往呈内隐状态，它是基于教师的个人经验和个性特征，镶嵌在教师日常的教育教学情境和行动中，具有隐蔽性、非系统性、缄默性。进行课例研究时，教师必须表明处理教材的理论依据，必须表明改进教学的理由以及决策时的多方位思考等，还必须进行改进后的实践教学，因此，通过课例研究的过程，可以了解教师的思考与行动，也只有在教学行动中，才能溯到本源。了解教师的实践性知识，可以诊断教师教学中存在的问题，提出针对性的解决方案。了解优秀教师的实践性知识，能够给其他教师的教学带来启发。

3. 课例研究能帮助教师主动建构学科教学知识

建构主义学习理论认为，学习不是由教师向学生传递知识信息、学习者被动地吸收的过程，而是学习者自己主动地建构知识的过程。教师的学习也是如此。教师的学科教学知识并不是随着专业学科知识和一般教学知识的获得而自然获得的。根据这种学习观，可以进一步理解为教师必须通过实践操作及自主探索行为建构学科教学知识，强调从做中学，从行动中学习；重视人际交往互动和学习共同体的作用，突出情感体验的作用；注重对策略性知识的默会学习。

课例研究中的"三轮上课""两轮反思"流程，要求研究者在其现有的知识经验和信念的基础上，根据团队形成的统一意见，经过个人的加工选择，并付诸行动，感受实践后的实际效果，最终建构起自己的理解。这一过程是不可能由他人代替的。这种学习的建构，既是对新信息意义的建构，又是对原有经验的改造和重组，原有的知识经验系统会因新信息的进入而发生调整和改变。教师在课例研究的动态过程中，经过不断实践、探究，将诸方面知识进行综合、创新，教师的学科教学知识逐渐形成并获得发展。因此，通过课例研究，能帮助教师主动建构教师教学知识。

4. 撰写课例有助于培养理性思维能力

教师在教学中最为常用的是直觉性决策。教师直觉性教学决策是教师在课堂教学中，根据当下的、具体的、复杂的教学情境，在短时间内作出实时的、恰当的决策，是一种依赖直觉反应习惯性的、自动化的思维。直觉思考过程与分析思考过程区别很大。分析思考过程涉及界定问题、决定解决问题的方法、搜集数据、提炼总结、预期分析、最大可能消除不确定性等。而直觉思考并不依赖特定的策略，决策者往往处于一种不知情的状况中，在脑海中对全部问题就能有整体的考虑。直觉性思维、直觉性决策是运用实践知识的结果，必须借助一些手段将隐含在教学决策中的信念外显，从而发展教师的教学信念，促进课堂教学决策的科学化。

人们把教师比作"思者"，把教学比作"思考的活动"，强调反思对于教师专业成长的意义。课例研究时，教师必须通过不断推理与判断，预测可能的改变以及如何改变，验证假设，并作出教学决策。通过反思将隐含的教学信念外显出来，帮助教师认识到自己的教学信念、观点，从而有意识地调整自己的教学行为，使教学更富有成效。撰写课例能促使教师对其所经历的复杂教学情境、教学行为及其背后的理论和结果进行反复、持续、周密的思考，从而明确思维的方向。因而，在做课例和写课例时反思显得特别有意义，能有效培养教师对事物或问题进行观察、比较、分析、综合、抽象、概括等理性思维能力。

5. 实验教学课例研究是适合科学教师在职研修的有效途径

课例研究是走向课堂、寻求课程改革突破的有效载体。它对促进学校发展、激励教师在职成长、改变教研方式，以及推动学习文化、研究文化、教研文化的重建有着重要的意义。抓住课例研究这一鲜活载体，把推进课程改革的着力点下移到教师，把着眼点下放到课堂，把着重点下嫁到课例，广泛、深入、持久地开展研究活动，才能切实解决教学与教研相脱节的问题以及理论的先进性与实践的滞后性之间的矛盾。

课例研究扎根课堂，聚焦课堂教学与改进，研究日常教学中的问题，同时也是在日常教学中进行研究，即在研究的状态下教学，在教学的过程中研究，体现了"自下而上"的质性研究方法。教研人员、课程专家走进课堂和教师一起研究教学问题，让培训过程与研究过程合为一体。课例研究可以架起理论与实践的桥梁，使教师在对课例进行多维度的改进与实践中，通过归纳、概括、总结、提炼，将抽象难懂的理论知识内化为实践智慧，反过来又为个体的实践经验找到阐释的理论，从而提升了教师的教育理论素养和专业水平，促进教师的专业发展。

提倡在区域范围内开展小学科学实验教学课例研究活动，结合区域性常态教研与培训活动，采用"做中学"的方式，集成"教、研、训"的功能，借助课例研究项目使之成为促进区域科学教师教研能力提高和专业成长的抓手，从而提高教学质量。

第二节　科学实验教学课例研究的内容

实验教学课例研究是合作式的教育行动研究，基于打造精品课堂的共同目标，实践共同体全体成员从课堂教学中发现问题、分析问题，寻找解决问题的思路，不断改进实验教学。小学科学实验教学课例研究不仅需要关注科学实验本身，还必须关注课堂教学中如何才能充分发挥实验的教学功能，因此，小学科学实验教学课例研究的内容涵盖了实验教学目标的制订、实验教学的组织与实施、实验资源的选择与利用、实验教学的评价甚至实验教学中的教学艺术等诸多方面。

一、实验教学目标

相对于宏观的教育目标、课程目标，实验教学目标显得微观和具体。实验教学目标是描述教师在实验教学中需要完成的具体目标，是教育目标系统中最具体且可操作的单位，通俗的理解就是"为什么教"和"教什么"以及"教到什么程度"的表述。由此可见，实验教学目标设计的基础性与重要性。教师能否科学准确地制订目标，将直接影响到实验教学的质量，关系到课程目标的最终达成。教学目标一般从科学知识，科学探究，科学态度，科学、技术、社会与环境维度对某一课预期学生要达到的标准作出一个整体描述。美国教育心理学家加涅根据学习结果的特点，把教学目标分成了五种类型：智慧技能、认知策略、言语信息、动作技能、态度，这样的表述很适合作为制订实验教学目标的参考框架。

如何依据课程目标和课程内容标准，结合教学内容、学生和学校的实际以及教师的个人风格，制订符合学生的实际水平和学习规律的教学目标？如何突出重点，防止目标过于分散？如何体现教学目标的层次性以及各层次之间的关系？如何针对不同的学习领域、学生的发展状况，把宽泛的目标分解得更具体，达到可操作化的程度？如何明确具体的行为结果，以此引导课堂教学？因此，通过实验教学课例研究，让教师掌握实验教学目标的制订方法，精准制订教学目标，从而发挥教学目标的教学导向作用，进而成为教学结果的测量与评价的标准，避免教学盲目性，显得十分重要。

二、实验及实验操作

由于各种因素和条件的限制，目前科学教师队伍仍存在兼职教师多、专业化程度低、动手能力差等问题。这些教师职前大多没有接受过系统的有关小学科学实验教学的教育课程，职后主要依靠师徒结对的方式实现自我成长，因此，他们对有关实验的知识积累不足，实验操作能力弱。分析当前使用的教材、教学用书，会发现编者把重点放在课程标准的解读、教学设计、教学参考资料上面,而对于实验和实验过程的介绍则过分简化,缺乏实验材料的详细规格要求,导致师生无法根据教材完成实验。教师的实验技能是影响实验教学质量的重要因素,教师对仪器的使用与改进技能、实验基本操作技能、实验放大技术、模拟实验技术、计算机技术等,均有必要进行研究。实验到底该怎么做,为什么这样做,怎样才能做好等一系列问题,是课例研究必须面对的重要内容。

实验教学包含实验与教学,掌握了实验的方法与能力却不一定能够做好实验教学这是不争的事实。有些教师可能并不知道教材中安排的实验的教学意义是什么,通过实验应该让学生得到哪些启示或收获,导致实验纯粹只是作为科学课堂上一个必要的形式和过程。实验教学时,教师要吃透教材,了解教材的编写意图,针对教材中的每一个实验,通过解读课程标准,了解教学目标要求,从而明确实验教学要达到的目标,才能科学地实施实验教学。实验教学到底该怎么教,为什么这样教,怎样才能教好等一系列问题,也是课例研究必须面对的重要内容。

三、实验教学方法

小学科学教材在内容上根据课程标准划分为"物质科学领域""生命科学领域""地球与宇宙科学领域""技术与工程领域"四个部分。不同的知识领域,对应不同的学科。与小学科学教学相关的学科主要有地理、物理、化学、生物学等。一般认为,一门独立的学科具有独特的、不可替代的研究对象,独立的理论体系,严密的逻辑系统,还具有特殊的规律和不同的研究方法。把握各学科的特点,是进行实验教学的基础。

图 3-2-1 简要介绍了小学科学实验教学课例研究的不同类型。实验教学课例研究,可以根据研究的需要,按照这种分类方式对实验教学进行深入的研究,以期真正地理解实验的教学意义。因此,教师应该学习每一类实验的相关原理和一般要求,根据教学目标选择合适的实验教学方法,凸显实验的教学价值。以演示实验教学研究为例,系统的研究应包括演示实验在教学中的地位、重要作用,实验的基本要求,实验的一般方法、特殊方法,实验设计方法,实验技术手段,了解并掌握这些方法和技术,对于提高演示实验教学水平会有很大的帮助。

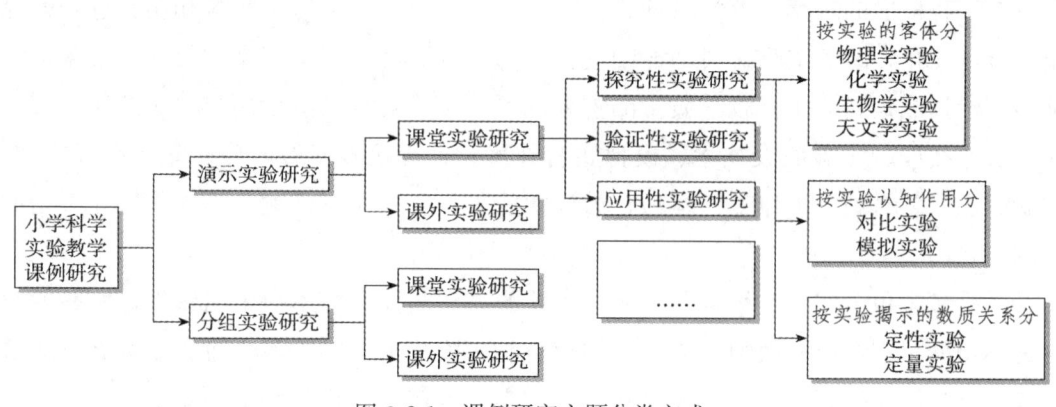

图 3-2-1　课例研究主题分类方式

四、实验教学的组织与实施

从实验教学的组织和实施过程来看，可分为实验教学前的准备、实验课堂教学及得出实验结论。学生实验兴趣的激发与培养，实验材料的准备与呈现，实验操作的指导与示范，小组合作完成实验的组织，实验记录的整理与利用，均有不同的要求与教学策略。以探究性实验教学研究为例，实验教学的组织和实施过程要关注实验问题的选择策略、实验假设的提出策略、实验过程的观察策略、实验探究的引导策略、实验结论的分析策略等。在教学目的的指导下，怎样把一定的教学内容传授给学生，教师和学生如何加以组织，教学的时间、空间以及其他条件如何妥善安排和有效利用，这些都是教学组织形式研究要解决的问题。通过课例研究，坚持边教学、边研究、边修正、边总结，是形成适合教学内容和体现教师个性的实验教学策略的重要方法。教师必须自觉加强对教育理论和实践的研究，积极探索，不断成长。

五、实验教学的评价

实验教学课例研究的重要目标是改进实验教学，因此如何评价实验教学的效果是重要的研究内容。教学本质上是一种认识活动，教师的教是为了学生的学，因此，教学评价的内容既包含对教师课堂教学的评价，也包含对学生学习效果的评价。从教师教学的角度上看，要研究如何评价实验教学目标的达成情况，实验教学的实施过程是否合理有效，实验教学的效果是否理想，实验教学有何价值等。从学生学习的角度上看，要研究如何评价学生在实验教学中的知识与技能目标，科学探究目标和情感态度与价值观目标。想要发挥评价的诊断、导向、教育和发展功能，就要求教师必须研究如何建立评价主体多元、评价内容全面、评价方式多样的评价体系，既满足教师的教学评价，又满足学生的学习效果评价。要从实验评价目标的制订、评价方法的选择、评价活动的组织、表现性评价与过程性评价相结合等方面进行研究。研究实验教学技能评价体系，掌握评价方法，做好教学效果评估和质量分析，有利于改进实验教学，保证实验教学的有效性，从而促进科学教育过程中学生的发展和教师教学能力的提高。

第三节　科学实验教学课例研究的方法

如何组织开展课例研究，怎样确定研究的主题，怎样制订基本的流程，如何改进实验教学，如何梳理研究成果，这些都是教师需要掌握的课例研究方法。教师必须亲历课例研究的实践过程，才能真正理解和掌握。不同的研究团队、实践共同体或者教研组，应该在研究的过程中，根据团队的能力和特点，构建出有助于教师行为跟进、教师能力建设的课例研究范式，才能更好地培养出研究型教师队伍，促进学习型教研组成长，提高研究效率，生成学科化的优质学习资源。

一、课例研究的主要方法

根据实验教学课例研究的内容，主要采用以下几种教育科研方法。

（一）文献研究法

文献研究法也称情报研究法、资料研究法或文献调查法，是指对文献资料的检索、搜集、鉴别、整理、分析，形成对事实科学认识的方法。通过文献资料研究，可以帮助教师在课例研究时，找到新视角、发现新问题、提出新观点、形成新认识；还可能从前人的研究中获得启示，减少盲目性，避免走弯路；也可以利用前人的权威观点为自己佐证，增强研究结论的说服力。文献研究法与其他研究方法结合在一起，可以提高研究效率，对课例研究具有重要促进作用。值得注意的是在使用文献之前，必须对其价值进行评估，主要从真实性、可信性、代表性和重要性四个标准来评估。

（二）教育会诊法

苏联教育学家巴班斯基把教育会诊法定义为："教师们为了更深入地研究学生，并制订进一步工作的正确措施，以克服他们的教学、教育和发展方面所暴露出来的缺点的一种协商和咨询会议。""会"的本意就有聚合、合在一起、合作的意思。在进行课例研究时引入教育会诊法，由高校、当地教研机构、中小学构建三位一体的共同体，突出实践性和真实性，关注教师的教学和课堂，关注真实性问题，帮助教师获得教学的新视角。课例研究采用的是以问题的解决为目的的会诊模式，通过"发现问题→诊断原因→全面分析→制订方案→实施计划"的基本过程，解决教师教育教学中面临的实际问题和困惑。

（三）课堂观察法

课堂观察法就是指研究者或观察者带着明确的目的，凭借自身感官及有关辅助工具，直接或间接从课堂情境中搜集资料，并依据资料作相应研究的一种教育科学研究方法。

课例研究特别重视课堂观察法，其目的是为教学改进和发展提供决策依据。针对课例研究所确定的主题，基于对课堂教学的理解架构课堂观察框架，基于个人能力的优势或分工的需要选择观察点，设计课堂观察的记录工具或量表，分析细节以获得证据，提供教学诊断，了解教学中存在的问题，实现对目标达成度的了解和教学成效的判断。

（四）案例研究法

案例研究法是社会科学以及其他科学研究中的一种独立的研究方法，是定性研究的一个重要组成部分，这种研究方法综合运用多种搜集数据和资料的技术与手段，通过对特定社会单元（个人、团体组织等）中发生的重要事件或行为的背景、过程的深入挖掘和细致描述，呈现事物的真实面貌和丰富背景，从而在此基础上进行分析、解释、判断、评价或预测。案例研究从功能上可划分为探索性案例研究、描述性案例研究和解释性案例研究三种类型。探索性案例研究是在未确定研究问题和研究假设之前，凭借研究者的直觉线索到现场了解情况、搜集资料形成案例，然后再确定研究问题和理论假设。探索性案例研究被看作是其他类型的案例研究或其他方法研究的前奏。描述性案例研究是通过对焦点事件以及过程进行深度描述，以坚实的经验事实为支撑，形成主要的理论观点或者检验假设。解释性案例研究旨在通过特定的案例，对事物背后的因果关系进行分析和解释。在解释性案例研究中，案例所包含的一些事实被当作自变量，另外一些事实被当作因变量，通过对案例背景的研究，寻找不同变量之间的相关性或因果关系。解释性案例研究一般适用于研究"为什么""怎么样"之类有关因果关系的问题。

实验教学课例研究的过程中，基本上会用到以上四种方法。事实上，课例研究的过程中，还会用到多种教育科学研究方法，如问卷法、测验法、访谈法、准实验法等。了解教师、学生对研究问题及研究成果的认识时要用到问卷法；测量学生在课例研究前后的学习效果时要用到测验法；集体备课、教学研讨也可以理解为一种访谈，收集有关意见时需要通过个别访谈；在一定意义上课例研究就是一项准实验，教师需要在适当控制无关变量的情况下，考察与分析某一教学行动的效果。

二、课例研究的基本行动策略

在进行实验教学课例研究的过程中，为了实现研究目标，必须根据研究进程中可能出现的问题制订一些应对的方案，必须依据研究的路径设计推进的方法。在实验教学课例研究实践中，可以梳理出以下五个基本行动策略。

（一）理论实践，循环转换

开展以教师为主体的教育行动研究，关键之一是正确处理理论与实践、研究与行动之间的关系。因此，在课例研究中必须遵循理论与实践互相结合、循环转化的原理，确保教育理论对教育行动的指导作用，并在实践中进一步检验和发展教育理论。一方面必须从教师的实际条件和理解能力出发，在一定的目标指导下对现有教育理论进行优选；另一方面，又必须善于总结自己的经验，并努力使之上升到理论高度，在实践中探究和发展理论。

（二）行动研究，循序渐进

课例研究共同体确立好研究主题以后，为了能顺利开展研究、提高研究的有效性，课例研究应遵循从小到大、由简到繁、由近及远等渐进性原则，不断取得进步，直至具备独立工作和创造开发的能力。因实践共同体成员之间的磨合需要一定的时间，所以项目主持人应该提早制订行动研究方案，谨慎安排好研究中的分工与合作。必须通过及时的培训与交流研讨，帮助成员们理解研究的意义、明确研究的内容和方法，把握研究的重点，并在教学中边实践边研究，及时总结反思、修正完善，确保行动过程成为真正的研究过程。

（三）临床诊察，理性研究

辩证分析与反思是行动研究的方法论基础和途径。借用皮亚杰的"临床法"和巴班斯基的"教育会诊"两个术语嫁接组合形成的"临床诊察"，要求实践共同体所有成员一起有目的地对实验教学过程进行严谨的理性观察和面对面的分析讨论，并提出改进策略。

临床诊察应遵循以下具体操作流程。

诊察前讨论：全体成员共同讨论实验教学计划，初步确定诊察重点和记录诊察结果的方法等。

课堂教学诊察：到课堂听课并作记录。

小组成员个体分析：共同体成员并不急于发表具体意见，而是首先各自反思课堂上所发生的一切，分析存在的主要优缺点，提出克服缺点的行动策略，决定在讨论中需要解决的问题。

会诊与讨论：共同体成员与执教教师共同讨论，向执教教师提出反馈意见，提出改进措施。

反思：共同体成员分别对自己的诊察过程和行为进行反思，不断提高对教学过程的自我分析能力，并由此进入下一轮临床诊察。

（四）团队合作，智慧共享

课例研究的学习行为基本上都是在实践、反思和对话交流的过程中发生的，这就需要建立起一种相互合作、相互协商的文化机制，营造团队合作与不断学习的良好氛围。通过共同参与活动，形成团队合作力量大、团队利益至高无上的统一思想；提倡民主参与、虚心务实、平等对话，养成乐于接纳批判、及时自我反思等良好合作习惯；提高整体意识与全局观念，不遗余力地为整个团队的目标而共同努力；共同体成员之间乐于分享学习资源，对话沟通，彼此交流情感和体验，协作完成研究任务；与实验相关的行动研究，都要建立过程档案，以资料汇编等方式及时交流，促成经验与成果的共享和积累。

（五）示范引领，学习提升

引领促发展，学习助提高。为进一步提高教师的教学能力和教研水平，应该努力为教师搭建互动交流的平台，经常开展观摩、研讨活动，展示实验教学研究的进展，同时也能够充分发挥示范引领的作用，促进实验教学研究的可持续发展。教研员除了指导课例研究，与教师一起用行动去解决教研、教学中的具体问题外，还可以在与教师共同备课后，为诠释新理念、新想法，亲自上示范课，更能增加研究的可信度，激发成员的研究热情。

三、课例研究的主要推进方法

课例研究的团队主要是由不同学校、不同发展水平的教师构成的学习共同体。为了让团队的教师能以开放的心态参与学习，积极主动地提出问题、发表看法，形成良性合作、互动分享的研究氛围，帮助教师不断发展，更好地开展实验教学课例研究，需要掌握一些高效的工作方法。

（一）建立研究文献资料库，做好读书活动

在开展课例研究的过程中，需要参考大量的文献资料，而文献检索能给教师带来方便、快捷的交流与科技资源的共享，从而使科研课题向高质量、高水平的方向发展。为此，研修成员要掌握如何使用电子期刊、电子图书数据库、中国知网、维普数据库、超星电子图书馆等资源；要掌握文献检索的方法和技巧，快速准确地检索出所需的资料、数据，学会利用百度、谷歌、新浪爱问知识人等搜索引擎的高级检索功能，提高资料来源的准确性。通过实践，既学到查找材料的方法，又锻炼了解决问题的能力。另外，检索过程本身很有思维的启发性，检索的思想和方法也可以用于处理其他问题。根据检索的结果，科学地整理自己手中的资料和文献，建立包含有关实验教学研究的学位论文、学术论文、研究报告以及教学案例等的研究文献资料库，能够大大丰富教师的理论与经验知识。

课例研究共同体还要经常组织读书活动。要求教师必须通读文献资料库的所有文章，并根据自己的兴趣与研究的方向，借阅有关的教育专著、期刊等进行深度阅读。结合撰写阅读体会、阅读体会交流、好书好文推荐等活动，鼓励教师在自己的博客上与同行互动，展开在线讨论，实现经验、智慧共享。读书系列活动的开展唤起了教师

对于读书的热爱，更让教师在和图书交朋友的同时进一步了解阅读的重要性。读书活动成为全面提高教师专业素养的一个极其重要的载体。教师能够从中不断提高自身的理论功底、了解教改动态、增强教学技能。

（二）结合各种教研活动，积累整理资料

为了促进课例研究，又不影响日常的教学，不增加教师的负担，可以把课例研究与日常的各种教研活动有效结合起来，提高研修活动的实效性。

通常情况下，各级教研部门为了促进广大教师的专业成长，每年都会举办许多有意义的教学竞赛，如优质课评选活动、优秀课例评选活动、教学技能大赛、教师实验技能竞赛等。以参加小学科学教师实验技能竞赛为例，笔者鼓励研修团队成员主动参赛，认真应对，在参赛的过程中提升教学技能。为了更好地发挥竞赛的促进作用，研修团队要求参赛的教师两人一组，合作负责一个年级的实验研究，整理出每一个实验的教学参考，包括操作要点及技能要求等，并配以相关的典型教学案例，汇编成《小学科学实验操作指导手册》。

研修团队积极配合各级的学科教研活动，推荐优秀的实验教学课例，参加专题教学研讨活动。积极参与各级的送教送培工作，展示和交流实验研究的成果。安排成员在区一级开展教材讲习和实验操作培训，承担片区教师的培养和指导工作。组织团队成员积极参加全国和省市组织的教学设计评比、教学论文评选等活动。伴随着日益丰富的实践经验和不断学习的累积积淀，团队成员撰写了许多文章并在各级刊物上发表。

参与教学比赛、教研活动只不过是一种短暂的行为，通过这些活动促进教师技能提高与资料积累，才是最为关键的事情。例如，在研修期间，团队成员还参与了《思明区小学科学教学常规要求》的撰写与研讨，参与了《思明区小学科学实验室管理规范》的制订，参与了《小学科学实验教学典型案例》一书的编写，形成了大量的实验教学研究成果。

（三）以课题研究为引领，深化课例研究

例如，《小学科学实验教学与课例研究》是思明区的重点课题。该课题所涉及的内容多，范围大，要想全面深入开展研究有一定的困难。因此，笔者要求研修成员根据大课题，自行寻找研究的方向，确定小课题，作为大课题研究的重要补充。团队成员在大课题的框架下，自主申报了《小学生科学实验技能检测方法的研究》《小学科学实验分段教学的尝试与研究》《小学科学趣味小实验的开发与应用研究》《小学科学模拟实验教学策略的研究》《小学科学"生命世界"教学策略研究》《提高科学探究过程中小组合作实效的研究》等。

小课题研究不同于传统的规划课题研究，它的特点是问题切入口小，研究周期短，与课堂教学紧密联系，有很强的针对性和可操作性。小课题研究过程，在逻辑上一般

要经历五个基本步骤：①选题，即确定研究什么问题；②设计，即思考打算怎样研究；③实施研究；④得出结论；⑤交流。在操作上也要经历查阅资料、学习准备、自主选题、设计方案、具体实施、中期汇报、调整思路、搜集资料、得出结论等课题研究流程。借助课题研究的指引，帮助教师理解课例研究的真正涵义，融合小课题研究与课例研究过程，有效提升课例研究的理论高度，保障课例研究的深度，从而促进教师理论修养、研究方法、合作意识等多方面素养的提升。

（四）设定专业发展目标，促进专业发展

以思明区教育局促进在职教师继续教育管理的机制和促进在职教师专业成长的做法为例：思明区教育局根据教师的专业发展阶段，开发出针对教师专业发展的"八个层级"目标体系，对不同专业层次水平的教师采取不同的培训模式。在课例研修阶段，根据目标体系各个层级的要求，以及教师个人条件，制订教师个人专业发展研修三年规划，为研修团队成员的专业成长出谋划策，提供有利的条件，促进有培养潜质的优秀青年教师逐步成长为骨干教师、学科带头人，并努力向学习型教师、研究型教师转变，做智慧型教师，全面提高研修团队的整体水平。

（五）掌握自制教具技能，优化实验教学

实验器材是学生开展科学探究的工具，也是科学探究有效性的一个基本保证。但在实际的教学中，科学实验器材存在诸多问题，解决不好会直接影响科学探究的有效性。改进和自制教具可以丰富实验内容，拓展和改进实验方法，优化教学过程，提高教学质量。通过改进和自制教具的研究过程，不仅能促进教师更深入地钻研教材，同时还可以熟悉教具的制作工艺，探索教具制作的基本原则，提高教师的业务素质。掌握自制教具的技能，等同于掌握了改善实验教学条件的能力，对于提升教师的动手能力、培养创新意识有很好的促进作用。

对于一线小学科学教师而言，要有意识地关注、积极地参与教具的改进与创新工作，根据科学性、趣味性、易操作性等原则以及实验教学目标，精心选择、精心设计、大胆改进、积极探索出适合学生探究活动的结构性材料。

（六）科学教学结合科技活动，多渠道培养教师的科学素养

课外科技活动是课堂教学活动的延伸和扩展，而科学教师一般都是科技辅导员，他们直接面对着接受教育的学生，是青少年科技活动的组织者、辅导者，是科学教育甚至整个科普教育中重要的角色。笔者研修团队的成员，均参与了科技系列竞赛，如航模竞赛、船模竞赛、车模竞赛、机器人竞赛、科技创新大赛、电子百拼、头脑奥林匹克（OM）等，逐步积累了开展辅导所需要的专业基础知识和教育科学知识，更是提高了教师的动手能力和科技素质。

四、课例研究操作系统

开展实验教学课例研究对教师的专业成长意义重大,具有丰富的实践价值,但同时也是一件极富挑战性的工作。梳理课例研究的实践经验,笔者制订了课例研究操作系统。课例研究操作系统涵盖课例研究全过程的各个要素,提出相应的管理与实施方法,并提供相关的操作细节。课例研究操作系统能够帮助研究者理清课例研究的思路,从而尽快进入研究状态,完成课例研究。

完整的课例研究一般需要经历七个阶段。下面就每个阶段的意义、任务和具体要求分别展开叙述。

(一)启动阶段

启动阶段是课例研究的第一阶段。一般会先举办简单的启动仪式,主要是想在研究的萌芽阶段表达对成功的期待,统一思想,鼓舞士气,同时也让这一天显得意义重大。接着召开启动会议,会议的主要目的是告知全体成员本次课例研究的总目标,商定课例研究的主要流程,初步确定本次研究的主题,确定参与人员和角色分配,为制订课例研究计划和今后的具体实施奠定成功的基础。

1. 课例研究项目总体描述

课例研究项目总体描述是指主持人向所有成员讲述研究的目标和相关要求。它应包括如下要素:课例研究的目的,课例研究的总体计划,课例研究的方法,完成的期限以及研究预期成果。主持人还应该向成员告知研究可能面临的困难,如人员、资金和时间等的限制或干扰,必须提前做好克服困难的思想准备。

2. 商讨课例研究流程

所有成员共同商讨、制订课例研究的流程体系,在流程体系中详细规定研究的程序,列举研究工具、过程材料、预期效果,以及规定完成的时限。强调参与的教师严格按照流程开展研究,履行职责,确保能够按时保质地完成研究任务。表 3-3-1 列举出课例研究的一般流程,教师可以根据不同的研究类型和研究需求,自行加以调整。

表 3-3-1 课例研究流程表

研究程序	资料搜集项目	完成时限
成立研修小组,联系指导教师	课例研究实践共同体名单	1周
分析现实问题,确定研修主题	课例研究主题选取讨论表	1周
检索资料,研究文献,综述文献	文献汇编、文献综述	2周
制订研究方案,撰写开题报告	研究方案、开题报告	1周
开题论证,调整研究方案	修改过的研究方案	1周

续表

研究程序	资料搜集项目	完成时限
"三轮上课""两轮反思"	教学设计，课堂观察与诊断表、备课、讨论、上课实录	4~6周
总结研究成果	课例研究报告、论文、学生作品、教育叙事、视频案例等	2~3周
汇报、答辩、交流	录像、答辩记录	1周
总结、评价、推广	研究经验、研究体会、评价表	1周
分类整理相关资料	研修过程中的所有材料	1周

3. 初步确定主题

在多数课例研究的过程中，选题与选课往往是相互交织的。进行实验教学课例研究，一般是先明确需要解决的教学主题，而后才是选课，主要是由于分类深入的研究可以为改进教学活动提供启示。

确定主题时，主要采用的是专题讨论法，可以在《课例研究主题选取讨论表》的框架下（表3-3-2），采用口头或书面的方式开展研讨，通过思维碰撞，达到集思广益的效果。专题讨论法一般需要事先准备好讨论的基本方向和讨论的项目，一般分为三步。第一步是交流选题：参会者分别表述选题的意向；第二步是改进选题：参会者表明对他人的观点是否认同，或提出改进、完善的设想；第三步是确定主题：当参会者达成比较一致的看法时，主持人应及时统一思想、达成共识，形成总结并向全体成员表述主题。

表3-3-2　课例研究主题选取讨论表

主题	（源于教师的教学实践，基于解决实际问题的思考。）
选题背景分析	（分析现实问题的基础是什么，是否真实，有什么价值。）
研究目的	（简明扼要地阐述为什么要做这个研究，即研究的意义与理由。）
研究内容	（列举实现目标所要进行的具体研究内容。按研究工作进展顺序分解研究内容，按研究的逻辑关系将课题分解成若干子课题。）
课例选取说明	（根据研究目的，充分考虑所选取课例的代表性、必要性、科学性和可行性。）

专题讨论时，一般安排1~2位主持人主持讨论。主持人要能够控制会场主题、善于调节研讨气氛，尽量使每位参会者都能发言，且每人发言次数尽可能平均。主持人还要适时参与讨论，既不要让参会者的发言偏离主题，又不能让他们感到受限制而不愿交流自己的想法。为了方便今后的整理与分析，还可以用录音机或摄像机记录下会议的内容。

4. 组建团队，分配角色

课例研究团队，是为完成项目由一群人临时组建的"实践共同体"。根据研究的需要，综合考虑每个人的教育背景、工作经验，合理设置研修主持人、副主持人、课程专家、指导教师、实验教师、研修学员等角色。建立不同层级多元化的研究团队，有利于优势互补，人尽其才，是高效研讨的基础保障。为了方便联系，应登记团队成员的基本信息和联系方式，建立网络交流的平台。考虑到课程专家和指导教师的工作性质，研究团队应该尽早联系，及时确定人选。

表 3-3-3　课例研究实践共同体名单及联系方式

单位	姓名	职称	手机	QQ/邮箱	角色
					主持人
					副主持人
					课程专家
					指导教师
					实验教师
					研修学员
					……

根据课例研究的流程，细分课例研究工作，可以发现涉及的工作任务多达十几项，有些工作需要合作完成，有些则需要专人负责。科学合理地安排每一项工作的人选和负责人至关重要，可以让参与者提前了解自己的工作职责，避免研究过程中出现工作推脱、责任推卸等现象，提高研究效率和研究质量。因此，建议在研讨中，本着自愿的原则和主持人安排相结合方式提前明确职责分工，可以参考表 3-3-4。

表 3-3-4　课例研究实践分工安排表

任务	建议人数	资料搜集项目	负责人
确定研究主题	共同承担	研究主题的确定过程记录	
撰写开题报告	1~2人承担	开题报告	
进行文献综述	1人承担	文献综述	
设计调查问卷，分析问卷	1~2人承担	调查问卷及分析报告	
承担上课任务	1人或多人承担	教学准备、教学设计	
集体备课	共同承担	教学设计修改意见	
设计课堂观察量表	共同承担	课堂观察量表	
进行课堂观察	除上课教师外的其他组员承担	课堂过程记录（录像、照片等）、课堂观察量表	
整理课堂实录	专人或轮流承担	课堂实录（文字）	
进行课后评议	共同承担	评课记录	

续表

任务	建议人数	资料搜集项目	负责人
整理评课实录	专人或轮流承担	评课实录（文字）	
撰写课例研究报告	1人承担	课例研究报告	
资料管理	1人承担	资料分类整理	

启动阶段的第一次研讨意义重大，承担的功能多样，因此，从形式上建议召开现场工作会议。会议后，主持人应当及时整理出课例研究实践共同体名单、主题选取讨论表、课例研究流程表。

（二）准备阶段

准备阶段就是预先安排或筹划的阶段，进入这一阶段就意味着研究活动正式开启。在这一阶段，必须先制订课例研究具体的实施方案，细化研究的步骤和要求。经过资料检索以及完成文献的梳理以后，正式确定研究主题，然后撰写开题报告。

1. 制订课例研究方案

为使将来的研究能做到心中有数，主持人提前策划并制订一个合理可行的研究方案是非常必要的。根据不同的研究主题，所制订的方案可能有所不同，但基本包括主题名称、研究的步骤和时间安排、主要研究内容、研究的形式和方法、预期成果、基础保障等。可以表格或流程图的方式表示。以表 3-3-5 为例，来说明设计研究方案时必须考虑的主要因素与研究进度安排。

表 3-3-5　课例研究实施方案

研究主题						
研究目标						
主持人						
研究阶段	主要内容	时间地点	活动方式	负责人	活动要求	研修成果
准备阶段	1. 研究文献。 2. 撰写开题报告。		网络研修			
论证与调整阶段	开题论证会。		会议			
教学前准备阶段	1. 制订课例研究计划。 2. 研究和改进实验，做好"下水实验"。 3. 撰写教学设计。 4. 设计观察点和观察量表。		网络研修 个人实践			

续表

磨课研修阶段	1. 第一轮上课。 2. 第二轮上课。 ……		现场研讨		
梳理总结阶段	1. 分类整理材料。 2. 撰写研究报告。		网络研修		
交流与评价阶段	1. 课例研究成果交流。 2. 课例研究成果评价。		会议		
注意事项					
活动保障					

制订课例研究实施方案时，要注意做到每个环节的活动"定时、定地、定人、定内容"。"定时"，指各环节的活动时间要提前确定，并事先告知活动参加对象。"定地"，指各环节的活动地点要提前确定，并事先告知活动参加对象。"定人"，指课例研究活动要提前确定召集/主持人、活动参加对象和相关工作的承担者。"定内容"，指各环节的活动要围绕研究目标、研究主题设定相关任务。

2. 做好文献研究

通过文献研究不仅能更好地确定有效的主题，还能解决研究时碰到的问题或者是提供新思路。因此，教师要充分利用图书、报刊、在线资源获取与研究主题相关的文献，提高研究效率。首先要根据课例研修的主题，明确检索范围，确定关键词，搜索并下载相关文献。接着归类整理文献，做好文献的阅读、摘录和学习。最后提炼观点、形成结论，并撰写文献研究综述。由于教师对文献检索的方法普遍不够熟悉，建议按照表3-3-6中的方法，做好文献研究。

表3-3-6　文献研究的阶段与方法参考

阶段	内容与方法	自我发问
分析准备阶段	分析研究主题，明确检索范围	你的研究主题是什么？包括哪些主要内容？
	确定检索标识，确定检索词语	你要检索的关键词是什么？
	选定检索工具，确定检索途径	你的检索工具是什么？检索途径是什么？
文献搜索阶段	搜索文献	你共搜索到多少篇文献？
加工处理阶段	归类整理，编制文献目录	文献归类整理了吗？编制文献目录了吗？
	阅读文献、摘录	重要文献阅读了吗？做笔记了吗？
	选择文献，整合文献	研究要用到的有哪些文献？

续表

阶段	内容与方法	自我发问
提炼结论阶段	学习文献，提炼观点，形成结论	别人在哪些方面有了比较深入、全面的研究？在哪些方面还需要进一步深入研究？你的结论有哪些？
成果表达阶段	撰写文献研究综述	写文献研究综述了吗？

3. 撰写开题报告

课例研究开题报告本身就是一个相对完整的研究过程，主要是从问题出发，回答一系列是什么、为什么、怎么做，其结构与课题的开题报告基本类似，相关内容的填写可以参考表 3-3-7。

表 3-3-7　课例研究开题报告

主题	
主持人	指导教师
研究期限	
选题分析	（你研究的课题是什么？包括课题主题的界定和说明以及核心概念的界定。） （为什么要选择这个课题？即分析现实问题的基础是什么，是否真实，有什么价值，以及课题研究的理论意义和实践意义有哪些。） （你这样做的依据是什么？即理论依据等。）
文献综述	（在相关问题上，别人已经做了什么？还有什么没有做？即分析本主题前人研究的程度如何，有哪些不足，你的研究要解决什么问题。）
研究目的	（研究目标和要解决的问题是什么？即提出你的主要假设、观点。）
研究内容	（你打算做什么？即根据研究主题，陈述可能需要研究的具体内容。）
创新之处	（研究课题在理论和实践上的创新点是什么？）
研究的可行性分析	（你研究的主要条件和困难是什么？即分析已有研究基础、人员、经费、设备、图书资料等条件以及课题的组织管理等。）
研究方法	（你打算采用哪些教育研究的方法？）
研究步骤	（你打算怎么做？即研究的思路与途径。） （你的工作进度如何安排？即研究进度安排。）
预期成果	（你的预期目标是什么？即明确预期目标、阶段性成果和结题成果。）
参考资料	（与本研究最相关的文献资料有哪些？列举最主要的 10 条文献。）

（三）论证与调整阶段

撰写好开题报告后，要尽快联系专家，组织开题论证活动。论证活动建议采取现场会议的形式，由主持人陈述开题报告，专家对课题实施的科学性与可行性进行评议，并对研究中可能存在的困难和问题进行指导。会后，根据专家的意见，研究小组成员共同商议、调整研究方案。

（四）教学前准备阶段

经过论证，进一步明确了研究的意义与目的，研究的主题清晰、问题明确、步骤合理，研究进入了课堂教学前的准备阶段。这一阶段的主要任务有四项：一是落实课堂教学研讨和课堂观察活动的人员职责及分工；二是研究和改进实验，做好"下水实验"；三是撰写教学设计；四是根据所研究的问题设计观察点和观察量表。

课例研究过程中，每个人的工作任务及具体的要求可参考表 3-3-8。

表 3-3-8 职责及分工细化表

分工	姓名	人数	主要工作任务及要求
主持人		1	全面负责课例研修的计划、组织、协调、落实、指导工作，确定教研主题，发教研通知，督促成员按时完成各项任务。
副主持人		1	主持教研活动，提供各种教研纸质材料，做好后勤服务保障。
执教者		1	承担备课、上课任务，课前会议上说明教学设计，讲解课堂观察点，参与整理课堂实录、课后评议实录，撰写课例研究报告。
摄像		2	建议双机拍摄（一机拍学生，一机拍教师），编辑录像。视频分辨率、编码的要求如下。视频分辨率：720×576；视频编码：Window media；视频文件后缀：.MP4；视频码率：700～1000 kbps，最好压缩成能在网上播放的格式。
照相		1	对研讨会以及课堂上学生的学习等进行拍照，抓住重要的细节等，对照片进行简单的处理，更改照片的文件名，照片大小不宜超过 300 K，分辨率不大于 1280×720。
技术支持		1	建立 QQ 群或者网上共享文档，如将课例研究过程中的各种材料上传至云盘，上传录像至教师培训平台。
宣传报道		1	写教研活动简讯，稿件内容要求真实、客观，文字要求精炼、准确，附上教研活动的图片，充分展示课例研究的过程、成果，并上传到研修网络平台。
观察量表		多人	根据课例研究的需要，教师共同参与设计观察量表，编写使用说明，并提交给主持人和执教者。
课堂实录整理		多人	建议全体参与，将课堂划分成几个时间段，每个人整理相应时间段的文字实录，最终进行汇总。

续表

分工	姓名	人数	主要工作任务及要求
研讨过程记录		1	以电子稿的方式整理研讨过程中的各种相关材料，并上传到相关的文件夹中。
搜集整理资料		多人	将备课材料、查找到的相关文献、研究过程资料等统一汇总到一起，做成电子书。一人为主，全体参与。
……			

（五）磨课研修阶段

好事多磨，好课亦然。要想上出一节好课，必须经历艰辛的磨课过程。从一般意义上来看，磨课的过程也是研究的过程，即通过多次打磨一节课，应用科学的方法探求问题的答案。课例研究就是在不断的磨课与研究中完成研修的过程。具体而言，是指为了解决某一教学问题，通过在一定时期内对该问题的相关教学内容进行反复、深入的学习、研究与实践，找到对这一教学问题更为有效的解决方案，从而显著提高研修团队对这一问题教学的有效性，并掌握解决教学问题的方法、提升解决教学问题的能力，从而实现教师的专业发展，显著提高教学质量。

课例研修的磨课过程通常包括以下几个基本程序，如图 3-3-1。

图 3-3-1　课例研修的磨课过程

课例研修主要借鉴了"三次备课、两次飞跃"的研究模式，也就是先由个人进行"基于个人经验的第一次备课"，然后进行"基于群体经验和必要研究的备课"，实现第一次飞跃，最后进行"基于实践反思和必要研究的备课"，实现第二次飞跃。主要的打磨流程，以及具体的活动内容与要求，可以参考表 3-3-9。

表 3-3-9 "三轮上课""两轮反思"流程

打磨流程	内容和要求
制订磨课计划	讨论确定研讨的主题、内容、目标;学习课标及相关理论,寻求理论支持;选择支撑主题研究的教学内容;制订并上传课例打磨计划。
第一次备课	执教者确定教学内容,分析课标、教材、学情,根据个人经验进行第一次备课;上传教学设计的第一稿。
	共同备课者上传教学设计"同课异案"。
第一次研讨	针对第一稿教学设计开展第一次在线研讨,邀请专家、名师给予指导,共同备课者发表意见、建议;在线修改教学设计。
	深入解读课标和教材,学习相关理论;搜集相关教学设计,进行对比研究,吸取其精华,并上传相关资源。
第一次备课总结	汇总第一次研讨的意见和建议,进行第一次备课反思和总结;上传相关资料。
进行学生前测	结合本课的教学内容,进行必要的学生前测,了解学生已有的基础,为修改教学设计提供实践依据;上传相关资料。
第二次备课	根据第一次研讨的情况和学生前测的情况修改教学设计,进行第二次备课;上传教学设计的第二稿。
第一次执教、观课(可在此期间组织"同课异构"活动)	召开观课前的准备会议,讨论确定观课的观察点和观察量表。
	根据第二稿教学设计,进行第一次执教。
	上课的同时组织观课活动,搜集观课数据。
	上完课后,进行必要的学生后测,了解学生的掌握情况,为进一步修改教学设计提供实践依据;上传相关资料。
	进行教学反思,整理教学实录;上传第一次上课实录。
	组织观课后的研讨会议,分析观课时搜集的数据,进行议课、评课;观课教师撰写并上传观课报告。
第二次备课总结	汇总第一次观课的情况和学生后测的情况,进行第二次备课反思和总结;上传相关资料。
第三次备课	根据第二次备课总结的情况,进行第三次备课;上传教学设计的第三稿。
第二次执教、观课	与第一次课堂活动的要求类似。
磨课总结	执教者进行课例打磨总结。
	共同备课者进行课例打磨总结。
	负责人进行全面的课例打磨总结;上传相关资料。

（六）梳理总结阶段

在课例研修的过程中，生成了大量的原始资料，有的是文字性材料，有的是音像类材料，必须加以归档。可以按以下分类方式整理。

活动组织：课例研究方案，活动计划安排表，人员名单及分工。

教学设计：初次的、修改后的、再次修改的每一稿教学设计。

教学实录：课堂教学录像，课堂文字实录。

教学评价：研讨意见，评课意见，教学反思，课堂观察量表，观课报告，研究体会，调查问卷表。

研修过程记录：备课、研讨时的相关录像、照片、文字材料。

文献资料：文献资料、理论书籍及摘录笔记。

资料经过分类整理以后可以整理成册（图 3-3-2）。

实验教学课例研修手册	目　录
研修主题：_____	一、课例研修指南
负责人：_____	二、开题报告
指导教师：_____	三、研修过程
研究时间：_____	四、研修成果
	五、研修日志
	六、自我评价
	七、文献目录

图 3-3-2　实验教学课例研修手册

翔实生动、融入集体智慧的过程性资料为教师撰写课例研究成果打下了坚实的基础。参与的教师，特别是执教者，经历了艰辛的磨课过程，在头脑中储存着许多值得凝炼的经验和有价值的案例，也逐步建立起新的观点，只要进一步梳理和加工，就可以写出精彩的课例研究成果。

（七）交流与评价阶段

课例研究的最后一个阶段是开展交流与评价活动，一般采用会议的形式，邀请相关专家、教师参加，采用座谈、讨论、演讲、展示、实验等方式进行，一方面展示研究成果，交流研究经验，另一方面可以进行探讨、论证。交流与评价的意义在于体现成果的研究价值，同时也是对研究工作的肯定与鼓励。

为了更好地评价研究成果的质量和价值，可以借助课例评价表（表 3-3-10）。评价表不仅仅是评价的工具，也是教师在梳理成果时的重要参考。

表 3-3-10 实验教学课例评价表

课例名称					
主持人			研究时间		
评价要素	评价标准	评价等级及分值			
		优秀	良好	中等	较差
主题明确	有优秀教学经验的凝炼 有教学实践中的难点或突出问题 有先进教学理念的挂钩点 有新颖的理论视角	(15~13)	(12~9)	(8~5)	(4~0)
线索清楚	交代背景、问题 有困惑、有冲突，看似无法解决的事件 有研究思路的概括 划分为不同阶段	(15~13)	(12~9)	(8~5)	(4~0)
具有关键性事件	有矛盾的焦点 有突出问题的细节描述 有引人入胜的情节	(15~13)	(12~9)	(8~5)	(4~0)
过程性资料翔实	有教学决策的选择与困惑、不同的教学决策产生的不同效果、由此引发的思考和新的教学决策的产生等资料 有大量细致的、以观察研究为基础的叙述性资料，分析与资料混合使用，资料能用来解说、证明研究者的诠释 资料描述必须充分，以供读者进行自我判断	(25~22)	(21~18)	(17~14)	(13~0)
有结论和反思	有研究结论和启示 有学生感受和教师反思 教学效果显著 引出需进一步研究的问题	(15~13)	(12~9)	(8~5)	(4~0)
实验研究	实验环境、实验内容、实验教学方法有创新，实验效果明显	(15~13)	(12~9)	(8~5)	(4~0)
综合评价等级 (优秀：100~90；良好：89~70；中等：69~60；较差：59~0)		综合得分		综合等级	

亮点：	
	评价人：
	时　间：

　　除了专家的评价，教师也要开展自我评价。自我评价可以按照课例研修的过程，采取自我发问的方式进行反思。例如"我的研究态度如何？研究方法恰当吗？搜集与整理的资料完备吗？研究活动开展得正常吗？研究成果是否如预期的一样？研究过程中我最深刻的体会是什么？我最满意的有哪些？我还有哪些遗憾？……"通过回顾研修过程，审视和分析研修成果，实事求是地评价自己所采取的行动、所作出的决策、所付出的努力，或给予肯定与强化，或给予否定与修正。在自我评价的过程中认识需要克服的缺点、需要发扬的优点，从而肯定自我、完善自我、实现自我，为今后自我的发展提供动力。

第四节　科学实验教学课例研究的成果表述

课例研究结束后，根据所选取的主题和事先设定的目标，使用教研过程中积累的过程性资料，理论和实践相结合对既定主题进行凝炼，形成精品课例研究成果。一方面，课例研究的成果能够揭示教学的基本规律，建构可以实施并经得起实践考验的模型；另一方面，可以揭秘教师的教育技巧，形成可借鉴的教育智慧，对解决教学实践问题有所启发。优秀的课例研究成果，能够直接转化为现实的教学"生产力"，具有很强的应用与推广价值。

课例研究成果主要以课例研究报告的形式呈现。如果在某些问题的研究上有科学独到的见解，提出了新思想、新观点，具有较高的学术理论价值或实践指导价值，可以撰写成学术论文。为了更好地展现研究全过程中的思考与决策，对进行同类研究的教师起到更好的启发和指导作用，最大化体现课例研究成果的价值，可以撰写成课例研究故事。

一、课例研究报告

对执教者而言，撰写课例研究报告可以对自身教学加以系统反思，有助于提升执教者的教学研究与实践能力。对课例研究小组而言，撰写课例研究报告有助于总结这一研究共同体所秉持的共同的专业信念和专业知识。换句话说，无论在个体维度还是在集体维度上，课例研究报告的撰写都有助于促进教师的专业发展。[①]

课例研究报告属于实证性研究报告的范畴，既注重理论，又重视实践，主要是用事实说明问题，要求提供的材料具体典型，研究过程翔实可靠。报告通过有关资料、数据及典型事例的介绍和分析，总结经验，找出规律，提出建议。

安桂清和徐晶在"教师如何做课例研究"系列文章的第五篇《课例研究报告的撰写》中提出：课例研究报告需要向读者交代相关要素，如研究小组所选择的研究主题是什么、教学方案是如何规划的、教学实践是怎样开展的、所取得的教学成果有哪些等。因此，实验教学课例研究报告也可以根据这些基本要素建构撰写框架，报告由以下五部分组成：①阐述研究的主题、背景与内容；②描述教学规划和方案；③概述教学实践的开展过程，重点阐明对教学中出现的问题的再分析、寻找解决问题的心路历程；④检讨、反思教学成效；⑤附录。附录补充交代了课例研究的整体过程与具体细节。

---

① 安桂清、徐晶：《课例研究报告的撰写》，《人民教育》2011 第 2 期。

案例一：

科学课堂学生倾听效果研究
——以《电磁铁》一课为例
厦门市思明区莲前小学　许天赐

一、研究背景

对于新接手的五年级学生，总是感觉他们的倾听习惯不好，主要表现在以下三个方面：学生不会倾听，不能认真地听同学发言，也不能对别人的观点进行评价或提出中肯的建议；学生不想倾听，以自我为中心，总是"我来，我来……"随意打断别人的发言；学生不能倾听，班级倾听环境不好，相互影响。

为了解学生不会倾听的原因，以及他们在倾听习惯方面存在的问题，笔者设计了小学生倾听习惯的调查问卷表，对本人执教的五年级4个班180名学生进行调查，统计结果见表3-4-1。

表3-4-1　小学生倾听习惯的调查统计表

序号	问题	A	B	C	D
1	课堂上，你认真听吗？	108	60	12	—
2	课堂上，你什么时候最认真听？	100	39	21	20
3	你认真听的主要原因是：	38	102	32	8
4	你不专心听老师讲课的主要原因是：	40	32	56	52
5	你不专心听同学发言的原因是：	85	35	39	21
6	老师讲解实验要求时，你的表现是：	80	40	52	8
7	小组合作交流时，你的表现是：	75	45	52	8
8	同学上讲台汇报交流时，你的表现是：	100	24	56	—
9	你旁边的同学上课不专心，你会：	118	62	—	—
10	你听到同学发言回答错误的时候，表现是：	96	40	44	—

从调查的结果看，小学生在科学课中普遍存在不良倾听行为，而且情况还比较严重。33%的学生偶尔会开小差，7%的学生很少认真听。老师讲解实验要求时，有33%的学生没有认真听。汇报交流时，有44%的学生没有认真倾听。有24%的学生会打断同学的发言，直接指出其错误。

57%的学生认为自己认真听的主要原因是会得到表扬或奖励，60%的学生认为自己不专心听老师讲课的主要原因是班级纪律不好或管不住自己，47%的学生认为不专心听同学发言的原因是同学表达不清楚。

二、确定研究方案

教育心理学家对人的一系列交往活动进行研究，结果发现在人们的各种交往方式中，听占 45%，说占 30%，读占 16%，写占 9%。这一连串的数字告诉我们，人有将近一半的时间在听，听是人们获取知识的主要途径之一。不良的倾听行为不仅使教师在组织教学上花费更多的精力和时间，更为严重的是直接导致课堂的肤浅与低效。

（一）研究主题与课例选择

为研究小学生在科学课中的不良倾听习惯造成课堂教学的低效问题，以"科学课堂学生倾听效果研究"为主题，开展课例研究。

《科学 五年级上册》（苏教版）第 3 单元第 5 课《电磁铁》是一节典型的实验教学课，教学时既有教师的演示教学，又有学生的自主探究，环节清晰，关联性强，具有一定的挑战性，适合作为研究课例。

（二）课堂观察方法设计

课例研究强调课堂观察，通过对课堂的运行状况进行记录、分析和研究，有针对性地诊断课堂教学效果。因此，笔者决定利用课堂观察手段来检测学生课堂倾听的情况，寻找改进的策略和方法。

1. 与观察者讨论确定观察对象：与传统的听评课不同的是，现场的课堂观察需要利用预先设计好的工具进行有针对性的记录。根据笔者对五年 2 班学生倾听习惯的了解，确立本节课的几个重点观察位置，见图 3-4-1。

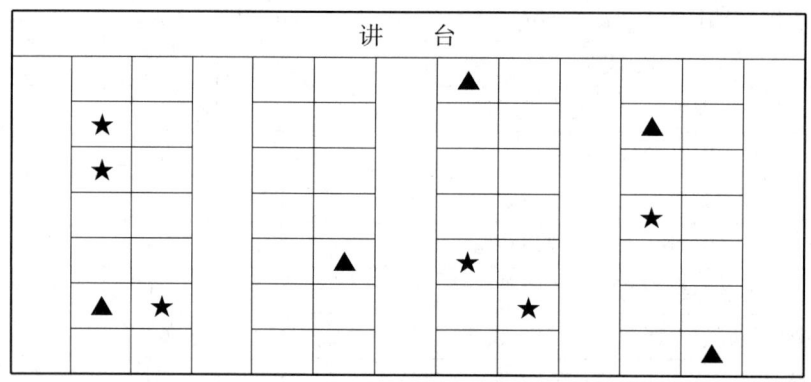

注：▲为学困生　★为学优生

图 3-4-1　学生座位示意图

2. 设计课堂倾听观察维度：①情境创设的效度；②教师行为与学生倾听效果的关系；③学生学习投入的状态；④教师回应学生的方式和态度；⑤师生的对话深度；⑥教学目标的达成情况。

三、教学设计

本课可分为两个课时。其中，第一课时主要让学生认识电磁铁的构造，学会制作电磁铁，并探究影响电磁铁磁力大小的因素。第一课时的教学设计如图 3-4-2。

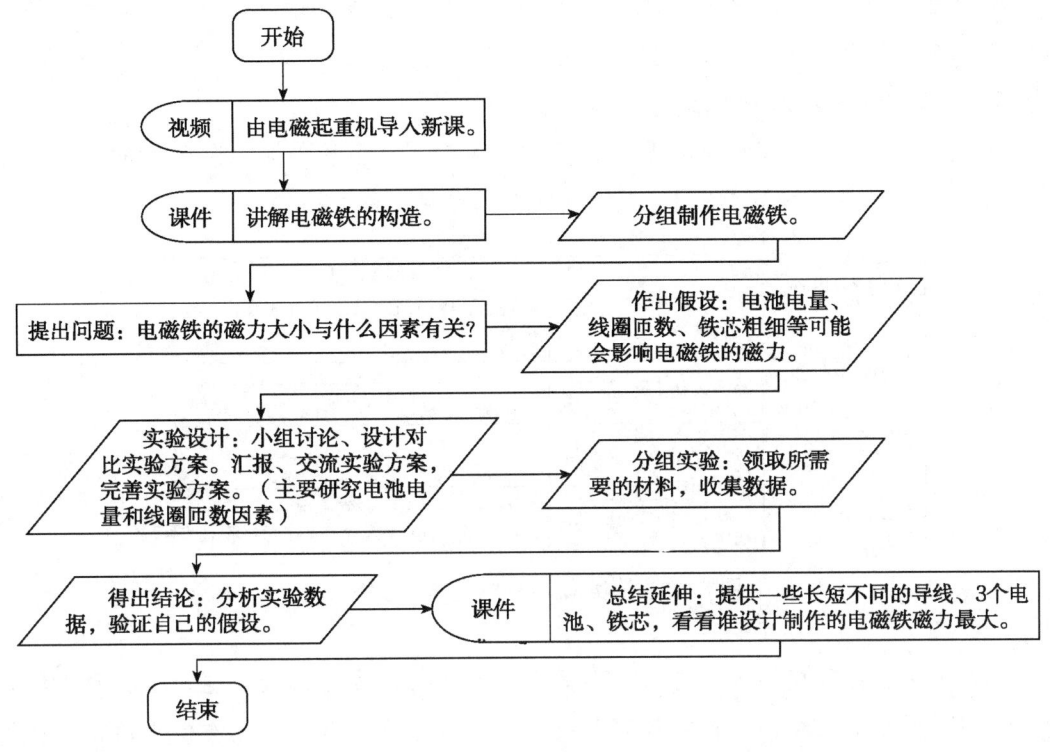

图 3-4-2 教学设计流程

四、课堂实践，检验效果

创设情境导入，演示教学认识电磁铁的构造，分组制作电磁铁，讲解注意事项，研究影响电磁铁磁力大小的因素，汇报交流……很快一节课过去了。

（一）执教老师的课后反思

作为执教者，对学生的学习状态和倾听情况的判断如下。

1. 倾听效果一般。

本节课的教学目标能否达成与学生的倾听习惯以及良好的倾听环境有关。12个小组都能汇报电磁铁吸起大头针的个数，说明学生分组制作电磁铁的目标基本达成。在探究影响电磁铁磁力大小的因素环节，发现个别小组实验时有长时间接通电源的现象，说明学生对于实验注意事项的倾听效果较差。

2. 教学行为与学生倾听习惯相关。

通过创设电磁起重机移动钢圈的情境，有效激发了学生的学习兴趣。使用课件提醒实验注意事项，虽然节约了时间，表面上看学生好像在专心地听，但学生的实验过程表明提醒的效果不是很好。学生在汇报自制的电磁铁能吸起的大头针数时，有些同学还在玩电磁铁。在交流实验方案环节，教师对学生倾听的要求和引导不足。

（二）观察者简要报告观察结果

观察者根据课前设计的倾听观察维度和课堂观察量表，做好课堂观察记录，并依据量表记录的信息，反馈教师执教的情况。

1. 观察情境创设的效度。

情境创设的效度从情境呈现形式、情境所用时间、情境能否引起学生的兴趣并保持关注、情境的作用四个方面进行观察。观察的结果见图 3-4-3。

观察内容		导入环节	
预设情境内容			
情境呈现形式		视频☑、模型演示☑、开门见山○、魔术表演○ 其他________○	
情境所用时间		3'	
情境能否引起学生的兴趣并保持关注	学习表情（兴奋/一般/无所谓）	视频：兴奋	模型：兴奋
	学习行为（观察/倾听/讨论/思考）及参与度	行为	参与人数
		观察	45
	没有参与的人数	后2、十一3 两个人	
情境的作用	（是否激趣、是否铺垫等）	能激趣，并为下个环节作铺垫	

图 3-4-3　情境创设的效度课堂观察结果

本环节以视频和模型演示导入，用时 3 分钟，时间安排比较合理。学生的表情兴奋，大部分学生的眼睛都注视着屏幕和教师，只有后排的两个学生在做小动作，总体参与度高，说明以电磁铁在生活中的应用实例导入，并通过教师直观演示电磁铁模型，能调动学生的学习积极性，激发学生探究电磁铁奥秘的热情。但由于演示的模型太小，影响后排学生的倾听。

2. 教师行为与学生倾听效果的关系。

教师行为主要从“内容的呈示方式”“指令要求是否清楚”“器材提供次序”“所花时间”进行观察；学生行为主要从“学生是否专注”“是否明白指令”“是否正确操作”“本环节所花的时间”“全班各组实验完成情况”五方面进行观察；此外，还针对教师“实验前注意事项提醒”进行观察。见图 3-4-4。

教师行为与学生倾听效果课堂观察量表

		教师行为				学生行为			效果	
教学环节	任务名称	呈示方式	指令要求是否清楚	器材提供次序	所花时间	学生是否专注	是否明白指令	是否正确操作	本环节所花的时间	全班各组实验完成情况
制作电磁铁	电磁铁的构成	板、课、实、口		A		是	是	是	9'45"	[illegible]
	制作要求	[illegible]	是	B	2'30"	是	是	是		
	温馨提示	口、课	是		45"	是	是	是		
	学生实验		是	B	5'38"	是	部分	部分		
	汇报交流	口、课	是	C	50"	是	是	是		

说明：呈示方式：板书、课件、实物演示、口头阐述等。器材提供次序：A. 实验前就提供器材 B. 实验时提供器材 C. 收起器材后汇报交流 D. 未收器材，就汇报交流。

图 3-4-4　教师行为与学生倾听效果课堂观察结果

从观察的结果看，全班12个小组，有11个小组在规定的时间内成功完成实验，第6小组未成功完成电磁铁的制作。各组吸起大头针的数量不同，有两个小组才吸起1~2枚大头针，电磁铁磁力弱的原因之一是学生缠绕线圈有重叠、不均匀。对于"制作要求"和"温馨提示"，教师是通过课件呈现的，学生有专注地看要求，但观察到有2个小组的同学头尾不会打结，2个小组电磁铁长时间接通电源。从学生的不正确操作可以看出学生没有真正听明白、听清楚教师提出的要求，说明教师的讲授行为需要进一步优化。

在"研究影响电磁铁磁力大小的因素"活动中，针对"实验前注意事项提醒"环节，从"提醒的内容类型""提醒的方式""提醒的时间控制""提醒的内容数量""提醒的方法""提醒的效果"进行观察、分析。为了方便记录，设计了提醒系统分析框架与编码表，见表3-4-2。

表3-4-2 提醒系统分析框架与编码表

分析维度	具体类别编码
提醒的内容类型（A）	A_1 实验安全事项
	A_2 实验的科学性
	A_3 实验习惯：小组合作学习/及时记录等
提醒的方式（B）	B_1 学生相互提醒
	B_2 课件出示提醒
	B_3 教师语言提醒
	B_4 实物演示提醒
提醒的时间控制（C）	C_1 2分钟以内
	C_2 2分钟以上
提醒的内容数量（D）	D_1 4条及以下
	D_2 4条以上
提醒的方法（E）	E_1 提示操作要求
	E_2 提示操作要求，并讲解原因
提醒的效果（F）	F_1 学生能正确操作实验，得出合理数据
	F_2 提醒无效果，出现不规范操作

从观察结果看，教师出示了4条注意事项，其中1条是实验安全事项，3条是关于实验的科学性，教师以课件文字的方式出示，提醒的时间控制在2分钟之内。教师的提醒主要是提出操作要求，没有讲解原因。2个小组长时间接通电路，1个小组3个电池电极接错，还出现实验数据不准确的现象而得不出实验结论。观察结果说明实验前注意事项的提醒效果不明显，需要进行改进。见图3-4-5。

注意事项	A	B	C	D	E	F
1. 不要长时间接通电路，减少耗电。	A_1	B_2	1'30"		E_1	F_2
2. 刚吸过的小垫圈放在一边，不要再吸。	A_2	B_2			E_1	F_1
3. 为了数据更加科学准确，应至少进行3次实验。	A_2	B_2	C_1	D_1	E_1	F_1
4. 使用多个电池要注意正负极之间的连接，正极接负极。	A_2	B_2			E_1	F_2

图 3-4-5　实验前注意事项的提醒课堂观察结果

3. 学生学习投入的状态。

以"研究影响电磁铁磁力大小的因素"活动为观察点，主要是从"提出问题""作出假设"等7个方面观察学生学习投入状态，观察结果见图3-4-6。

选定几个目标学生，持续观察一段时间。在每一个小环节的扫视中，观察非投入学习的行为并且在空格里填上相应的编码数字。如果学生在这次扫视中是投入学习的，那么他的这一个空格是空的。这样不但记录了学生在研究电磁铁磁力大小影响因素的时间段内非投入学习的时间比例，而且还记录了学生非投入学习的具体情况。

学生	扫视（每个小环节观察一次）							投入/%
	提出问题	作出假设	小组讨论、设计实验	交流实验方案	实验前注意事项提醒	学生实验	学生汇报实验结果	
环节时间	1'	3'	5'	3'	1'	9'	3'	25'
十二 1			1					80%
十二 2	2		1			3		60%
十二 3								100%
十二 4								100%

非投入的类别：1. 与任务无关的闲聊　2. 做小动作　3. 侵扰其他学生　4. 打瞌睡　5. 发呆　6. 其他

图 3-4-6　学生学习投入状态观察结果

观察的对象是第12小组的4名学生。其中在"提出问题"环节，2号学生在做小动作，摆弄实验器材。在"小组讨论、设计实验"环节，1、2号两名学生在闲聊。在"学生实验"环节，2号学生在侵扰其他学生，抢着操作。在"学生汇报实验结果"环节，4名学生都能积极地投入学习。观察结果说明学生在小组讨论和实验时比较容易出现非投入学习行为。

4. 教师回应学生的方式和态度。

教师回应分析是对课堂中学生回答问题之后教师采取的回应方式和态度进行记录与分析的一种课堂观察方法。本次观察主要是对"研究影响电磁铁磁力大小的因素"活动进行记录。观察结果见图3-4-7。

	序号	1	2	3	4	5	6	7	8	9	10	11
回应方式	言语回应	√	√		√	√		√	√		√	√
	非言语回应			√			√			√		
回应态度	肯定回应	√	√		√	√		√			√	√
	否定回应								√			
	无回应			√			√			√		
	序号	12	13	14	15	16	17	18	19	20	21	22
回应方式	言语回应	√	√	√	√			√			√	√
	非言语回应					√	√		√	√		
回应态度	肯定回应	√	√		√	√		√			√	√
	否定回应			√								
	无回应						√		√	√		

图 3-4-7 教师回应学生方式统计结果

本环节共提问 22 个问题，教师的言语回应占 68%，非言语回应占 32%；肯定回应占 64%，否定回应占 9%，无回应占 27%。教师回应学生的方式主要是言语回应，回应的态度也是以肯定为主。从数据上发现，教师无回应的比例太高，肯定的言语回应比例也偏低，说明在师生互动过程中，教师不够关注学生的回答，未及时给以反馈。

5. 师生的对话深度。

师生的对话深度是指教师采用追问的形式连续向学生提出问题，这些问题具有相关性且难度与深度层级递进。本次观察主要是对"研究影响电磁铁磁力大小的因素"活动进行对话深度记录。观察者需要简要记录教师的问题和学生的回答，观察结果见表 3-4-3。

表 3-4-3 师生对话深度统计表

研究影响电磁铁磁力大小的因素	深度一	深度二	深度三	深度四	深度五
次数	10	6	0	0	0

注：所谓对话深度，举例来说，一问一答记为深度一，两问两答记为深度二，以此类推。

本活动共有 16 次对话，深度二级对话有 6 次，比例是 38%，深度一级对话有 10 次，比例是 62%，没有出现深度三级及以上的对话。深度对话的基础是学生思维高度活跃，参与交流的欲望强烈，但活动中师生对话以浅层次的对话为主，没有很好地调动学生的思维。深度二级对话主要出现在对影响电磁铁磁力大小因素作出假设以及汇报交流实验方案环节，但学生主动提问、质疑少，说明学生思维参与的程度不高。总体上师生之间、生生之间的倾听交流还处在较低水平。

6. 教学目标的达成情况。

教学目标的达成情况，主要从学生实验记录单和课后测试情况进行观察。从收上来的 12 份学生实验记录单来看，11 个小组都能按要求完成实验方案设计，并进行实验、记录实验数据，但有 1 个小组没有记录实验数据，2 个小组的实验数据偏差比较大。教学目标的达成情况不是很理想。

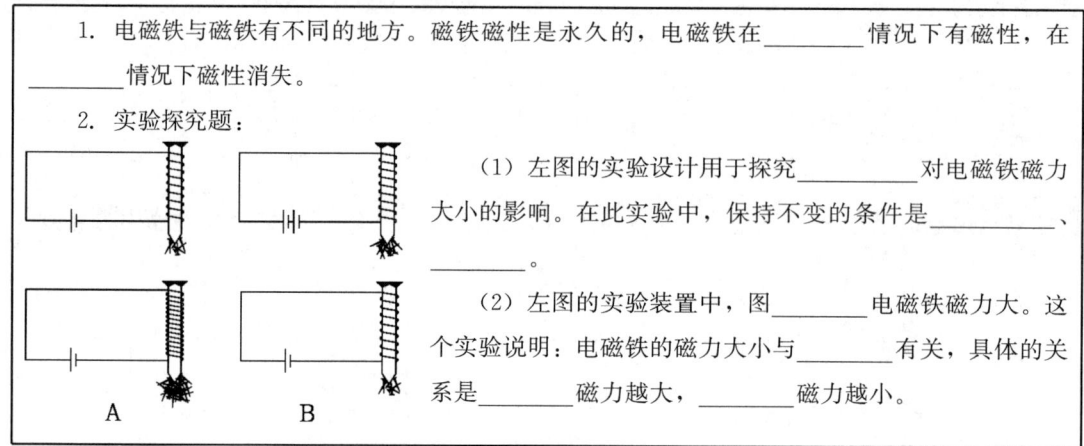

图 3-4-8 课后测试

组织全班进行课后笔试测验,包含2个题目。第1题全班47人有41人答对,说明通过学生亲身制作电磁铁,大部分同学掌握了电磁铁的基本性质。第2题是实验探究题,学生答题情况不理想,47人只有18人全部答对,学生对电磁铁的各部分专有名称的学习效果不理想,如将"线圈匝数"写成"铁丝圈数""导线多少""铁芯圈数",还有学生对控制变量的对比实验设计还是比较薄弱。

五、研究结论

本次课堂实践活动,从教师讲授行为、学生学习投入状态、教师回应的方式和态度、师生的对话深度及教学目标达成情况等的观察结果看,学生的课堂倾听效果不理想。结合班级学生的实际上课表现和倾听习惯调查,分析产生不良倾听行为的原因。

首先,与小学生年龄和心理特点有关。小学生的表现欲极强,积极发言往往能得到老师的表扬,而认真倾听同学的发言却很少能得到老师的表扬与肯定,学生体会不到倾听的好处。小学生的有意注意本身就不够稳定,在没有较强意志力的作用下无法做到长时间的集中,更何况还有桌上这些"好玩"的实验器材吸引着他们,与同学的发言相比,这些器材更具有诱惑力。其次,课堂倾听环境不好。如教师讲授行为不当,学生发言的声音不够响亮、表述得不够清楚等情况,都会影响学生听的质量,久而久之,学生容易充耳不闻。再次,在日常的教学中,缺乏有效的倾听习惯训练和方法引导。

课堂倾听环境不好,有来自学生的原因,也有来自教师的原因。在本课中,导致不良倾听行为的原因主要是教师没有创设良好的倾听环境。例如创设情境导入课题时,由于教师提供的演示模型太小,导致后排学生看得不清楚,影响了学生的倾听。教师在讲解实验要求、注意事项时,指令不清,特别是在讲解实验注意事项时没有分析原因,学生没有真正弄明白。此外,材料出示的时机不对,先把材料发给学生再呈现实验温馨提示，此时学生已无心听讲。

六、改进建议

结合教学中出现的问题，为了提高学生课堂倾听的效果，可以对原有的教学方案进行调整。

1. 在教学前和学生约定上课倾听的规则，并说明课堂倾听评价的要求和做法，对上课中获得较高积分的小组和个人予以一定的物质奖励（便利贴等）。

2. 关注细节，优化实验教学。改进实验材料，用漆包线代替普通导线，解决普通导线缠绕容易松散、花费时间长的缺点，制作的电磁铁磁力也更大，提高学生制作电磁铁的成功率。电磁起重机的模型演示可以借助展台投影放大。制作电磁铁的要求，不仅要以课件呈现，还要应用实物演示，也可以把关键操作拍成微视频。通过板书等强化概念的学习，如电磁铁的各部分名称，这样学生在实验设计环节就能使用专有名词表达。通过关注实验教学的细节，创设良好的倾听环境，提高学生倾听的效果。

3. 课堂中的倾听主要有师生之间和生生之间两种倾听方式。教师应更关注对学生的倾听，及时评价和反馈，可以是针对内容，也可以是针对倾听行为。如"你能对前面同学的方案提出自己的想法和意见，可见刚才你不仅仔细听取他人的观点，而且在听的同时进行了思考，非常感谢你。"这样既肯定了认真倾听的学生，又将怎样倾听呈现给学生，引导学生学会互相交流和倾听。在制作电磁铁、设计探究方案、实验探究环节，教师应及时下到小组中巡视指导，发现不良倾听行为时应及时制止，表扬倾听做得好的小组，并指导小组长做好评价工作。

七、应对策略

1. 约定班级倾听规则。结合倾听要求，写成口诀，朗朗上口。《倾听要求口诀》：别人发言要倾听，挺直腰杆手放平。眼睛注视发言人，专心听清每句话。边听边思及时记，他人观点试归纳。看法一致笑点头，意见不同我不吵。耐心听完再发言，尊重他人好品德。

2. 根据班级倾听规则，制订小组课堂倾听习惯评价表，可分为教师评价和学生评价。教师在课堂上对学生好的倾听行为进行表扬，纠正不当的倾听行为。学生评价主要由小组长对组员的倾听行为进行评价。通过评价，树立榜样，提高学生的倾听兴趣，强化好的倾听行为。

3. 优化实验教学，改善倾听环境。教师要关注情境创设的有效性，根据教学实际改进实验器材，关注实验器材的呈现次序，做好实验前注意事项的提醒。

4. 学会倾听，有效反馈引领。倾听是教师获取学生信息的一种重要方式，是教师对学生反馈引领的基础。反馈性回应能让学生感受到自己的想法是有价值的，体会到受尊重的满足感，同时促进学生思考，形成多级互动对话，进而提升学生的倾听能力。

教师的倾听反馈是对学生倾听行为的一种示范，也能激发学生的学习热情。教师要有意识地增加言语回应，减少无回应行为。

附录：
科学课上小学生倾听习惯的调查表

亲爱的同学，你知道倾听的重要性吗？你掌握倾听的方法了吗？为了让我们都养成倾听的好习惯，请你根据自己的实际情况，实事求是地在"○"里画"√"。注意：所有的题目只能选一个选项。谢谢你的合作！

1. 课堂上，你认真听吗？

    A. 从不开小差、不搞小动作、不讲悄悄话。○

    B. 偶尔会开小差。○

    C. 很少认真听。○

2. 课堂上，你什么时候最认真听？

    A. 刚上课时。○

    B. 实验前，老师讲解实验要求时。○

    C. 实验中，老师强调注意事项时。○

    D. 实验后，汇报交流时。○

3. 你认真听的主要原因是：

    A. 老师讲得生动。○

    B. 认真听会得到表扬或奖励。○

    C. 老师要求我们要认真听。○

    D. 认为认真听对自己有帮助。○

4. 你不专心听老师讲课的主要原因是：

    A. 老师讲的内容我已经懂了。○

    B. 老师讲的我都听不懂。○

    C. 班级课堂纪律不好。○

    D. 管不住自己。○

5. 你不专心听同学发言的原因是：

    A. 同学表达不清楚。○

    B. 发言的声音太小。○

    C. 发言的同学思考的时间太长，没有马上发言。○

    D. 自己懂了，听了没用。○

6. 老师讲解实验要求时，你的表现是：

A. 认真听，按要求实验。○

B. 认真听但不想按老师的步骤实验，想按自己的想法实验。○

C. 急着动手实验，不想听老师讲。○

D. 实验没意思，做小动作，和同学说悄悄话。○

7. 小组合作交流时，你的表现是：

A. 认真听，轮流说。○

B. 争着说，抢着说。○

C. 认真听但不发言。○

D. 不听也不发言。○

8. 同学上讲台汇报交流时，你的表现是：

A. 停下其他事，认真听。○

B. 利用这段时间填好自己的实验记录单。○

C. 没认真听，继续思考自己的实验。○

9. 你旁边的同学上课不专心，你会：

A. 只要没有影响我，我就不管。○

B. 我会受他影响而变得不专心，会告诉老师。○

10. 你听到同学回答错误的时候，表现是：

A. 等回答完毕后，举手示意指出错误。○

B. 假装没听到，心里嘲笑他。○

C. 马上指出同学的错误。○

二、课例研究故事

康内利认为教师的经验是故事经验，教师的经验可以叙事的方式建构，并以故事的方式存在。故事指的是被讲述的内容，是以某种方式描述事件。当要用故事描述课例研究这样一个中长期的研究过程时，一般会包含多个相关的教育事件。课例研究故事一般以第一人称的方式，把自己在课例研究中遇到了什么问题、怎样遇到这个问题和怎样解决这个问题的完整过程叙述出来。教师在描述故事时，要高度关注自身的内心体验，重视自身的意义感受，学会倾听自己内心深处的声音，学会站在自己的角度来反思和挖掘自我。课例研究故事不同于小说的创作，倡导运用一定的叙事技巧，讲述课堂上真实发生的教育事件，由此揭示现实的教育意义，并吸引读者的阅读兴趣，引发教育教学反思。

有些教师一提到科研，就觉得"头很痛"，他们不知道科研是什么样的，科研工作要如何开展。很多教师习惯性地认为教学研究是教研员、学者和专家的事情，教师只需要尽职教好书，教师的教育研究能力不足，即使做研究，也搞不出什么名堂来。其实这是对教育研究认识上的典型误区，只要教师愿意动笔把自己在教学中的教学行为、真实感受、教学反思记录下来，那他就已经开始走进了教育研究。教师养成课后反思的习惯以后，就会经常切换视角，以研究者的眼光审视、分析自己解决教学实践问题的策略和方法，反思最精彩的教学环节，反思学生获得了哪些收获，反思教学时的得与失，而后将有价值、有意义的经验材料分类记录，发展自己的教学知识。相比专业的理论研究，教育叙事是教师比较容易操作的一种研究方法，是教师人人都可以参与的教育研究。教育叙事研究弥合了教育理论与教育实践，教育理论工作者与教育实践工作者之间疏离的关系，更切合中小学教师开展校本研究的现实需要和实际条件，成为引领教师自我成长的重要手段。

教育叙事研究的倡导者丁钢感慨地说："原本'沉默'的教师在理论界面前发出了'讲自己的故事'的呼吁。"教师主动发出自己的声音，表达自己的思想，成为专业知识的发现者和创造者，并为教育叙事研究提供大量的资料与素材。课例研究加上"故事"，就让研究有了独特的价值和意义，它是教师成长历程的记录，是一种真正原创的"草根式"写作和主体性的张扬，是备受广大一线教师喜欢的学习载体。

课例研究故事，应该以反思性为灵魂，重建自己的教育理念；应该以真实性为根本要求，诱发读者发自内心的感动；应该以情节性为基础，激起读者强烈的共鸣。借助课例研究故事这一鲜活的教育教学实践，能够增进教师对教学全过程的理解，提高教育教学水平与质量，推动教师向成熟型、专家型教师成长。

案例二：

教材错了么
—— 《吸热和散热》课例研修故事

教师实验技能比赛

自 2010 年开始，福建省定期举办中小学教师教学技能大赛。这项比赛是在全省中小学教师中广泛开展"岗位大练兵"的基础上，层层选拔推荐优秀选手参赛，比赛规格高、影响大，各级教育部门、中小学教师都十分关注。为了提高教师的教学技能，也为福建省教师教学技能大赛选拔优秀选手，厦门市教育科学研究院也相应举办了厦门市教师教学技能大赛。其中的小学科学实验技能比赛，赛前由厦门市教研员从每个年级的教材中随机抽取一个实验，制订好评分标准；比赛时，让选手根据现场所提供的材料设计实验，并做演示实验。

试题不错

作为比赛的评委，我提前来到赛场，翻看试题，其中四年级的题目是《科学 四年级上册》（苏教版）第2单元《冷和热》中的第4课《吸热和散热》的内容："研究不同物质的吸热和散热性能，用水和油来做实验。"也就是研究水和油的吸热和散热性能。

当我看到这个题目时，心里不禁暗暗叫好。因为我知道这个实验不仅能考查教师对酒精灯、温度计的使用是否规范，能否正确装置铁架台以及能否正确记录数据等多项技能，而且还有一个要求比较特别，即水和油应等重量，非常容易被忽略，要是选手不够细心，并且对这个实验没有一定研究的话，肯定会被扣分。应该说这是一项有一定难度的综合实验技能测试。

问题重重

很快，选手按照抽签的顺序依次走进考场。按规定每位选手有30分钟的答题时间。多数选手看了题目以后，就忙着进行实验设计，挑选实验器材，进行实验操作。毕竟这是比赛，现场的气氛显得有点压抑，选手普遍紧张。在七位评委面前独立演示实验，不少选手的手微微地颤抖着。这些选手都是较为优秀的教师，本以为事前都有充足的准备且在规定的时间内都能完成实验，然而，大多数选手在规定的时间内不能完成实验。从选手的操作中，暴露出许多的问题。

有的选手不懂得把温度计穿上线以方便悬挂，他们为了固定温度计，只凭直觉用铁夹直接夹住温度计。

有的选手把烧杯放在铁圈上，直接用酒精灯加热，出于安全考虑，当场就被评委制止，中止了实验。

现场提供大、中、小三种型号烧杯的主要目的是考核教师是否做过实验，能否选择适量的油和水进行实验以达到经济、高效的要求，可是有些选手使用250毫升的大烧杯，一次倒入了近200毫升的油，实在是太浪费了；有些选手使用50毫升的烧杯，在做实验加热时，温度过高，会超出温度计的量程而损坏温度计。

有几个选手在固定铁圈时，拿的是同在一个平面上的十字夹，结果，铁圈无论怎么调整都无法水平固定，浪费了大量的时间。究其原因是，他们不知道固定用的十字夹有两种类型，一种是两个夹口互相垂直，一种是两个夹口在同一个平面上。十字夹两旁均有螺丝调节夹口的大小，一个夹口夹铁立柱，一个夹铁圈或铁夹等。使用时，要选用第一种十字夹，而且必须使后一个夹口的开口向上。这样做的好处是即使夹口螺丝拧不紧，仪器也不致跌落而破碎。看到选手找不到合适的材料，手足无措的样子，几个评委只能摇头感叹：这些选手对实验器材也太不熟悉了！

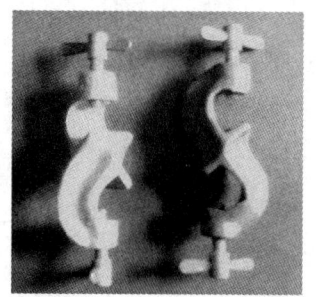

图 3-4-9　十字夹

最大的问题出现了

以上只是部分选手在比赛中出现的小范围的问题。我先前预测到的那个容易被忽略的要求，果真变成大问题了。按实验要求，烧杯中必须加入等重量的水和油。14位选手中有12位在烧杯中加入了等体积的水和油，只有两位选手在做实验时，强调了要注意水和油的重量相等，规范地做对了实验。

这次比赛，有一个特殊的安排：选手一做完实验，就要在下面观看其他选手的操作，这不仅是一个学习的机会，也可以从中看出自己的差距。

集中研讨

全部选手的比赛结束了，评委们立即自觉围坐在一起。

市教研员陈老师：今天考查的是油和水的吸热与散热性能的实验，做得比较好的只有两个人。大家就今天的这个比赛，研讨一下，说一说如何做好这个实验。

洪老师：这个实验的考点还真多，每一步都有被扣分的可能。刚才有几位选手，使用酒精灯前都没有检查一下是否符合使用标准，摘下的灯帽没有按规定放置，也没有放一块湿抹布在实验桌上。看来还是基础的实验技能不够扎实啊！

叶老师：从书本上的要求可以看出，这个实验是要让学生动手操作的，今天每个选手从组装到完成都用了快三十分钟，看来让学生一节课独立完成实验，难度较大。但如果全部由教师事前准备，也会是一个不小的工作量。再有刚才几位教师，不是油和水量用多了，就是用少了。如果每组都用200毫升油，一个班12组，那得用多少油？而且这些油并不是很适合回收的，浪费十分严重。如果使用50毫升的小烧杯，那么在六分钟的加热时间内，油温升得太快，是有可能损坏温度计的。看来教师在平时"下水实验"做得还是不够多，应该说有许多教师没有认真做好最起码的演示实验。

洪老师：这个实验很明显是对比实验。在实验中，要关注相同条件与不同条件，所以，两个酒精灯的火焰要调整一下，才能保证火焰大小基本一致；火焰离烧杯的距离也要调整一下，还要同时点燃后再放到铁架台上。这样的对比实验才可能会比较公平。

省学科带头人陈老师：大家也都看到了，只有两位老师关注到水和油等重量的问题。教材中要求的是水和油等重量，因为油比水轻，也就是说油的体积要多一些。可是选手并没有太注重这个问题，只是习惯地认为水和油体积一样，可能是他们没有意识到水和油的比热不一样，相同重量的油和水吸收相同的热量，油升温会比较快。看得出来，选手们对实验的原理还不是很明确，研究得也不够深入。

施老师：的确，组装这样的一套实验装置要做到合理有序。教师缺乏经验，没有系统思维，会使实验显得比较混乱。身为教师，演示时应该做到步骤清晰、有条理，方能展示教师的技能，起到示范的作用。

市教研员陈老师：刚才大家都讲到了这次比赛中的一些主要问题。的确，我们小学科学的教学和学生实验探究活动总是密不可分的。从今天的比赛情况来看，要注意以下两点：一是要使学生能有效地采用实验探究的方式进行科学学习，教师要做好课前的"下水实验"。教师要经过多次"下水"之后，才能知道实验的难度是不是适合学生动手探究，才能充分预测学生在实验过程中可能出现的影响实验结果的不当操作或实验材料是否科学有效等问题，并能对实验作适当的调整，合理安排实验教学时间，调控课堂节奏，使学生按照正确的操作方法开展实验，提高实验的成功率。二是教师的操作技能以及操作规范还是不够好，今天的这些选手都算是比较优秀的教师，如果碰到一些年轻的或兼职的老师，那结果可能比这些还差，看来实验技能培训是势在必行，要通过各级教研活动进行一些普及和提高。大家看看，对这个实验还有什么想补充的？

刚才还是热闹的会场，一下子安静了下来，看来大家都在进行思考。

不同的声音

经过短暂的安静，参赛选手中有一位老师举了一下手说：刚才大家都在讨论如何才能更好地完成这个实验，我也有一些看法，但不知道是否正确，想和大家探讨一下。对比实验是实验中常用的实验手段，变量与定量是对比实验中的两个关键词。变量就是对比实验中要改变的条件，定量就是对比实验中不改变的条件，要求有且只有一个变量不同，也就是两组实验中只有一个条件不同，其他条件都要相同，这样才能够判断这个不同的条件是不是影响因素。显然这个实验还是不够严密，要对比两种液体的吸热能力，就要保证两杯液体吸收的热量相等，但两个酒精灯的火焰就不可能是一样大小的，也就是说热源这个定量就不一样了。还有，两杯液体的量一样，为什么不能是容积一样，而要求它们重量一样呢？如果这样，这个实验中的变量还是挺多的，这样还能算是一个对比实验吗？那样，我们得出的结论是不是也不好确认？"

"是啊，我也有这样的看法，只不过书本中就是这样的一个实验设计，我们一线教师也是按书本进行实验，并且尽量做好这个实验，让实验的效果明显一点。"

"这个实验，如果是分组实验，至少要12分钟，耗时过长，而且材料也挺浪费的。对四年级学生来说，一下子要操作这么多的器材，并且也存在一定的危险性。是不是有更好的实验方案，可以改进一下实验呢？"

"加热这个问题，我倒是有看到一些材料。例如采用水浴法，将两根试管放到装水的烧杯中，使用一个酒精灯加热，是不是能解决这个问题，而且用的材料也明显少多了？"

"刚才这位老师的想法有一定道理，利用水的对流加热，的确比分开加热更符合对比实验的要求，只是不知道是不是有人也做过这样的实验了？"

"用这样的实验方式，可是如果水和油的量少了，那会不会使实验的效果发生变化？大家都没有亲自做过这种尝试，只是存在一种想法和思路而已。"

"还有，如果比较散热，是不是也要从同样的温度下开始测量？刚加热完，水和油的温度一个高一个低，这样的散热比较，是不是也不科学？"

……

谁来承担这个任务

"听完这些教师的发言，似乎不仅仅是刚才大家研讨的如何尽量提高实验的效果那么简单，为了做好这个实验，看来我们是有必要进行更深入的研究了。谁能主动承担这个研究任务？"市教研员陈老师一下子把这个任务压下来。

想到本学期，我要组织由思明区教育局举办的"名师观摩节"，届时国内的名师将莅临思明区与优秀青年教师开展同课异构活动，何不借此机会将这节课进行同课异构？努力构建一个教材主编、教研员、一线教师这样的三级教研，或许能对本课有更深入的研究，也能解决这个实验的疑惑。于是，我主动提出这个任务由我来接。

由此，结合"名师观摩节"，我将利用接下来一个月的时间，进行研究和观摩研讨。

拟订计划

说一说我的从教经历吧，先是教了三年小学自然，从2002年开始参与第一批科学课改实验至今已有十几年，从一线教师到区小学科学教研员，都没有离开小学科学这门学科。基本上每学期都要承担公开教学的任务，我自信对教材有分析钻研的能力，比较擅长教学设计，教学经验也比较丰富，用一个月的时间准备好一堂课还是比较有把握的。特别是上个月，我参加省级学科教学带头人培训，只试教了一次，就得到了听课教师的好评。我想，这堂课如果能把握好教学目标、抓住重点、突破难点，改进实验应该不是一个很艰巨的任务。不过既然有一个任务压在身上，就有了压力。

于是我给自己制订了一个计划，先用两周时间搜集相关的资料，研究实验，进行教学设计，再利用剩下的两周时间，试教磨合，请同行听课，改进实验。我心中暗暗立了一个目标，就是要努力提高实验的效率，在一节课内尽量把这三个实验都做完。

教学设计

赖格卢斯对教学设计的定义基本上同对教学科学的定义是一致的。因为在他看来，教学设计也可以被称为教学科学。他在《教学设计是什么及为什么如是说》一文中指出："教学设计是一门涉及理解与改进教学过程的学科。任何设计活动的宗旨都是提出达到预期目的的最优途径，因此，教学设计主要是关于提出最优教学方法的一门学科，这些最优的教学方法能使学生的知识和技能发生预期的变化。"

教学设计是根据教学对象和教学目标，确定合适的教学起点与终点，将教学诸要素有序、优化地安排，形成教学方案的过程。它是一门运用系统方法科学解决教学问题的学问，以教学效果最优化为目的，以解决教学问题为宗旨。简单地讲，要进行教学设计就是要备好课。而备好课的第一步，就是要吃透教材。磨刀不误砍柴工，先要理解教材要教什么，教到什么程度，再考虑如何教，方向清晰了，剩下的备课流程，如确定教学流程、备足实验材料、关注教学细节，应该会比较轻松，再考虑教学时的情境创设，就能锦上添花。

吃透教材

要想尽快吃透教材，不仅取决于经验，还取决于手上拥有的教学资源。小学科学教师备课时最主要的参考资料就是小学科学课程标准以及《科学》教材和配套的《小学科学教学参考书》。按以往的经验，利用便捷的互联网，我从网上搜索了一些本课的教学设计、教学实录、课件作为参考。我还利用厦门市的教学资源网站入口，到中国知网找到了《小学科学》杂志，又下载了几篇有关《吸热和散热》的教学案例，以及有关吸热和散热实验改进的文章。这下子，我手头上的资料立马丰富起来了。我想，在别人研究过的基础上进行备课，既会有高度也会有深度，足以帮助我理解教材，这也是一种比较高效的做法。

从教材可以看出，这节课分为三个部分。第一部分：研究不同物质的吸热和散热性能，先是研究油和水的吸热和散热性能，再研究纸板和金属片的吸热性能。第二部分：研究不同颜色的同一种物质吸热和散热的性能是否一样。第三部分：吸热和散热现象在生活中的运用。

课标怎么说

关于本课的教学内容，在课程标准中对应的是哪些学习内容和目标呢？可是在小学科学课程标准的物质科学领域的学习内容中，却找不到材料比热容性能的相关要求，看来，这部分教学内容在课程标准中并不明确。怎么办呢？只能看看教学参考书了。

教参怎么说

教学参考书在"本课分析"中指出，冷的物体在受热的时候会吸收热量，热的物体在降温的时候会放出热量，这在生活中是司空见惯的现象，并且日常生活中人们也常常利用这些现象。比如在欧洲的某些地方，在建造房屋的时候就有意识地将夏天太阳照射在屋顶的能量转移到地下的储藏室，到了冬天，地下的热量会慢慢释放出来，使得房屋冬暖夏凉，这就是利用了物体吸热和放热的本领。

教学参考书的"教学目标"中对技能的要求是：能够完成不同物体吸热和散热性能的对比实验。能够设计并完成物体颜色对吸热和散热性能影响的实验。

教学参考书的"参考资料"中提及：[比热容]单位质量的物体在某一过程中，每升高（或降低）单位温度时从外界吸收（或放出）的热量。比热容与物质的性质、所处的状态有关。

读到这里，我明白了为什么教材中的实验要求油和水的重量要一样，原来这个实验的原理就是与比热容有关啊。

就这个实验来说，当水和油吸收了相等的热量，就会表现出温度变化不相同，水的比热容较大，故温度较低，而油的比热容较小，故温度较高。实验现象明显与否，与这个实验中所采用的材料肯定是有很大的关系，比如前提是材料的比热容一定要不同，而且差别越大越好。我又查了水和食物油的比热容，水的比热容在液态下是 4.2×10^3 J/(kg·℃)，食用油的比热容是 $1.8 \times 10^3 \sim 2.0 \times 10^3$ J/(kg·℃)。看来教材中所选取的材料，还是有讲究的，不但比热容差别比较大，而且材料易得，能满足小学阶段做实验的需要。

查找材料以后，结合教学参考书，终于确定了本课的目标——通过实验教学生比热容。

研究教法

尽管有多年的教研经验，基于这次公开课的重要性，出于慎重起见，我认为对一些定义以及相关的实验一定要有研究。于是我又上网寻找了几篇有关比热容的教学设计、有关比热容实验改进的文章，好好研究起来。

烟台第九中学张新英在《巧改比热容实验》的文章中写道，要引导学生正确理解比热容的内涵。在设计本实验的探究方案时，一般会有以下两种思路。

方案一：用相同质量的水和煤油，让它们升高相同的温度，比较加热时间，从而比较出水和煤油的吸热本领。

方案二：用相同质量的水和煤油，给它们加热相同时间，比较温度升高的多少，从而比较出水和煤油的吸热本领。

我也比较赞同这两种教学方案，可这是面对初中生的设计，如果用在小学生身上，会不会达到相同的教学效果呢？我不知道。从教学设计的要求来看，基于学情进行教学可是一件很重要的事情，怎么办呢？于是，我决定找几个学生，进行片段教学，看能不能达到我预设的教学目标。

方案一片段教学实录

教师引导：（出示教材中的实验设计图）这里有两杯质量相同的水和油，我们来做一个实验比赛一下，让它们都升高到 50 ℃，看哪一个升温快？

学生进行实验。

师：由实验结果可知，让它们升高相同的温度，比较加热时间，谁更快？

生：油比水快。

师：好的，这说明对于水和油，谁的吸热性能更好呢？

生：当然是油了。

师：为什么？

生：因为油升温的速度比水快，所以油的吸热能力强。

方案二片段教学实录

教师引导：（出示教材中的实验设计图）这里有两杯质量相同的水和油，给它们加热相同的时间，看看哪一个温度高？

学生进行实验。

师：由实验的结果可知，加热相同时间，它们升高的温度不同，谁温度更高？

生：油温更高。

师：好的，这说明对于水和油，谁的吸热性能更好呢？

生：当然是油了。

师：为什么？

生：因为油的温度比水高，所以油的吸热能力强。

由比热容的定义可知：相同质量的物质，比热容越大，就越能吸热，加热相同的时间，温度越低。水升温比油慢，则说明水比油的吸热本领强。但从具体的教学情况来看，想让学生通过实验现象得出正确结论有很大困难。学生总是不能理解为什么油升温快、温度高，却反而说明吸热性能不如水。这个问题，在小学生中十分普遍，我陷入了深深的思考中。

是什么影响了学生的推理

要想知道学生是怎么想的，只能问学生了。于是我赶紧把这几个学生叫过来追问。经过交流，我大致明白了学生从正确现象推理出错误结果的原因了。在学生的生活中，他们多少有接触到物体的吸热与散热现象，掌握了一些与热相关的经验和常识，都知道物体如果吸了热，温度就会上升。比如，将金属汤匙和瓷汤匙，同时放到热水中，它们的温度都会升高，由于金属汤匙吸热快，因此就会感觉温度比较高。以此类推，油的温度高，自然就是油的吸热性能好了。终于找到了问题的根源了，原来是学生将热传导性能与吸热性能的概念混淆了。

模糊的"吸热性能"

我忽然有一种恍然大悟的感觉，对啊，吸热性能到底是一个什么样的概念？吸热性能是指什么？是吸热能力，还是吸热速度？想来，学生是将热传导快慢当成吸热性能了。而比热容是反映吸热容量大小的物理量，比热容大，吸收相同热量时，更不容易表现出温度升得快。这个比热容的概念，完全与学生的认知基础冲突了。从搜集的材料中发现，比热容的探究一直是初中教学的难点，这主要是因为比热容的概念内涵较深、外延较广，涉及热量、温度变化、质量三个物理量之间的关系，学生难以理解也是正常的。

问题找到了，可如何解决呢？毕竟学生还没有学习到比热容，对物质的吸热性能是什么意思还不很清楚，很容易仅凭以往的知识经验推导出错误结论。如果学生理解了吸热性能的概念，应该就能解决吸热快慢与吸热容量不一致的主要矛盾。此时，我的第二个想法出现了：我必须要让学生明白，吸热性能，除了吸热快慢以外，还有另外一种，那就是物质吸热的容量大小，也就是容热的能力。本课的这个实验正好能解释这一种性能。

选择教法

那我要怎样教呢？如果采用探究式教学，先让学生做实验，从实验中发现现象，再尝试结合自己原有的经验与知识进行解释，学生是无法理解比热容这个概念的，也就是达不到教学的预设目标。从维果斯基的"最近发展区理论"可以知道，教学应着眼于学生的"最近发展区"，为学生提供带有难度的内容，调动学生的积极性，发挥其潜能，超越其"最近发展区"而达到下一发展阶段的水平，然后在此基础上进行下一个发展区的发展。要让学生理解比热容的概念，就要了解学生的"最近发展区"。如果教学超过了学生所能理解的"最近发展区"的范围，那不论什么样的教学，都是达不到效果的。

教育部福建师范大学基础教育课程研究中心主任余文森教授在《有效教学绕不开的三条规律》的讲座中讲道：要提高教学质量，实现有效教学、优质教学，有三条教学规律是绕不开的。规律一：先学后教——以学定教。当学生已经能够自己阅读教材和自己思考的时候，就要先让他们自己去阅读和思考，然后根据学生在阅读和思考中提出和存在的问题进行教学。规律二：先教后学——以教导学。当学生不具备独立阅读教材和思考问题的时候（处于依靠教师的阶段），教师要把教学的着眼点放在教学生学会阅读和学会思考上面。规律三：温故而知新——学会了才有兴趣。一切教学都要根据学生原有的知识状况进行教学。那按余文森教授的有效教学原理，学生不会的或无法独立解决这个问题时，就要教师教了。那又该如何教呢？既然不适合探究，是不是直接通过教师的课堂教学让学生理解比热容的概念，而此时实验只能是作为一种验证。道理虽然如此，可是我仍不甘心选择这种教法。

新课程实施以来，以科学探究活动为中心的教学方式已逐渐被掌握和熟悉，教师精心设计科学探究活动，让学生在探究活动中"玩""学"，通过动手实践和操作，掌握科学研究的方式方法，形成准确具体的科学概念，逐渐提高自身的科学素养。我也比较认可这种教学方法，所以，整整两天一直在思考能否创新解决这个问题。

问题显然是出在学生的前概念上，那如何利用学生的前概念进行教学呢？我想到以前下载的文章《小学生的前概念与科学教学》，认真研读起来。

科学新概念的形成建立在它的前概念基础之上。当科学概念和前概念比较一致时，学生就容易理解；反之，他们就会觉得很难。小学生对一些事物的理解常常会与成人差别很大，有些观点甚至让成人感到不可理解。这些也给我们的科学教学和教材的编写带来一些启示和思考。

在教学中要充分尊重学生的前概念。改变学生的错误前概念是一件非常难的事。有的前概念非常顽固，需要经过较长的时间才能得到转变。改变学生的错误前概念一定要讲究策略。美国学者纳斯伯姆和诺威克曾提出"矛盾事件"教学策略，具体做法是：首先通过一定的方法暴露学生的前概念；然后使学生明确意识到他们和别的学生想法不同；接着让学生尝试解释一个矛盾事件，引起概念冲突；最后鼓励和引导学生进行认知调整，建立与科学概念相一致的新的概念模型。另外，斯太威和伯克威茨还提出"认知冲突"策略，具体做法是：首先让学生发现自己对某一物理现象的认知结构和真实的物理现象之间的矛盾；接着再让他们意识到对同一物理事实的两种不同的认知结构之间的冲突；最后逐渐调整认知结构使其与真实物理现象之间达到一致。此外，还有其他一些做法，这些做法的核心是建立认知冲突，有效的认知冲突能更有效地实现概念的转变。

读完文章，我终于理出了一些头绪，在这个实验中，学生所不能理解的也是让我头疼万分的问题，反过来，这不正好让我充分了解学生的前概念吗？正因为科学概念和学生的前概念不一致，导致学生不容易理解。采用斯太威和伯克威茨提出的"认知冲突"策略，设计一个能引起学生认识冲突的矛盾事件，在此基础上鼓励和引导学生调整认知，将能实现概念的转变。显然，这种教法，更有思维性，更具探究精神。

经过反复的思考，我终于写下了如何进行比热容教学的设计稿。

表 3-4-4　教学设计第一稿

教学设计	设计意图
复习导入 多媒体出示水和油加热的实验图片。 加热时，热传到哪里？（水和油里了。） 你如何得知？	让学生知道物体吸热以后温度会上升。
活动一：比比谁的吸热性能好？ 实验：水和油加热相同的时间，会有什么现象？比比谁的温度高？看温度计液柱上升的高度。 现象：油温高，水温低。 说明了什么？ 为什么水比油升温慢？ 是不是水吸收的热量少？ 如果不是的话，该如何解释？	让学生发现自己对吸热现象的认知结构和真实的物理现象之间的矛盾，即吸收同样的热，却升高不同的温度，但却又无法解释。
利用不同的海绵其吸水能力不同类比液体吸热，将不可见的吸热过程可视化，方便学生理解。 活动二：取一块海绵放在培养皿上，缓慢倒入水，记录下海绵吸水饱和时的水量（约 50 毫升）。 往这块海绵继续倒入一些水（约 20 毫升），观察现象。（水会溢出来。） 思考：不让水溢出来有什么方法？换更大的海绵或者是换吸水性能更好的？ 活动三：取一个大小一样但是吸水性能比较好的海绵，倒入 50 毫升的水，观察现象。（水不会溢出来。） 往这块海绵继续倒入一些水（约 20 毫升），观察现象。（水仍不会溢出来。）	

续表

教学设计	设计意图
请学生解释：一样大的海绵，吸水的能力一样吗？（不一样。） 哪一个吸水性能更好？（能包容更多水的海绵，吸水性能更好。） 判断：如果倒入相同的水，结果一个海绵有水溢出，另一个海绵没有水溢出，哪一个性能好？（先溢出水的吸水性能差，没有溢出水的吸水性能好。）	接着再让学生意识到对同一物理事实的两种不同的认知结构之间的冲突。
活动四： 实验：水和油加热到同样的温度，看谁升温更快。 现象：油升温快。 为什么油升温快？ 学生的解释：油吸热快。 教师引导：是否吸收了相同的热量？（没有吸收相同的热量。） 如何解释？（油加热的时间短，吸收的热量少；水加热的时间长，吸收的热量多。） ……	最后逐渐调整认知结构，使其与真实物理现象之间达到一致。

从接任务至今，我把主要精力都放在研究教材，研究比热容的教学。经过8天的时间，我仅仅是明确了这个实验到底要教什么，怎么教，而且还是停留在书面上，看来这个课比我想象的要难得多，也有意思得多。不过，终于有了一个完全创新的教学思路，心里也不禁有点开心。毕竟在我看来，比热容是本课最大的难点，先解决还是对的。

同时，我也在想，这样钻研教材教法，是不是过于严谨了？是不是拔高教学目标要求了呢？反正，这样做应该没有什么不好吧。

关注另外的两个实验

本课还有两个实验，一个是研究纸板和金属片的吸热与散热问题，另一个是研究不同颜色的同种物质吸热和散热的性能。一开始我就觉得，和第一个实验相比，这两个实验看起来比较简单，这也是我把这两个实验放到后面进行研究的原因。

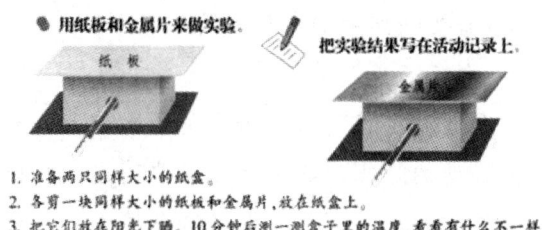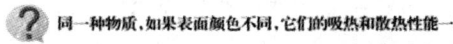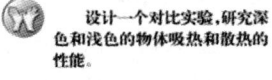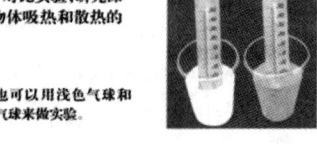

图 3-4-10　教材中的两个对比实验

我开始着手研究第二个实验了，可能是对水和油的比热容实验的对比条件有了深刻的认识，我对接下来的实验条件与变量越来越关注。当我认真地看教材中的实验装置图时，马上又发现了一些问题。这个实验是为了说明不同物质的吸热与散热性能不同，以纸板和金属片为例进行研究，这也是一个对比实验。从教材中的图片，我发现除了材料不同之外，还有另一处不同，那就是金属片是灰色的，而纸板是金黄色的。我想，既然下一个实验是研究物体的颜色对吸热和散热的影响，说明不同颜色的物体吸热与散热性能不同，那这个实验如果不关注纸板和金属片的颜色，也就存在两个变量，不单材料不同，颜色也不同，显然这个实验示范也是不合理的。我心里暗暗嘀咕着，这个实验也必须进行改进。只要将材料的颜色做成一样的，应该就没有问题了。可该实验是利用阳光加热的，要求在室外十分钟观察吸热，再回来研究散热，那来回组织教学不是要二十分钟吗？我的实验效率要怎样才能提高呢？一想到这个问题，我就开始寻思着，是不是有更好的加热方式，不用到室外也能完成呢？

我又看了第三个实验。这个实验是研究不同颜色的同种物质的吸热与散热，因为这个实验容易操作且效果明显，所以我并不担心。除了书中介绍的使用不同颜色的水或气球外，我也曾经尝试过改进，就是在温度计外面卷上黑色和白色的纸张，放到室外，不用三分钟就能看到明显的效果。只不过，这个实验也是要带到室外进行。公开研讨课，总不能让老师也跟着跑进跑出的，而且实验受天气影响较大。看来，这个实验也要改进，如果能解决热源的问题，这个实验就解决了。经过短暂的思考，我心中对这两个实验也有了一个初步改进的方法。

发动小范围实验研究

思明区教师进修学校没有自己的实验室，我只能到学校去借用别人的实验室。平时手头上也有多项工作要做，时间不够用。怎么办？于是我想，既然是一个改进实验的过程，何不让我工作室的几位成员也参与研究，做好"下水"实验，看能不能帮助我改进这两个实验。

于是我就把改进这两个实验的工作分别拜托给了工作室的两位成员。

我拿起电话，先打给谢老师："谢老师，你好，我过几周要上一节课，这节课中有一个实验需要改进，我这里没有器材，你能不能让教研组的同事帮我做一下？"

"可以啊，你先说一说你想做什么实验？"

"是这样的，在四年级的《吸热和散热》这节课中，第一个实验是关于水和油的吸热与散热的对比实验，这个实验有许多不是很合理的地方，我进行了一些改进，我把初步的设计图发给你，你们帮我试一下，看这个设计是否可行，或者这个实验要怎样改进才能成功。"

"好的，我马上安排。"

第一个任务就这样布置好了。

我又打了第二个电话："你好，连老师，是这样的，《吸热和散热》这节课，研究不同颜色同种物质的吸热和散热性能的实验，想麻烦你们研究一下，看能不能尽量在室内完成，缩短实验时间，保证效果。可以尝试采用酒精灯加热的方式或者是其他方式。"

"好的，没有问题。"连老师很爽快地答应了。

真好，有工作室伙伴的支持，就像是出现了分身，在他们的支持下，我能省下不少的时间，这样我就能专心进行教学流程设计了。

其实，让老师帮忙，除了时间安排不过来以外，我还想看一看这些年轻的教师，是否也有一些研究能力，是不是也能从中获得一些收获呢？我期待着。

履行教研员职责

突然想到，观摩节上还有一位区里的青年教师也要和我同课异构，那我也要关心一下他做到了什么程度了。

于是我又打了第三个电话："骆老师啊，不知你的课备得怎样了，我想周四去听一下你的试教。"

"好的，我到时试教一下，你也帮我指导一下。"

其实我也想早一点试教，可是还不知道那几位青年教师能不能改进好实验，我想，还是等实验有了结果再进行试教吧。

骆老师的试教

周四，我来到骆老师的学校，听了他的第一次试教。由于把任务交给骆老师时，已经事先将实验技能赛上有关吸热和散热实验存在的问题，以及大家的疑惑与他进行过充分的交流，因而在实验目标和要求方面达成共识，他也开始关注如何才能使实验合理化且操作性强。

果然是不同的设计方式，骆老师把本课的教学分成两个课时，其中第一课时的目标定为：1. 能够设计不同物体吸热和散热性能的对比实验，并且独立完成自己设计的实验；2. 知道不同物体吸热和散热的性能是不同的；3. 懂得把数据转化成图表，分析数据；4. 培养认真、严谨的科学态度，愿意与他人合作完成实验。

具体教学过程就是先由教师引导学生设计水和沙的吸热和散热对比实验，并通过实验知道不同物体吸热和散热的性能是不同的。在此基础上放手让学生设计纸板和金属片吸热、散热性能的对比实验。本课时只安排一个实验，就是研究水和沙两种物质的吸热和散热性能。

这样的教学设计我也是认可的。有关对比实验的教学，是本册教材要重点培养的学生技能之一，借助本课的教学，再一次强化学生对比实验的设计能力，采取"先扶后放"的教学方式，也是一种不错的处理方式。

听完课以后，我提出了几个建议：1. 加热水时，由于热水易蒸发，因此最好加盖子；2. 温度计最好能固定好，保持离杯底的高度，避免温度计底部接触到杯底；3. 两个温度计的刻度最好一致，以利于学生读数，减少误差；4. 上课超时，且放手让学生进行设计时，多数学生达不到要求，显然让学生当场学习并应用，目标要求超过学生的能力。

但是，在骆老师的试教中，我也发现了几个亮点。

首先是实验装置有了创新的设计。骆教师没有选用水和油做实验，而是用水和沙。加热的方式有所创新，他把热水倒入一个塑料盒中，将分别装有水和沙的钢杯放在水面上方1厘米左右，利用水蒸气来加热。为提高实验的效果，做散热实验时，把装有水和沙的钢杯放到冰水中加快降温。对于这样的创新设计，我也好奇地问了一下原因。原来，他们在用水和油做实验时，碰到了水升温比油快的问题，显然这是不科学的，而用水和沙做实验时，如果没有用冰水降温，实验效果也不是很明显。综合两种实验设计，他们觉得用水和沙更贴近学生的生活，这种研究更有价值，更能让学生获得收获。

其次是教学设计中，他所制订的目标没有涉及比热容的教学，重在让学生通过实验发现实验现象，并没有探究不同现象背后的原因。这样的目标要求对我有了些触动。前一段时间，一直想本课的内容与比热容有关，那我就要针对比热容进行教学，却没有想过可以把目标定得这么低，只要求学生经过自己的探究，发现不同现象就可以了。到底要不要让学生学习比热容的知识呢？显然教参讲到了教学的知识基础是比热容，而课标却没有要求。如果我们要做的是观察同与不同，那么这个实验就不一定要按比热容的原理来设计了。我的教学设计已经做好了，却在此时隐约发现我的理解可能有问题。虽有疑惑，但还是想通过试教具体了解一下，在小学阶段能不能教会学生比热容的知识。

教师实验研究

点评结束后，我回到单位，马上关注谢老师的实验研究进展。经过交流得知，从接到任务开始，谢老师马上组织学校教研组的同事，利用课余时间进行实验研究。他们根据我的设计思路，准备好器材，开始了漫长的研究之路。值得肯定的是，他们的研究很认真，很细致，有详细的实验过程记录。

第一次实验是这样做的：取两支相同的大试管分别装入 20 g 的水和食用油，塞上钻好孔的试管塞，装上温度计（测试管内油温的为温度计 A，测试管内水温的为温度计 B，测烧杯内水温的为温度计 C），温度计玻璃泡浸没在试管液体的中部。取一个大烧杯加入 2/3 体积的冷水，放置于铺好石棉网的铁架台上，调整酒精灯和石棉网的距离，将这两支试管放入烧杯并固定在铁架台上，试管壁不得与烧杯底部和侧壁接触。放置好点燃的酒精灯，同时用手表开始计时，并观察两支试管内温度计的变化。

表 3-4-5　第一次实验记录

时间/min	1	2	3	4	5	6	7	8	9	10	11
温度计 A 油温/℃	25	25	25.5	26	27	28	29	31	32	33	34
温度计 B 水温/℃	25	25.5	26	27	29	30	31	32	33	34	35
温度计 C 热源温度/℃	26	27	28	30	31	33	33.5	35	36	37	39
时间/min	12	13	14	15	16	17	18	19	20	21	22
温度计 A 油温/℃	36	37	38	39	40.5	41.5	42	43	43.5	44.5	45
温度计 B 水温/℃	36.5	37.5	39	40	41	41.5	42	42.5	43	44	45
温度计 C 热源温度/℃	40	41	42	43	44	44	45	45.5	46	47	48

从实验记录可以看出，开始时，水温明显比油温上升得快，到 17 min 后持平，之后油温比水温上升得快，但是非常接近，现象不明显。通过实验发现用这种方法所花费的时间太长，实验现象不明显，甚至还会给学生带来水比油升温快的错觉。

实验时，试管内有少部分的油和水暴露在烧杯内液面上方。那是不是用来加热的水太少了，如果多加点水，会怎么样？他们开始了第二次实验探究，结果失败了。

那是不是用来加热的水多了也不行？减少水量试试，结果又失败了。

会不会是试管中的水和油太少了？增加一些试试。

会不会是试管中的水和油太多了？减少一些试试。

会不会是用来加热的水蒸发了影响了加热？给大烧杯加上盖子试试？

一次又一次的失败，终于让他们放弃了。显然用酒精灯加热常温的水来水浴，不仅慢，而且做不出实验想要达到的效果。

几位年轻的教师商量了一下，是不是由于加热太慢影响了实验，他们决定在第一次实验的基础上进行改进，将烧杯中的冷水换成 60 ℃ 的热水，其他条件不变。这次，他们缩短了观察的时间。

表 3-4-6 改进实验记录

时间/min	1	2	3	4	5	6	7	8	9	10
温度计A 油温/℃	48	52	54.5	56	57	58	59	60	60.5	61.5
温度计B 水温/℃	50	54	55.5	57	58	59	60	60.5	61	61.5
温度计C 热源温度/℃	60	60	61	62	63	63.5	64.5	65	66	66

实验现象：由冷水改为热水后，水和油的温度上升较快，但是，水温上升还是比油快。

出于小心谨慎，也是心存侥幸，他们又改变第一次实验时做过的，认为可能影响实验结果的各种条件，重复做了一次，结果还是没有成功。

最后，他们直接将80 ℃的热水倒入大烧杯中，不再使用酒精灯加热，只靠热传导，但是结果还是一样。

由于实验次数多、耗时长，不经意已经是晚上十点多了，教研组的老师们决定停下来，并进行了一次讨论。从实验的结果看，实验的改进似乎不像想象中的那样简单，如果按比热容的定义看，这个实验应该是很容易就能成功的，可为什么我们的实验尝试都不能成功呢？恐怕是还有别的因素影响了这个实验。有老师提出：是不是所使用的食用油放了一年，变质了呢？还有老师提出：是不是我们还要改变加热的方式？是不是需要到网络上寻找一些资料呢？

对于他们的实验结果，我觉得有必要查找资料，另外，我感觉实验选用的材料，水和油可能并不是最好的材料，因为中学实验使用的是煤油。听完他们实验的过程和结果以后，我向他们说了一下骆老师的课，并告诉他们骆老师采用的创新加热方式，他们听完以后，决定第二天进行实验。

不信别人没有研究

经过一番努力，我终于查找到了相关材料。

长阳县花坪小学周爱华的文章《两教吸热和散热》中介绍，停止加热以后，不到一分钟，水温就开始下降，而油温会继续上升，大约两分钟达到最高温度。这个结果与我们的实验是一致的。周老师在实验中仔细观察，发现受热的油带着气泡缓慢向上流动，停止加热以后还在继续对流，温度也就随之上升，直到对流停止。而给水加热时也可以看见这种流动，但对流很快，随着加热的停止，对流也就基本停止，温度也不会继续上升。原因是油很黏稠，而黏稠的液体不容易传热。解决的方案是一边加热，一边搅拌，加快油的对流速度，这样就可以在停止加热的同时，使油温达到最高，而且实验的效果明显。

显然，除了比热容以外，液体的流动性也是影响吸热性能的一个因素。

百度上的资料也提出，导热系数是指在稳定传热条件下，1 m厚的材料，两侧表面的温差为1度（K或℃），在1秒内，通过1平方米面积传递的热量，单位为瓦/（米·度）。导热系数与材料的组成结构、密度、含水率、温度等因素有关。非晶体结构、密度较低的材料，导热系数较小。因此，热量由试管外壁经过水或油传到试管中心的温度计玻璃泡，有可能也会受到物质导热性的影响。

查找资料的结果，让我坚定了更换材料的念头，必须把食用油换成煤油。因为煤油的比热容与食用油差不多，煤油的流动性与水较相近，在封闭的状态下，煤油受挥发的影响不大，而且煤油可以重复使用，易清洗。

连老师的实验进展

我向连老师要来了他们的实验过程记录。要想将研究不同颜色对物体吸热和散热性能影响的实验改在室内进行，他们最先想到的是利用酒精灯加热。同时，为了缩短实验的时间，他们不再选用水作为材料，而选用了不同颜色的纸张。

第一次实验：由于手头材料所限，用一张白色A4纸张裁出两张长6 cm、宽4 cm的小纸片，将其中一张涂上黑色，然后将它缠绕在温度计A的玻璃泡上，另一张白色纸片以相同的方式缠绕在温度计B的玻璃泡上（为了方便观察与对比，选用两把一样的温度计），温度计用线悬挂在铁架台上，然后调整到适当的高度。选用一个火苗合适的酒精灯，放置好位置。点燃酒精灯。

图 3-4-11　自制的颜色与吸热检测教具

实验现象：考虑到温度计不宜距离酒精灯太近，所以刚开始设置的距离较远，结果发现两把温度计的读数基本不变，因此又将温度计高度降低，拉近其与酒精灯火焰的距离。这时，观察发现温度计的读数上升较快，但随后发现由于距离较近，缠绕的纸张被酒精灯熏黑，有被点燃的趋势，赶紧停止加热。实验初步的结果证明这种方法是可行的，可是如果让学生操作，恐怕会产生危险，因此不建议采用这种方案。

第二次实验：在第一次实验的基础上进行改进，将薄的A4纸换成较厚的卡纸，并用双面胶将卡纸缠绕固定在玻璃泡上，以减少卡纸与温度计之间的缝隙，降低干扰。

实验现象：随着酒精灯的加热，温度计A（包裹黑色卡纸）和温度计B（包裹白色卡纸）的读数开始上升。

表 3-4-7　实验记录

时间/min	温度计A（包裹黑色卡纸）/℃	温度计B（包裹白色卡纸）/℃
1	24.6	23.4
2	25.4	24.8
3	26.8	26.6
继续加热，温度计的读数基本保持不变		

通过实验发现，用这种方法探究物体颜色对吸热和散热性能影响似乎效果不明显，实验再次被否定了。而且有许多干扰因素会影响到实验结果：1. 将不同纸张粘贴在玻璃泡上，无法保证温度计A、B的一致性；2. 酒精灯同时对两者进行加热，由于室内气流不稳定，仍然会出现热量分布不均的情况；3. 酒精灯与温度计之间的距离不好控制，且由于酒精灯的热量主要集中在火焰的上方，温度计放在侧面，效果也并不是很好。

显然改进的这个实验装置和实验效果并不理想，那有没有其他办法呢？

看着教材中的实验示意图，我思考着：除了太阳光、酒精灯，是否还有其他可替代的热源。往热源方面一拓展，我就想到了灯泡！灯泡的温度虽不如酒精灯高，但是温度也不低，纸张靠近灯泡也不容易燃烧，且不受气流不稳定的影响。只是白炽灯光能替代太阳光吗？

我连忙用百度查了一下白炽灯的资料：白炽灯光最接近自然光，波长范围为400~780 nm，与可见光的波长范围基本一致，白炽灯光跟太阳光一样，用棱镜分光后光谱带是连续的。以此作为太阳光的替代，应该算符合条件。

确定了替代光源，我思考该怎么设计教具：不同颜色的纸张肯定是要放在灯光旁，然后要有两支温度计同时放在旁边测量，那就还要有固定温度计的装置，我的心中有了一个创新教具的大致雏形。联想到以前使用过的一个自然实验盒，这是一个透明的长方体盒子，如果我在盖子中间挖一个洞固定灯泡，然后在旁边等距离扎两个洞，插上两支温度计，再包上两种不同颜色的纸，这个实验装置应该就可以达到实验预期的效果。

设计思路越来越清晰了。我马上到商店买了一个带开关的灯头、一个100 W的灯泡、一个60 W的灯泡。心想，如果低功率灯泡的效果不好，可以再换更高功率的。

第二天，我早早地来到了骆老师的学校。正好遇见教研组的林老师，我向他简要地介绍了一下想制作的教具，以及需要准备的制作材料。我把灯泡放进实验盒试了一下，大小、高度都适合。刚想把灯泡固定在盖子上，这时才发现实验盒的盖子是塑料的，上面还有很多小孔，要在上面钻一个大孔固定灯座，难度较大，而且温度计不好固定。抬头环视实验室，不经意中看到了地板上的纸箱，灵机一动，纸板有一定的厚度和弹性，并且容易加工，可以用这个材料做一个盖子。

林老师熟练地用工具刀裁下一个比盒子大一点的纸板，在纸板中心刻出一个洞，然后将灯头锁上。把自制的盖子和实验盒组装起来，教具的整体轮廓就基本明确了。心想只要在灯泡两边3～4厘米等距离再钻两个孔，装好温度计，然后将黑色和白色的卡纸贴近温度计安放好，这个装置就做好了。我和林老师一边研讨一边做，边做边改进，两人的智慧发挥出来了。原来我只是想将卡纸竖立放在盒子里，后来发现这个盒子中间有两个小小的竖状凸起，于是我将卡纸压成拱形，正好能围绕着灯光，这样吸热的面积增大了。既然这个卡纸不是固定死的，那能不能变成能替换的？真是个好主意，我们又制作了七种颜色的卡纸。一个原本只为了研究白色和黑色对吸热性能影响的装置，变成了可以研究各种颜色对吸热性能影响的装置了，我们笑称进化了。

在兴奋中，还发现一个小小的问题，那就是盖子盖上以后，不能确保温度计刚好对着盒子的中间，这会影响到灯泡与两支温度计的距离。怎么办？对了，只要在两边加上两条限位的凸出，不就解决问题了。花了一个多小时，我终于成功制作出这个教具，对自己的研究成果，我还是比较满意的。

完成了教具制作，可以开始实验了，我的心中充满期待。在盒中放进了白色和黑色的卡纸，按下开关，不到一分钟，就看到靠近黑色卡纸这一边的温度计上升很快，实验的效率高、效果明显。实验很成功，我开心极了。

教研组的老师们好奇心很强，他们也想试一下其他颜色的对比。红与蓝，黄与绿，结果两组实验的现象也很明显。几经测试，大家认为这个教具太好用了，在课堂上就可以用来探究不同颜色卡纸的吸热性能，不再只是局限于白色与黑色卡纸，彻底解决了原来在阳光下才能做这个实验的瓶颈，而且完全可以放手让学生来做探究。同时，他们也不禁抱怨起来，为什么我们的教具配套目录中没有更多类似这种方便又好用的装置呢？看来，这个教具对提高教学效率，还是很有用的。

虽然对于探究不同物质散热性能，并没有很好地得到解决。好的是，如果放进去的是卡纸与其他材料，能替代教材的第二个实验。

我也研究水和油的对比实验

其实骆老师也曾经"下水"反复做过水和油的吸热和散热对比实验，也发现了水和油的加热会出现与预期相反的现象。综合教研组的想法，他们决定换材料，利用水和沙来做实验。针对水和油出现这样的现象，我们也进行了探讨。水和油的加热，可能不单单与比热容有关，还可能涉及其他因素，如黏稠度、流动性、热传导率、对流传热、蒸发、受热面积等。综合分析后，我想既然初中实验用的是煤油，那应该是一种比食用油更好的材料吧。我决定用煤油试一下。

煤油比水轻，根据二者的密度，我向一支大试管倒入了 30 mL 的水，向另一支倒入了近 40 mL 的煤油，将温度计套在钻孔的橡胶塞上，调节好温度计玻璃泡浸入液体的深度，再将两支试管同时放进装着热水的 500 mL 大烧杯中。实验的效果出奇的好，每隔三十秒就能看到比较明显的变化，煤油温度果然升得比水快。卡在我心里那么久的实验，竟然因变换材料轻易解决了，而且效率提高了。我信心倍增，看来一节课教完三个实验是有可能实现的。

显然，实验的成功是因为换了材料。这个结果来之不易，我马上记下了大烧杯中的水量，记下了水和煤油的量，心想：每个小组只要依葫芦画瓢，控制好材料的用量，应该就能得出比较明确的现象了。

《科学课》杂志 2011 年 1 月发表的江苏省常州市西新桥实验小学唐丽君的文章《学生问题引发的"下水实验"——有感于教学"水与油的散热"》，文中写道：在本单元第一课《冷热与温度》中，学生就知道了热水温度下降时是先快后慢的，知道了水温与室温的温差越大，水温下降的速度越快，在同样的 6 分钟内，90 ℃的水与 60 ℃的水散热不一样，更何况油？如果做散热实验时，没考虑到水和油的初始温度要一样，那这个实验只能说明温度高的物体散热快，并不能证明油散热比水快！在对比实验中，要注意实验公平，应该把水和油加热到同样的温度再开始散热。他们试着在水和油的温度达到 90 ℃左右时开始实验，从数据中可以发现，虽然油温下降得比水快，但实际并没有想象中的快，数据咬得很紧。原因是：（1）水的比热大，油的比热小，所以油比水吸热快，散热也快；（2）当水加热到 90 ℃时，非常容易蒸发，而油是不易蒸发的！所以，水在高温时散热速度可能会快于同重量的油。

我的课堂上也要保证水和煤油在相同的温度下开始散热。由于加热实验完成后，试管中的水比煤油的温度低，需要留有一小段时间使它们的温度接近，因此正好可以利用这个实验等待的间隔让学生进行数据统计和分析。轻松地完成了一个实验，而且是最麻烦的一个实验，我的心终于放下了，看来提高我的教学效率问题不大。

改变另一个实验

只剩下最后的一个实验了,教材中研究不同物质的吸热与散热性能不同,水和油是一组实验,纸板和金属片是一组实验,如果不采用纸板和金属片,而换成水和沙,我想也是可以的。我注意到骆老师的实验中用来盛放水和沙的是不锈钢杯,所以我在思考热源时,想到了用电磁炉加热。在大功率的电磁炉加热下,水和沙的吸热实验效果明显。只是考虑到成本问题,这个实验只能采用演示的方式。

一天就成功完成了三个实验,且都达到了预计的效果,实验的成功与同事们的帮助、前期搜集的大量资料、个人多年经验的积累是分不开的。

这时,谢老师也打来电话,说了他们的第三次实验:他们认为水的对流会对实验结果造成较大的影响,故减少了烧杯内的水(200 mL),将水浴加热改成蒸气浴,在大烧杯上盖上旧报纸,其他条件不变。(见图3-4-12)

图 3-4-12　第三次实验改进装置

随着酒精灯的加热,油温上升的速度明显比水温快,实验现象明显。

表 3-4-8　第三次实验结果记录

时间/min	1	2	3	4	5	6	7	8	9	10
温度计A 油温/℃	29	30.5	32.5	35	38	41.5	45	48	51	55
温度计B 水温/℃	27	28	29.5	31	33.5	36	39	42	45	49
温度计C 热源温度/℃	39	42	46	50.5	55	57.5	62	65	68	68.5

通过实验证实,油和水的加热对比实验中,水的对流对实验结果的影响非常大,采用蒸气浴能够避免其影响,而且温度上升较快,实验现象明显。

综合考虑，我还是选择我的实验方法，因为煤油的温度变化比油更快，而且能较快让煤油和水的温度一致，有利于散热的研究。

于是，我和老师们一起准备好十二组实验器材，决定第二天试教。

第一次试教

试教是检验教学设计是否合乎逻辑、理性和系统的过程。在试教的过程中，教师才能真正了解学生的兴趣、经验、知识基础、认知能力和学习风格等。

在教学设计时，教师应考虑：学生是否已经具备学习新知识所必需的知识和技能？掌握程度如何？哪些知识学生已经初步感知？哪些知识离学生生活较远，需要在学习中创设情境加以解决？哪些知识学生基本能够自学？哪些知识需要教师点拨、启发、引导？如何分层向学生展示知识结构、设置问题、解决问题，使不同层次的学生都能有进步？教学真正的重点、难点是什么？为了更好地完成教学，需要补充哪些内容？该如何根据学生的实际对教材进行调整？

在第一次试教时，我一般会将教学设计尽量展现出来，关注课堂中教学目标的落实情况以及学生的反馈情况，就如同进行一次深入且详细的课堂观察，因此不会太在意能否在一节课内完成所有的教学任务。

按照教学设计的第一稿，先教学比热容，接着研究水和煤油、水和沙吸热与散热的性能不同，再研究不同颜色的同一种物体的吸热与散热，最后是应用与拓展。松柏小学教研组的老师们一起听了我的教学。观课后的评课环节，他们提出了几条意见：1. 上课严重超时，用了一个小时，要采取各种方法节约时间。2. 引导学生理解比热容的概念时，费时较多，可见学生理解上有困难。3. 从学生的实验汇报中发现，不少小组得出了不同的结果。4. 演示实验时，使用展示台进行视频直播，效果不好。

实验还是出意外了！这让我感到惊讶，因为试管中水和煤油的用量，以及大烧杯中水的用量，都已经按我那天成功的方法做了啊！这个实验真不让人放心啊，要保证实验成功，莫非要一个一个认真地测试过？

而且我创新设计的比热容教学，实施起来也遇到困难了，出现这种情况，多数是因为难度超出了学生的认知。回想起骆老师的教学定位，我再次怀疑我的教学目标是否定得有点高了。我只能再次分析教材了！

整体把握教材

回想我的备课历程，正是因为想改进比热容的实验，于是我花了很多的时间和精力研究比热容的实验和教学，并以此作为教学重点和难点来突破，接着又将实验一个一个地分开研究。新课程提倡的整体把握教材、单元整合备课，都被我忽略了。整体把握教材就如同其他学科提到的解读文本，是教师的一项重要基本功。教材的把握是否到位直接关系到教学目标及教学重难点的确立，关系到教学的设计与实施、教学效果的好坏等。所以我们必须读懂教材的编排意图，搞清教材中的插图及旁注文字、提示语，解读教材的整体结构以及新旧知识之间的联系。这样教学才不会偏离方向，才能更准确地实现教学目标，攻破教学的重点、难点，取得更好的教学效果。

思想观念一转变，马上带来不同的视野。于是把本课的教学内容作为一个整体来分析。

第一个实验是研究不同液体吸热和散热的性能，其原理是比热容。

第二个实验研究不同固体吸热与散热的性能，其原理是导热系数。导热系数是材料本身的固有性能参数，用于描述材料的导热能力，又称为热导率，单位为 W/（m·K）。这个特性跟材料本身的大小、形状、厚度都没有关系，只跟材料本身的成分有关系。不同成分的导热系数差异较大，导致由不同成分构成的物体的导热系数差异较大。

第三个实验是研究是不同颜色的同种物体吸热与散热的性能，其原理是物理学中的基尔霍夫（热辐射）定律，由该定律可知：物体的辐射本领越大，它的吸收本领也越大；非黑体的吸收本领永远小于同温度下的黑体。所以"同等条件下白色物体和黑色物体哪个散热快"这个问题的答案是：黑色物体散热快。物体的颜色影响吸热，与光的波长有关。设光的频率是 v，能量是 E，那么 $E=hv$（h 为普朗克常量，其数值为 $6.626×10^{-34}$ J·s）。不同颜色的光，波长不同，频率也不同。这就是不同颜色的物体吸热性能不同的原因。

三个不同的实验，涉及三个不同的知识点，而这些实验背面的原理，显然都不是小学生甚至初中生能理解的。这三个实验的相同点是，认识不同的材料具有不同的特性。教学时，只需要让学生通过自己动手操作，能够观察到实验现象就可以了。我之前对教材的理解错了，教学目标定位过高，本课并不需要让学生学习比热容知识。

经过这次分析，我针对试教时的不足，调整了教学设计，制订了应对的方案：1. 砍掉了比热容教学的环节；2. 为了提高效率，第二、三个实验由教师演示；3. 课前，针对第一个实验的每一组器材进行调试，确保不会出现意外的数据；4. 利用摄像软件以及电脑摄像头，开启录像功能，将温度计的变化实时传输到大屏幕上，方便学生观察和记录；5. 使用 Execl 电子表格自动生成图表，方便数据的统计与分析，有效地节约了课堂时间。

第二次试教

第一次试教实验时，各个小组的数据并不统一。为避免实验再次出意外，我提前一天来到学校，对实验器材一个个进行调试。没有想到调试太麻烦了。先是发现试管的规格不完全一样，导致看不出试管中水和煤油有量的区别，只好一组组地更换，直到能让学生看出相同质量的水和煤油，煤油比水的体积要大一些。接着又发现，温度计很不统一：有的粗，有的细；有的玻璃泡长，有的玻璃泡短；看起来相同长度的温度计，里面的液柱高度却不一样，有好多温度计的25 ℃刻度刚好被橡胶塞挡住。为了方便观察，只能更换，还得要挑选两把温度计的刻度和液柱相对一致的。从外校借来五十把，加上校内的几十把，好不容易凑齐了13组的器材。然后，开始一组组地调试，手中拿着秒表，从热水倒入烧杯中开始，记录三分钟内每半分钟的数据，确定实验现象是否明显，是不是煤油温度比水高，如果不符合就重新做，并用贴纸记录下水位线。还好有三四位老师帮忙，要不然一个下午，我一个人还是忙不过来的。要是知道有这么麻烦，平时上课，我是不会让学生分组做这个实验的。

好不容易完成这些调试，我累坏了，斜靠在电教室的椅子上，闭着眼睛休息了一小会儿，顺便理了理思路。忽然脑海中闪过一些奇怪的念头：这个实验太复杂了，要求太高了，又不稳定。如果辛苦做出的实验只是为了让学生通过观察得出水和煤油吸热性能不同这样一个简单的结论，那么这样的实验有多大价值呢？再说，这个实验的现象和结果是我按教材的设计做出来的，是为了符合实验的原理做出来的，但明显与事实是有区别的。从我的研究过程来看，用我的这套装置，做出水吸热比油快的实验结果，成功率更高。教材中的这个实验，是探究性实验还是验证性实验？如果是探究性实验，应该允许学生根据事实，得出结论，而不用在意是否符合原理。我这样做，是不是有点故意隐瞒真相、欺骗学生的嫌疑？为结论而设计的实验，有意义吗？

我能理解这样的调试，就是怕学生通过实验得到错误的知识，即水比油吸热快，从而影响初中比热容的教学。但如果仅仅为了教学比热容，却做出与科学探究、科学本质相违背的教学行为，我又该如何选择？从注重探究的角度，更好的方式是在课堂上同时呈现两种不同的实验结果，而将之变成一个有意义的探究活动，显然这又不是四年级学生的知识与能力所能解决的。

这么多的问题和想法，我只能留在心里，期待能在试教后，与市教研员进行沟通与交流了。

周四是全市固定的教研时间。一般这个上午，科学老师不排课，以利于参加教研活动。我已经提前一周预约了市教研员陈老师，请她到场来听我的第二次试教。我第一次试教不请教研员来听课，也是有我的想法：每个人对教学的理解和把握不同，一开始就有人来听课，特别是比较权威的专家来听课，很容易推翻自己的设计，失去自己的研究，甚至丧失自己的风格。因而，让专家听比较成熟的课，不仅是一种尊重，也是希望专家能锦上添花，帮我把课备得更好。

课开始以后，我先简单地创设一个情境，引导学生思考水和煤油的吸热和散热性能会不会有不同，以及该如何研究。接着引导学生复习对比实验的原则——"除了一个条件不同以外，其余的条件都要相同"，尝试设计一个比较水和煤油吸热和散热性能的实验方案并在班级交流。然后引导学生观察教师准备的成套器材，讨论实验设计方案是否合理以及该如何进行实验。虽然我已经不按比热容来设计教学，但是这个实验仍是按比热容的原理设计的。很快，学生产生了质疑："老师，除了水和煤油是不同的物质，为什么水和煤油的量也不同啊？这个实验还是不公平啊！"对这个疑惑，我早已经想好了应对的方法，仅仅是用一句话就带过去："实际上，水和煤油的重量是一样的，但因为它们的密度不同，即同体积的水比煤油重，所以我们的实验中看起来煤油比水多。"

说真的，我当时还真害怕学生会追问我：为什么体积不一样也能比较？如果换成体积一样，重量不同，可不可以比较？是啊，平常我们教学生严格按照对比实验的原则做好对比实验，不过，此时我却隐约感觉有点糊弄学生的意思了。

果然，减少了比热容概念的教学，环节减少，难度降低，整堂课的效果好多了，可以用"顺"来形容；电子表格的应用也让课堂多了一个亮点；实验器材经过严密的调试，实验结果与我的预设完全一致，应该说这次试教基本上是成功了。

看得出陈老师很关心一个月前布置的任务，听完课以后，马上走到学生的实验台前，认真研究起学生的实验装置，并仔细地看了学生的观察记录。"做得不错啊，高老师，这个实验改进得很成功，用的材料不多，效果又好，效率也高，对比的条件控制严格，你已经完成任务了。"听完这肯定的话，我也暗暗高兴，近一个月的辛苦终于换来了几句表扬，付出总算是有所回报。

接着我把我和同事们的艰辛研究过程简要地向她汇报了一下，也把试教时产生的一些想法与她进行了沟通。我说，通过这一段长时间的思考，我越来越觉得教材的真正意图只是要让学生通过亲身实验，观察并意识到不同物质吸热和散热的性能有所不同，具体是什么原理，并不在我们的探究之列。所以不是非要按比热容的定义进行实验设计。换句话说，按学生的实际，这个实验也可以要求水和煤油的体积相同，只要不同的材料能体现出不一样的特性就行。

陈老师认真听完后，结合自己的思考，提出了一个中肯的建议：既然我们这次是公开研讨，正好有教材主编在场，不如大胆地在课堂上呈现自己的理解，把问题留给专家吧。

听得出陈老师支持我按自己的研究成果进行教学，我感到十分欣慰。有这样一位理性的学科"领头羊"，让我在前进时充满信心和力量。我准备大胆放手，重新设计教学，在观摩节那天呈现出自己对教材的理解。

观摩节课堂教学

科学课的教学方法要富有儿童情趣并符合儿童的认知规律，必须考虑小学生的年龄特点，从小学生的现有经验出发，选择他们周围熟悉的现象与事物进行教学。基于小学生的认知习惯和能力，以及联系生活实际，我将教材的内容顺序进行了调整，重新设计了本课。

第一部分：引导从学生从日常生活中的现象入手，如夏天人们喜欢穿浅色的衣服，冬天习惯穿深色的衣服，早晨在阳光下做早操时头顶感到特别热等现象，引导学生关注并讨论不同颜色的物体吸热以后温度是否一样。根据经验预测黑纸和白纸哪一个吸热升温更快，以及通过演示实验初步感知物体在吸热和散热性能方面有所不同。本活动，学生从幼儿园开始就有所接触、有所了解，故该环节的重点是通过教师的对比演示实验，引导学生回顾对比实验的设计方法。

第二部分：主要研究不同的物质吸热和散热性能不一样，其中一个实验是研究沙和水的吸热和散热性能，另一个实验是研究水和煤油的吸热和散热性能。

第一个实验先选沙和水，最主要的原因还是考虑贴近学生的生活，厦门是一个海滨城市，多数人都有到海边游玩的经历；考虑到不同人的经历不同，补充了太阳下水缸很烫而里面的水却不烫等例子。然后通过教师的引导，学生能较快地联想到，水和沙在吸热与散热性能方面可能有所不同，并能根据经验作出预测，然后进行实验验证。

第二实验是研究水和煤油的吸热和散热性能。根据自己研究教材的心得，如果针对四年级的学生，讲授比热容或者按比热容进行实验设计，学生理解上有困难，所以我有意回避比热容的相关知识，甚至在实验中也不按照比热容的定义设计实验。在学生本学期所学的对比实验的基础上，按照学生所能理解的对比实验的要求，让他们探究同样体积的煤油和水的散热与吸热性能，将重点放在发现材料在吸热与散热方面有不同的特质。实际上经调整后的装置，也是符合比热容原理的，而且本来水就比煤油吸热慢，现在又增加了水的用量，实验效果更好。

本节课共设计了三个实验，重点是让学生通过收集数据、整理图表、归纳总结，"发现不同的材料、不同的颜色等会引起物质吸热和散热性能存在差异"的现象。

第三部分：吸热和散热现象在生活中的运用。引导学生放眼生活，到生活中寻找人们利用物体吸热和散热性能的实例。根据实际情况，提供一些新的图片，让学生尝试利用所学的吸热和散热的知识解释生活中的有关现象，并在生活中加以运用，意识到身边的许多现象蕴含着科学道理。

曾老师的总结

上完课以后，《科学》教材主编曾老师进行了现场点评：本次的研讨会活动，针对如何用好教材上好科学课，构建了教材主编、教研员、一线教师三级教研，是一次难得的研讨，有利于提高教师的教学能力。本节课，高老师带给大家许多有关实验教学方面的启发，例如加热方式的多样性、如何设计对比实验以及如何严格控制变量，特别是在如何理解和处理教材等方面，也进行了深入思考和探索。

教材努力体现和落实课程标准提出的基本理念和各项目标，是教材编写者对课程标准的理解，因而，教师要理解和掌握教材的基本内容，源头还是课程标准。其次，教师在备课时，要特别重视单元教学设计，理解单元的内在结构，整体把握单元目标要求和单元教学主题。《冷和热》单元的教学目标主要是教会学生针对问题，通过观察、实验等方法搜集证据，能在总结证据的基础上，作出合理的解释。本课正是通过几组对比实验，教会学生通过观察、实验等方法搜集证据，认识到不同物质及同质不同色的物质吸热和散热性能的差异，并能运用这些知识去解释生活中的一些现象。高老师备课时能准确把握教材的重点和难点，并根据自己对教材的理解、学生的实际接受能力以及本地的自然条件，对教学内容进行适当增减或替换，对教材中的某些教具、实验方法进行适当的修改。这些做法符合课程教学要求，值得肯定。

本课的三个实验，均是让学生依据原有的知识和经验进行演绎推理，作出不同物质吸热与散热性能会有所不同的科学预测，并通过验证性实验来验证。然后，引导学生从三个实验中获取的经验事实，推断出物质吸热与散热的一般规律，这是培养学生科学素养和实证精神的重要途径。从操作层面考虑，重视并引导学生进行验证性实验的设计，对于培养学生的科学过程技能有着重要的发展意义。就本课而言，值得重视的应该是过程和技能，而知识倒是其次。简单讲，应更重视让学生通过科学实验搜集证据，从证据中发现规律的过程，而结论的关键则在于是否尊重实际观测所得到的结果和数据，而不一定是科学的定论！因此，实验结果并不一定要体现与科学原理相一致。只要实验能产生明显的现象，能促进学生思考和归纳就行了。既然水和油的加热与散热对比实验有这么麻烦的话，那就不具备推广性，的确不适合作为教材的内容。

苏教版《科学》教材对教师的要求比较高，只有正确地用好《科学》教材，充分消化并创造性地使用教材，才能提高备课的质量，促进科学课程的高效发展。

林老师的实验改进

其实，在观摩节的前一天，我到松柏小学检查会场布置时，林宏宇老师拿着一套装置，兴奋地对我说：高老师，这是我最新研究出的水和油吸热与散热的实验装置，对实验的要求也不会那么严格，很容易做成功，改进的方法很简单，只要将装油和水的试管改成锥形瓶，就可以了。我摇头苦笑，这可是迟来的爱啊！我已经没有精力把组装好的器材换掉了，还是等上完公开课，在研讨会上再进行成果推介吧！可是又一想，如果这个实验很快就研究成功，恐怕我不会对本课的教材以及实验教学进行如此深入的研究，不可能发现这么多的问题，也不可能有这么多的收获。

教材错了吗

课程标准与教材的关系是什么样的？教材的编写又有哪些要求？通过阅读《义务教育小学科学课程标准解读》知道：

1. 教材的编写应以课程标准为依据，在准确理解的基础上，全面体现和落实课程标准提出的基本理念和各项目标。

2. 教材中学习素材的选择，图片、情境、案例、拓展内容等，应当与所安排的科学内容有实质性联系，体现课程内容。

3. 教材的编写应遵循学生的认知规律，准确地把握各分目标的要求程度。

4. 教材内容、活动设计等，要经过课堂教学的实践检验。

本课教材的编写是依据课程标准中有关物质科学领域内容的第一个主要概念——物质具有一定的特征，材料具有一定的性能，并由这一概念分解出具体的学习目标：让学生了解不同的材料具有不同的特性，了解常用材料具有的特性和它们的用途。本课主要研究的是物质在吸热与散热方面的特性，从教材内容的选取到具体素材的选择，均体现课程标准提出的目标。但是在课程标准所举例的物质（材料）特性中，找不到相应的、明确的要求。应该说本课是教材编写者在理解课程标准后的一个拓展内容吧。

教材一经审定和批准使用，就具有较大的权威性。从走上讲台的第一天起，教师手捧一本教材，辅以教参、教案，便名正言顺地去上课了，日复一日，习以为常。相信一线教师很少会有时间像我这样深入地研究一节课，这更加突显了教材的重要性。以我个人的观点，本课的教材内容有以下几个地方值得商榷。

1. "吸热和散热性能"这个词语语意模糊，它并不是一个专有名词，容易引起歧义，比较适合本课主题的应该是"吸热和散热快慢"。

2. 实验装置示意图有错，研究水和油以及研究纸板和金属片的实验，应按对比实验的要求，做到仅有一个条件不同，其他条件应尽量相同。

3. 示范的实验装置代表性不足，并非最好的方案。适合小学生的实验，应满足装置简单、操作简便、功能确切、安全可靠、成本适当、节约时间等特点，还必须经过课堂教学的实践检验，有较高的参考价值。参考这些基本要求，本课的实验设计，仍有较大的改进空间。

4. 虽然教师可以依据自己的教学设计，调整教学顺序，但是从教材示范性的要求上看，最好是适当调整教材教学内容，联系学生已有经验，贴近学生生活，先从研究物体的颜色与散热的关系入手，进而引入本课的研究。

5. 如果我的理解是正确的，只要能体现不同材料有不同的特性，则水和煤油的实验，可以不按比热容的定义来设计实验。

历时一个月的研究，又经过两个月的思考与写作，其间不断反思、梳理，终于整理好这个课例研究。虽然过程很辛苦，但收获颇丰。

1. 把握课程标准是教学准备工作的基础。

课程标准对学科的性质与任务、教学内容与基本要求、教学原则与方式方法、教材的编写与选用、学习评价与考核等作了具体规定，提供了可以把握、衡量和操作的标准。因而把握课程标准是教师教学准备工作的首要环节，是教师进行其他教学准备工作的基础。

教材是根据课程标准编写的，是教师和学生据以进行教学的材料，教师教学参考用书更是一种以资参考的资料，它们都代替不了课程标准。教师只有在准确把握课程标准的基础上，才能有效地钻研教材、研究学生、进行教学设计。否则，教学准备工作就会陷入盲目状态。提倡从教材整体出发，以整个单元系统为考察对象，并以单元知识与技能的要求为纲，通过对各课之间内在联系的分析来把握"教什么"和"教到什么程度"。在这个前提下，我们才有可能达到"用教材教"，而不是去"教教材"，我们就可以尝试与教材有关的一些教学过程和教学方法的变化：如授课顺序是可变的；授课时间是可调整的；教学实例是可选的；教学的内容是可变化的。

2. 提高教学效益需要不断创新实验与自制教具。

实验是科学探究的构成要素之一，是科学探究的主要表现形式，也是小学科学课程重要的教学内容。实验不仅仅是一种为学生提供感性认识的直观手段，而且还是激发学生的学习兴趣，帮助学生掌握科学知识、实验技能和科学方法，培养学生解决问题的能力以及科学态度、科学自然观的一种有效途径和重要方法。

为提高实验的科学性和准确性，降低实验操作的难度，减少实验误差，缩短实验时间，有必要对实验进行改进。而且在现今小学科学实验配备中，真正适合教学需要的仪器设备并不多，这就需要我们用心探索，悉心研究，制作更多、更精良、更实用的教具，以弥补现有教具的不足。在教学实践中不断研制和完善自制教具，既是开展教学的需要，也是增强实验教学效果的需要。

就如同本课，根据教学需要，对三个实验都进行了改进，化繁为简，以简驭繁，还就地取材，充分利用废旧物品自制教具，既能服务于教学，又能提高教学效益。

3. 开展课例研究促进教师走向专业。

课例研究是以一节具体的课为研究对象，是教师基于课堂教学实践中的实际问题而展开的反思性实践研究，是推进"教学与研究一体化"，促进教师专业发展和教学质量提高的有效途径。优秀教师积累的丰富"实践智慧"需要通过课例加以传递，大量的教育教学案例成为教师专业成长的阶梯。

课例研究关注的重点不在于是否"打磨"出一节优质课或改进某一节课的教学活动，而在于通过对课堂教学实际问题的研究和实践过程，是否实现了教师自身教学能力的提升与具体行动方法的改进，从而引导教师学会挖掘隐藏于教学习惯和教学经验背后的教学理念，明晰发展方向。这才是课例研究的真谛。

基于"教学反思""专业引领""行为跟进"的研究过程，教师已有的实践经验通过循环反复的建构性反思与行动得到了整合和提升，并逐步提炼出新经验运用于新的教学情境，实现了"隐性知识显性化"和教师实践智慧的增长。可以说，教师对自身实践性知识的关注和习得，是教师专业知识结构优化的关键，而课例研究的意义就在于它唤醒了教师对完善自身专业知识结构的渴望，从而促进了教师的专业成长。

当"教学即研究"成为一种习惯和常态时，我们的教学才真正有可能发生变化，也才能真正体现"在研究的状态下教学，在教学的过程中研究"。

三、课例研究论文

学术论文有着丰富人类知识宝库、拓展社会文明的重要意义。学术论文要么在理论上有所创新，要么具有一定的实践价值，能够为解决一些实际问题提供一套可行的策略，或者兼具两种价值。撰写学术论文的目的是解决某一专业研究领域内存在的问题，揭示新现象、新事物，提出新观点、新理论、新体系。擅长教育研究的教师总会时时处处留心观察教育现象，思辨教育教学问题，自觉主动地学习别人的经验和已有的研究成果。正确认识、分析教育教学活动，从中提炼出自己对教育教学活动某一侧面深层次的理性思考，才能撰写出观点正确、论证有力、有内涵、有新意的教育教学论文。教育教学论文的写作能够体现出教师的教学能力和科研水平，是教师不可缺少的基本功之一。

对一线教师而言，教育教学论文是自身长期教学实践经验与体会的总结，是深思熟虑以后的理性结果，是先悟而后得的具体体现。不同学科的知识都是人类知识体系的有机组成部分，人们通过研究活动记载各领域知识的发展和演变，并且通过这些研究成果的不断累积和传承，推动人类对自身和对整个世界的认识发展。教育教学论文不仅是记录、描述教研成果的手段，更是交流、推广教研成果的工具，借助论文可以将教师的思想观念和教研成果更好地表达出来和传播出去，接受实践的检验，不断丰富和完善教育教学理论和实践体系。

案例三：

模拟实验教学应提供有精度的"原型"
——以《火山》模拟实验为例

高　翔

厦门市思明区教师进修学校　361004

摘　要：火山喷发现象与原理的教学，多采用模拟实验的教学方法，以加强学生的形象感知，丰富地理表象。采用探究式教学时，教师要努力提高实验模型的模拟精度，充分利用实验模型引导学生按照逻辑规律进行思维，建构正确的概念。

关键词：火山；实验教学；模拟实验

一、《火山》实验教学简述

《火山》一课是小学科学"地球与宇宙科学"领域中"地球运动与地表变化""地球的概貌"模块中的一个教学内容。关于《火山》的教学要求：知道地球的外壳是一层固体的硬壳，称为地壳，地壳一直在缓慢地运动，在缓慢运动的地壳中，当能量积累到一定程度时，会发生地震、火山爆发；制作简易的科学模型，模拟火山爆发，了解火山爆发的成因；在实验中发现与真实的火山相似的地方，想象和推测地球内部温度很高，有炽热的岩浆。

二、火山爆发的原理

火山现象自古就有记载。早期对火山现象的解释，多带有神话色彩，不足为信。自18世纪开始，特别是19世纪以来，随着自然科学的迅猛发展，对火山成因的科学解释也逐步完善。在板块构造理论兴起之前，关于火山的成因，有以下几种看法：地热放散说、火炉说、岩石粉碎说、气体膨胀说、裂缝喷出说、海水渗透说、陆升海降说、风化作用说等。

目前多数人的共识是：地球深处压力巨大，高温岩浆中混有气体。而当岩浆在火山底下聚积的时候，由于其中的一部分物质逐渐凝结成岩石从中分离，剩余的物质中，气体的含量便会越来越高，冲击力也越聚越强。当地球内部的岩浆能量积聚到一定程度时，大量岩浆就会在强大的压力作用下，沿着地壳薄弱地带涌向地面，此时由于压力急剧减少，气体迅速膨胀，如同炸药一样炸开地表形成景象壮观的火山爆发现象。火山喷发是岩浆释放能量的强烈显示。火山喷出的物质中一般有气体、熔岩和固体喷发物。火山喷发物从火山口喷出，大部分在火山口周围堆积下来，形成圆锥形的火山锥。[①]

---

① 张虎男：《火山》，地震出版社，1986年，第190-191页。

三、常见模拟实验方式集合

查询相关书籍和改进实验的论文,可以归纳出火山模拟实验有以下几种主要方法。

(一)化学模拟

1. 在胶合板上用石膏或黏土做成一个火山模型,在里面安放一个装有红色染料和小苏打的玻璃瓶,把醋慢慢倒入,利用酸碱反应产生气泡来模拟火山喷发。

2. 在瓷盘中用干的细沙堆成一座小山,山顶留有一个坩埚大小的圆坑,在坑中放 5 g 高锰酸钾粉末,顶上压一小槽,在高锰酸钾的周围堆放研细的 10 g 重铬酸铵粉末,用滴管滴 1～2 滴甘油在高锰酸钾的小槽里,大约 30～60 秒后慢慢就会有白烟冒出且越来越浓,然后突然起火喷出紫红色火苗,继而引发重铬酸铵分解,接着又有许多绿色的"火山灰"喷出来,形象逼真,宛如火山喷发。①

替代材料还有:用燃烧的镁条或烧红的玻璃棒引燃放在坩埚中的重铬酸铵粉末;用长镁条引燃黑火药(硝酸钾 3 g、硫磺粉 2 g、炭粉 4 g、蔗糖 5 g、镁粉 2 g);将浓硫酸滴入蔗糖与氯酸钾混合物。

(二)物理模拟

1. 利用压力。

在浇花用的压力喷壶内加入岩浆模拟物(由家用洗涤剂、石膏浆、水和少量红色颜料混合而成),用压力杆给喷壶内打足气,适当用力控制喷壶开关,使岩浆模拟物沿玻璃管从火山口喷涌而出,岩浆模拟物落下之后顺火山体下流形成岩浆岩。

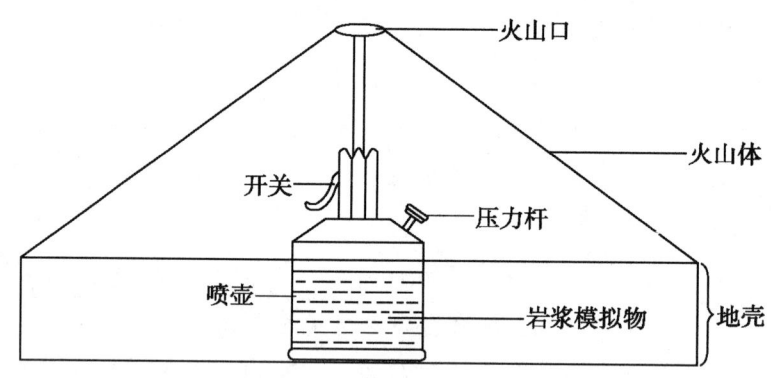

图 3-4-13 火山喷发模拟装置

类似方法,如把气球装上水,再在气球壁上扎一个针眼,可以看到水柱喷出,或者用力挤压装满水的塑料瓶,让水喷出,也有人用力摇晃装有可乐的瓶子,然后打开瓶盖,让可乐喷涌而出。以上实验均能说明火山喷发是因为地球内部压力造成的。

2. 利用冷热压力差。

---

① 蒋建纲:《火山爆发模拟实验》,《实验教学与仪器》2002 年第 10 期。

带有软木塞的玻璃瓶里装入开水,再加几滴红墨水,塞紧软木塞。将瓶子放入盛有冷水的透明大容器中。小心拉出瓶塞,在拉出的同时,瓶中的红水就像地壳深处炽热的岩浆,从瓶口喷射出来,如同水底火山喷发。

3. 加热。

用土豆泥做成火山模型,放在用易拉罐制成的小盒子里,然后用小勺柄在中间挖一个小洞,注入掺点水的番茄酱,再用薄薄的一层土豆泥封住洞口。将小盒子放在铁架台上,用酒精灯加热,可以观察到番茄酱从土豆泥的小洞或裂缝中喷出。停止加热后,会形成漂亮的火山口。①

(三)计算机模拟

有多媒体教学设备的学校,教师大都是利用图片、视频或多媒体课件向学生介绍地球内部的情况,展示火山喷发的情景以及熔岩和岩浆岩的形成过程。

四、模拟实验分析综述

对以上的实验归类分析后,就会发现用这些模拟实验来认识火山喷发的原理都比较片面。有些实验仅仅是模拟了火山喷发不同阶段产生的现象,如有些着重表现火山喷发产生了火焰、烟雾与发出声光的现象,只能看到火山喷发的壮观景观,有些则可以看到熔岩溢出形成火山口;有些模拟实验只体现了与火山喷发原理相关的一种原因,如体现地热的作用引发火山喷发,或体现火山喷发与内部压力有关。但以上的实验都无法将火山喷发的现象与原理合并到一个完整合理的实验中。

应用以上的实验进行教学,容易导致学生理解出现偏差:如火山喷发是因为两种物质的化学反应导致的,是外界的火种点燃了火山导致的,是内部温度过高导致的等。这都无助于引发学生思考、理解火山喷发的真正原因。因而,我们应该思考如何才能更好地体现模拟实验教学的本意,如何才能更好地用好模拟实验。

五、模拟实验的含义、特点

(一)模拟实验的含义及要求

在研究工作中,由于不能或不允许在研究对象上进行实际实验,为了获得对研究对象的认识,根据已知的事实、经验和一定的科学理论,设计和构想出研究对象的模型,通过对模型的实验,以获取研究对象的信息和数据,这种实验就叫模拟实验。模拟实验是根据相似性原理,用模型来代替研究对象。这种实际存在的研究对象叫原型,而模拟的替代物叫模型。在实验研究中,实验手段只直接作用于模型,而不直接作用于原型。② 由此可见,模拟实验是将模型实验的结果类推到原型上去,以揭示研究对象的本质和规律的一种研究方法。模拟实验实际上就是把研究对象(原型)的一些次要

---

① 朱蕾:《也谈火山喷发模拟实验》,《科学课》2007年第8期。
② 钟启泉编译:《现代教学论发展》,教育科学出版社,1998,第363-366页。

的细节、非本质的联系舍去，从而以简化的形式（模型）再现原型的各种复杂结构、功能和联系的一种科学方法。原型与模型的关系可以表示为：原型 $\underset{\text{解释}}{\overset{\text{抽象化}}{\rightleftharpoons}}$ 模型。

（二）模型必须满足的条件

1. 模型与原型必须具有相似关系（相似条件）。
2. 模型能够代替原型进行实验（替代条件）。
3. 从模型实验的研究中可以求得原型的信息（外推条件）。

这三个条件是建立模型的必要和充分的条件，三者相互联系，缺一不可。

六、火山模拟实验教学的几点思考

（一）模拟实验是《火山》教学的必然选择

火山喷发是生活中不常见的自然现象，因此大多数学生都没有真正见识过。他们多从电视、网络或是书籍中了解到一些有关火山方面的知识，但了解到的知识是粗浅的、朦胧的。一般来说，对于没有亲历过的地理事物和现象，学生只能根据图像的示意和语言文字的描述，在头脑中构造出相应的形象，即再造想象，这就必须依靠学生拥有丰富的想象力。因而，在地理学习的认知过程中，即感知、理解、应用和创造等阶段，都应加强对想象力的培养。教师应创造各种条件，通过恰当的模拟实验加强形象感知，丰富地理表象，并在此基础上，鼓励学生充分展开想象，进而引导学生结合多种因素综合分析，探究地理环境各要素的内在联系，按照逻辑方法进行思维，最后归纳出一定的规律。依据科学课程的教学规律，要使学生有效地掌握科学知识，还必须开展科学活动，使科学知识由"静"返"动"，让学生在活动中将客观形态的知识内化为主观形态的知识。探究教学是对科学探究的模拟，为教学提供有精度的模型，方能有利于学生思维的发展，有利于建构正确的概念。

（二）努力提高模拟实验的精度

地理知识的形成对地理表象的依赖极大。表象越清晰完整，概念就越容易形成。为了正确理解地理概念与原理，首先要重视地理表象的作用。一般而言，探究教学的模拟精度越高，越容易引发学生的正确思维，因而我们必须努力提高模拟实验的精度。提高模拟实验的精度，必须依靠教师对原理有着深刻的理解，在前人研究的基础上，不断创新实验的方法，努力探索适合教学的实验。教师在进行模拟实验的设计与教学时，应该基于事实、符合原理、明确实验条件、突出观察对象。教师以及教学设计者要为学习者的思维和问题解决活动提供必要的引导和有力的支持，在模拟实验无法取得突破的情况下，分段进行探究也不失为一种好的教学方法。

附录：自制小学科学创新实验教具

多功能透镜研究装置的设计与应用

一、设计教具的背景

《科学 五年级上册》（苏教版）第 2 单元《光与色彩》第 3 课《研究透镜》，本课的教学内容属于物质科学主题。物质科学所特有的教学方法是实验法，物质科学的规律和知识是借助于实验而得到的。[①] 因此，教材安排了实验"让阳光穿过凸透镜，观察聚焦情况"。教材建议的实验方法和要求是：让镜面与光线垂直，调节镜片与纸的距离，使光斑最小、最亮（如图 4-1-1）。

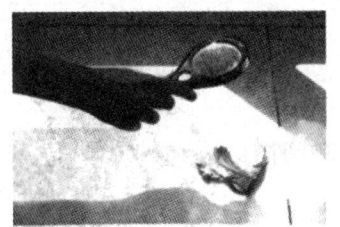

图 4-1-1　教材演示实验插图

在教学时，笔者发现学生要做好这个实验存在以下几个问题：①由于太阳光的传播方向不容易准确辨识，学生手持透镜达到"镜面与光线垂直"的要求很难，个别学生在遇到困难时，甚至会直接将透镜对着太阳光进行观察，存在重大安全隐患。②在室外实验时，容易受到风力的影响，更由于学生手持透镜难以稳定，光斑的形状和大小会不断改变，聚光点无法固定，不容易观察到"光斑最小、最亮"的现象。③长时间观察的过程，光斑的强光容易伤害眼睛。

根据学生学情和实验存在的难点，有必要改进教材所示的实验。经过不断研究与改进，笔者自主设计出多功能透镜研究装置，解决了以上的问题，让学生能够顺利地建构起有关透镜聚焦的科学概念。在研发的过程中，结合小学科学教材的教学内容，不断产生新想法，逐渐丰富了装置的功能，使之可拓展用于其他实验课教学。

---

① 周青主编：《科学课程教学论》，科学出版社，2007，第 280 页。

二、教具的结构

多功能透镜研究装置各部分组成如图 4-1-2 所示。

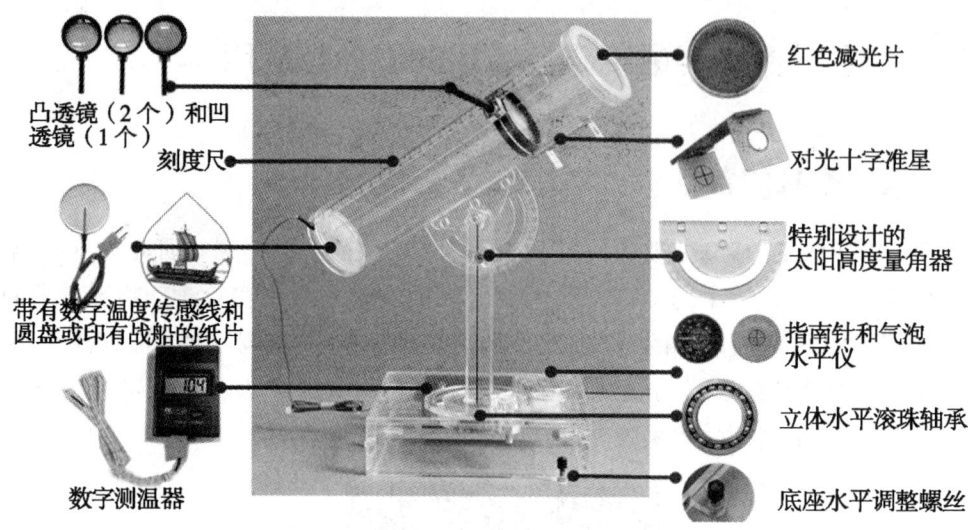

图 4-1-2　多功能透镜研究装置

该教具由底座、连接底座和圆筒的立柱、可嵌入透镜的透明圆筒三个主要部件组成，具体结构如下。

1. 底座

底座为扁平状长方体透明盒子，内嵌指南针、气泡水平仪、数字测温器、水平滚珠轴承及锁定螺丝，轴承上有一固定立柱，还安装有底座水平调整螺丝（如图 4-1-3）。

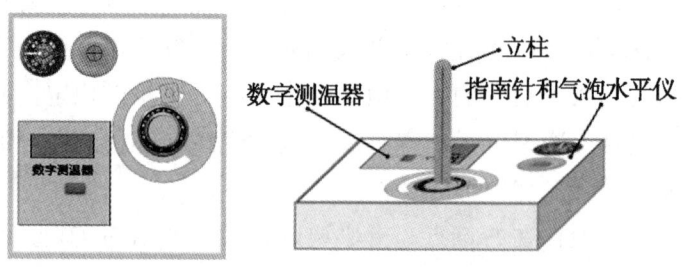

图 4-1-3　底座结构图

2. 连接底座和圆筒的立柱

立柱结构如下：下端连接底座上的金属轴承，使圆筒可随太阳方位的变化完成水平旋转，配合锁定螺丝，可以锁定太阳方位角。立柱顶部连接一个特制的量角器，与传统量角器不同的是，此量角器两头均标注为 90°，中间标注为 0°，量角器上的半环形凹槽使圆筒可以随太阳高度角的变化而上下旋转，配合锁定螺丝，可以锁定太阳高度角（如图 4-1-4）。

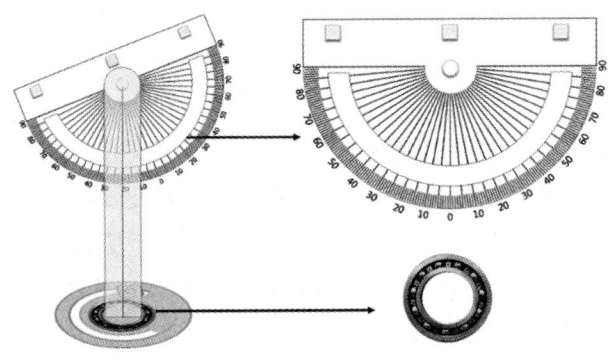

图 4-1-4　立柱结构图

3. 可嵌入透镜的透明圆筒

如图 4-1-5 所示，该部分由透明圆筒、圆形插槽、带刻度的长方形小窗、红色减光片和对光十字准星组成。透明圆筒上用激光切割出长 20 cm 的长方形小窗，使用时将透镜直接嵌入圆筒内壁，透镜手柄通过长方形小窗伸出到圆筒外部，方便学生手持透镜并根据需要移动透镜位置。筒壁上附有刻度尺，用以测量焦距。圆筒底部有圆形插槽，可以插入磨砂成像屏，也可以插入圆形纸片或者带有数字温度传感插针线的圆盘。圆筒前端可套上红色护眼减光片。圆筒前端底部有对光十字准星。

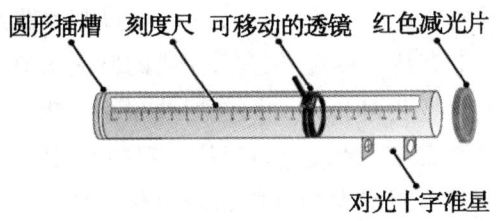

图 4-1-5　圆筒结构图

三、教具的实验优势和拓展应用

科学课程应将自主学习作为科学学习的一种重要学习方式。[①] 因此，自制的教具应尽可能考虑这一指导原则，并满足这一需求。

1. 操作方便安全

（1）对光快又准。

教材提出应尽量做到"镜面与光线垂直"的要求，其目的是为了更好地观察聚焦现象。实验时，先将多功能透镜研究装置放在太阳光下，观察立柱在地面上的影子，

---

① 蔡铁权、姜旭英：《新编科学教学论》，华东师范大学出版社，2008，第 99 页。

根据光源与影子方向相反的规律，可以初步判定太阳的方向。接着，水平旋转立柱使圆筒对准这个方向，再上下调节圆筒的高度，直至光线穿过对光圆孔后的投影与十字准星完全重合，此时，用锁定螺丝锁定圆筒开口的朝向，即可完成对光。

（2）调节顺又稳。

透明圆筒的内径比透镜的外径略大一点，嵌入不同类型的透镜以后，可以用手移动透镜以调节透镜与成像屏的距离，又能随时固定，方便学生观察阳光经过不同透镜后的聚焦情况。当学生将光斑调节到最小、最亮时，通过圆筒外壁的刻度，即可测得透镜与纸片之间的距离，即焦距。在这个探究实验中，学生能发现凹透镜不能聚光，而凸透镜能聚光，不同凸透镜的焦距不同。

（3）安全不伤眼。

在圆筒前端套上红色减光片，以减弱太阳光的强度，既不会影响阳光经过透镜后形成的光斑的形状，又避免强光对眼睛的伤害，保证实验过程的安全性。

2. 丰富的实验拓展

本多功能透镜研究装置拓展性强，利用配件灵活组合装置，还能进行以下多种研究或实验。

（1）在圆筒内放入凹、凸两种透镜，可以变身为望远镜。

（2）在插槽中放入磨砂成像屏，与透镜结合，可以变身为简易照相机，用以研究透镜成像。

（3）在插槽中放入纸片，当用凸透镜聚焦时，可以观察到纸片变黑直至烧穿，直观感受到焦点的高温；将带有数字温度传感插针线的圆盘放在插槽位置，通过数字测温器可以看到聚光点温度的变化过程，更具震撼效果。如果装入不同颜色的纸片，比较起燃穿孔的时间，可高效探究纸片颜色与吸热之间的关系。

（4）本教具的创新思路来源于太阳高度角测量仪，配合气泡水平仪的指示，调整仪器底座达到水平状态，再结合指南针和特制的量角器，测量太阳高度角更加精确和方便。

四、结语

使用改进后的多功能透镜研究装置，能避免学生实验操作时诸多外在因素的干扰，有利于学生专注于透镜探究，为顺利开展实验教学奠定了基础，同时消除了可能存在的安全隐患，让实验变得安全、高效。使用该教具进行教学时，让验证性实验变成探究性实验，形成有层次的探究学习过程。装置的拓展功能丰富，教师还可以根据教学需求，拓展应用于其他实验教学。更为重要的是，学生在学习时，能够发现更多的实验现象，体会到更多的实验设计和仪器设计中的妙处，有更多思考问题的机会和更多实验知识的积累。①

（多功能透镜研究装置及相关教学设计获 2017 年第五届全国中小学实验教学说课活动小学科学组金奖）

本文作者：厦门市仙岳小学何星源；厦门市思明区教师进修学校高翔

---

① 任隆良、谷晋骐主编：《物理实验（2009 年版）》，天津大学出版社，2009，第 5 页。

光的色散与合成实验的改进与创新

一、改进与创新的背景

《科学　五年级上册》（苏教版）第 2 单元《光与色彩》第 4 课《七色光》，依据的课程标准中的具体内容标准是"知道光是有颜色的，了解日光的色散现象"。教材主要包括"了解阳光的色散现象""了解滤光的基本方法和原理""知道光可以合成，不同的光合成后颜色会改变"三个主要内容。通过模拟实验，启发学生透过现象深入思考，并对观察到的现象提出合理的解释，能取得良好的教学效果。

为了实现教学目标，教材示范提供了两个方面的探究实验，分别为探究光的色散与光的合成。探究光的色散提供了两种方案：一是在室外，背对着阳光，向空中喷水，进行观察；二是在室内，把镜子斜放在水槽中，用手电筒的光照射水面下的镜子，在手电筒的上方，用白纸作为屏幕，进行观察。探究光的合成则采用了七色陀螺，即把不同的颜色组合涂到陀螺上，通过旋转陀螺进行观察。

在小学科学教学中，提倡"用教材教"的理念，为了达到更好的教学效果，往往需要教师对实验进行创新研究，为学生提供更为合理的实验器材和实验方法。

二、光的色散实验的改进与创新

1. 光的色散实验存在的不足

教学时，为了证明日光不是一种纯色的光，一般会安排演示实验或学生实验制作彩虹。彩虹形成的基本原理表明，当阳光以不同角度入射到雨后悬浮在空气中的大量小水滴上时，先发生一次折射分解为 7 种单色光，折射后的单色光在水滴的背面以不同的角度反射，反射后的单色光在离开水滴时再折射一次，最终所形成的雨后彩虹呈现出上红下紫的现象。

在教学实践中，根据教材提供的示范实验进行教学，存在以下问题：方案一采用室外喷雾实验，容易受到天气因素的影响，且现象停留的时间过于短暂；方案二由于手电筒的光线不足，形成的色散现象不明显；当学生手持手电筒照射时，手会抖动；合作探究时，学生会触碰到桌子，导致水面晃动，造成色散现象不稳定，不利于长时间细致观察。

资料显示，在彩虹演示装置中，最有教学价值的应属台湾逢甲大学光电学系的细小玻璃珠示范彩虹现象的实验装置，经通化师范学院物理系郑明财和于海的改进，将演示材料主体玻璃珠改为透明树脂珠。① 这个实验装置最接近真实的场景，效果明显，但是实验器材不易准备。有的教师用一颗十分大的"水珠"，如烧瓶或废弃的电灯泡，或者利用装水的烧杯来制造彩虹，但实验现象均不明显。还有的教师利用薄膜干涉现象，如观察阳光下的肥皂泡、用 VCD 光盘反射太阳光等方法，由于实验原理涉及光的衍射和薄膜干涉，虽然容易形成类似彩虹的现象，但是不利于向学生解释实验原理。还有的教师利用幻灯机和三棱镜来制造彩虹，将三棱镜以一定角度放在幻灯机上方的凸透镜上，通电后，幕布上就会出现明亮、色彩饱满的弧形七彩光谱。然而，幻灯机已经被多数学校所淘汰，显然不易准备。

2. 光的色散实验的改进

本课的彩虹实验，其实仅是为了说明光能分解成多种色光，因此，利用三棱镜进行光的色散实验，就能达到同样的效果，较好地引起学生质疑白光是不是纯色的光。为了方便开展教学，我们应该选用常用的教学器材；为了方便学生观察和探究，还必须使实验现象明显且稳定。通过研究与尝试，采用以下的改进方案，如图 4-2-1。

图 4-2-1　光的色散实验改进装置

首先拆下一个铁架台的竖杆，然后利用十字夹将其固定在另一个铁架台上，此时竖杆变成了横杆。接着把两个十字夹固定在横杆的左侧，用十字夹的另一夹口固定两个试管夹。靠外侧的试管夹用来固定强光 LED 手电筒，靠内侧的试管夹用来固定三棱镜。在铁架台的右侧桌面上放上白色塑料板作为屏幕，通过调整手电筒与三棱镜的距离以及三棱镜的方向，完成整个装置的组装。在调整的过程中，注意保证重心，避免装置不稳。

---

① 郑明财、于海：《彩虹演示装置的改进》，《通化师范学院学报》2006 年第 4 期。

实验改进遵循就地取材的原则，选用实验室常见的器材进行组装，制作简单，稳定可靠。选用强光手电筒，使透过三棱镜的光线能传播得更远，在屏幕上能形成明亮弧形的类似彩虹的现象。如果调节好手电筒的光和三棱镜的角度，还能使制造出的彩虹显示在桌面上，让学生明显看到手电筒发出的光线发生了偏折，有利于学生理解色散的原理是光线透过棱镜发生折射。此外，稳定的实验现象，还有利于学生开展探究彩虹现象中到底有几种色彩、色彩是如何排列的等实验，使实验更具探究性。

三、光的合成实验的改进与创新

1. 光的合成实验存在的不足

采用简易牛顿盘来探究光的合成实验，通过高速旋转圆盘，可以看到不同颜色的光好像混合在一起发生变化的现象。[1] 其原理与中国古代的"走马灯"以及现代电影技术是相同的，即都利用了人的视觉暂留这一生理现象。以红蓝两色圆盘为例，当物体快速运动时，人眼看到的红色消失后，人眼仍能继续保留红色影像 0.1～0.4 秒左右，此时人眼又看到蓝色，结果由于视觉暂留，会形成红、蓝颜色混合的现象。显然，这个实验有两个比较大的科学性问题值得商讨。一是实验中所用的圆盘不是发光体，而是反光体，实验体现的是不同颜色的混合，而不是不同颜色单色光的混合。二是实验利用了人的视觉暂留效应，不能直接演示不同颜色单色光的混合。

2. 光的合成实验的创新

如何才能让实验的原理更科学，让观察更直接、更直观呢？经过研究，笔者对光的合成实验进行了创新。实验需要准备三把强光手电筒、三种颜色（红、绿、蓝）的气球、一个废弃的白色塑料瓶等。实验时，根据滤光的基本原理——有色透明物体主要透过的是跟它颜色相同的色光，其他色光几乎都被吸收掉[2]，让学生把三种颜色的气球套在强光手电筒上，并用橡皮筋扎紧，打开手电筒的开关，这样就得到了三种颜色的单色光。接下来，引导学生在桌面上放上一张白纸当作屏幕，将不同单色光的手电筒打开，进行不同色光的混合实验。为了得到更好的效果，建议将白色塑料瓶瓶底剪掉，做成类似灯罩的装置，挂在铁架台上，再将手电筒朝瓶内照射，就能更清楚地看到光的混合现象了，如图 4-2-2。

教学时，可以利用手电筒制造单色光，帮助学生理解滤光的原理和方法。利用"三原色光"（红、绿、蓝三种色光无法被分解），两两混合可以得到更亮的中间色光，如黄、青、品红等色光，三种单色光等量组合还可以得到白光。改进后的实验装置，能直观呈现出不同单色光混合后所发生的变化。

---

[1] 吴国勇：《简易牛顿盘的自制》，《教学仪器与实验》1987 年第 1 期。
[2] 华兴恒：《人的视觉与物体的颜色》，《数理化学习（高中版）》2012 年第 5 期。

图 4-2-2　光的混合创新装置

　　光的合成实验创新解决了原有示范实验中存在的问题。改进之后的实验视觉效果明显，色光混合后色彩鲜艳，富有趣味性，让学生真正感受到光与色彩的无穷奥妙，实验时兴趣盎然。由于实验材料和方法具有结构性，因此学生可以自主进行不同色光的混合，还可以通过调节不同单色光的量，使实验更具有探究价值。学生通过经验积累，综合所获取的信息，通过简单的思维加工，自行建构"太阳光由不同颜色的光混合而成"的解释或结论，并知道这个结果可以反复验证。

　　事实上，当年牛顿为了证明太阳光不是单纯的白光，分别做了光的色散与光的合成两个实验，才使得他的发现符合逻辑，经得起众多科学家们的推敲与质疑。因此，本课的教学适合结合牛顿研究太阳光的科学史故事，用探究型课题形式引入科学史的教学方式，通过光的色散实验观察产生的现象，引起学生对太阳光是不是单纯的光产生质疑，进而通过光的合成实验进行反证，让学生认识到白光也可能由不同颜色的色光混合而成。这样的教学设计，能让学生沿着科学家的探索思路，经历类似科学家在研究过程中所产生过的争论、质疑，领悟科学家的思维发展过程；能让学生了解科学家是怎样发现问题、分析问题和解决问题的，领会科学研究的一般方法，培养学生的探究能力。

　　（光的色散与合成实验的改进与创新及相关教学设计获 2017 年第五届全国中小学实验教学说课活动小学科学组金奖）

本文作者：厦门市思明区教师进修学校高翔

可视化、数显式声音传播演示器的设计与应用

一、设计教具的背景

《义务教育小学科学课程标准》对于"声音"提出两点学习内容，一是"声音因物体振动而产生"，二是"声音通过物质传播"。其中第二点细化为学习要求："声音可以在气体、液体和固体中向各个方向传播"。[①]

《科学　四年级上册》（教科版）第 1 单元《声音》第 3 课《声音是怎样传播的》的实验设计如下：通过手动敲击音叉发声，使声音依次通过长度相同、但形状粗细不同的铝箔尺、米尺、棉线、尼龙绳，再让学生通过耳朵听音区分声音在不同固体中的传播效果。《科学　四年级上册》（苏教版）第 3 单元《奇妙的声音王国》第 2 课《声音的传播》的实验设计如下：在塑料袋里分别装沙、水、空气，将它们依次放置于桌子的一端，让学生用耳朵贴在这些介质上面听声音。

这两个实验设计存在以下问题：一是声源都是让学生手动敲击音叉或者敲击桌面产生的，因学生每次敲击的力度难以保持一致，变量不统一影响了实验结果；二是每个人的听音灵敏度不同，学生通过口头描述实验结果，容易受主观感性因素的影响；三是声源容易受到外界环境的干扰，误差较大。教科版的实验设计只能探究声音在不同的固体中传播，并未涉及液体、气体物质的研究，显得不够科学严谨。

为了使学生能够更好地探究声音的传播现象，笔者自主设计制作了"可视化、数显式声音传播演示器"，让实验现象数字化、可视化，解决了现有实验存在的问题，激发了学生的学习热情，提高了学生的学习效率。

二、教具的结构

本教具的主要结构和实物如图 4-3-1 所示。

[①] 中华人民共和国教育部：《义务教育小学科学课程标准》，北京师范大学出版社，2017，第 25 页。

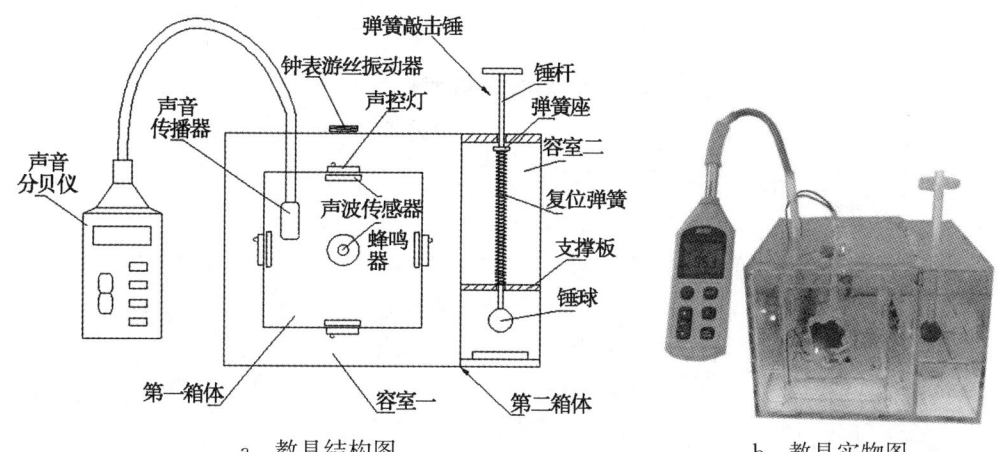

a. 教具结构图　　　　　　　b. 教具实物图

图 4-3-1　可视化、数显式声音传播演示器

教具用透明亚克力板制成第一箱体，在第一箱体每个侧面的内侧壁均设有一个声波传感器，且外侧壁上均设有声控灯，每个侧面的声波传感器和声控灯一一对应连接。在箱体内部设有一个蜂鸣器和声音传播器，声音传播器延伸至箱体外，与声音分贝仪连接；声音传播器还可连接听诊器。该箱体内可根据实验需要填充气体、液体或固体介质。

用透明亚克力板制成第二箱体，第二箱体分成容室一和容室二。第一箱体放置于第二箱体的容室一内，可以降低外界声音对声波传感器的干扰。容室二内设有一弹簧敲击锤，包括锤球、锤杆和复位弹簧。第二箱体上放置钟表游丝振动器。

三、教具的实验功能

实验一：可视化认知到声音传播的方向。

在第一箱体内分别填充水、空气、沙子、塑料泡沫等不同的介质，然后置于第二箱体的容室一内。当蜂鸣器发出的声音通过相应的介质传播，被内侧壁上的声波传感器捕获后，声控灯会亮起来，由此将声音可视化，清楚直观地让学生明白：声音可以在不同物质中向四面八方传播。

实验二：数显声音传播的效果。

在实验一的基础上，将内置于第一箱体内的声音传播器连接到声音分贝仪。当蜂鸣器发出的声音经过介质传播给声音分贝仪时，分贝仪上可以显示出数据，学生可以直观记录测量结果。

实验三：用耳朵亲身感受不同介质的传播效果。

在实验一的基础上，将内置于第一箱体内的声音传播器连接到听诊器。手动敲击弹簧敲击锤，使锤球碰触第二箱体发出声音，声音通过箱体内的不同介质传播后，被声音传播器捕获，学生就可以用听诊器听取其传播后的声音效果。

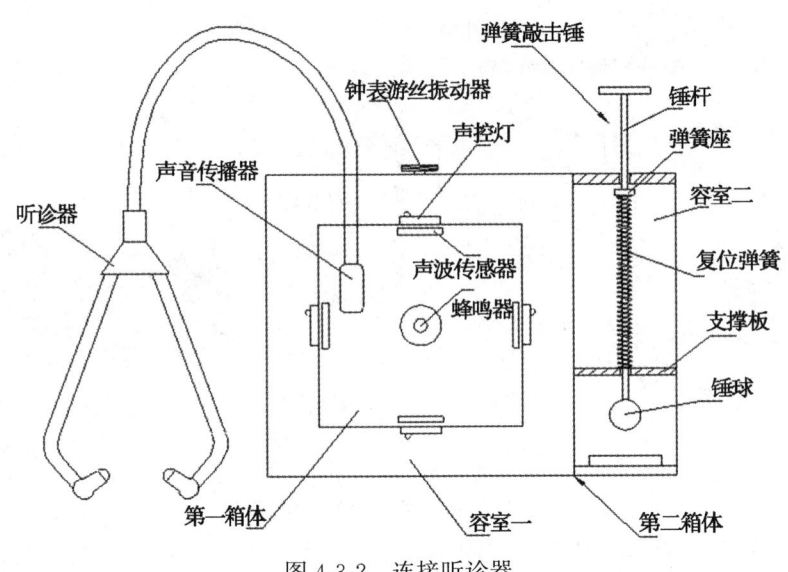

图 4-3-2　连接听诊器

实验四：利用钟表游丝演示声音的振动。

在第一箱体上设有一钟表游丝振动器。在实验过程中，声音传播产生的振动，被钟表游丝振动器捕获，可使得声音的振动可视化，也可借助此装置模拟鼓膜的振动，提高学生对声音传播知识的理解。

四、教具的主要优势

本教具用以日常教学，具有如下优点。

（1）本套装置可灵活更换介质，如空气、水、沙、橡皮泥等，可以探究声音在不同介质中的传播效果。

（2）设计的声控灯能将声音可视化，声音分贝仪可以直观地数字化声音传播的效果。

（3）该装置不仅能实现感官观测的要求，又能满足量化测量的需求。

（4）箱体上设有钟表游丝振动器，可形象地模拟声音传播时发生振动。

（5）设计的弹簧敲击锤装置，可以保证发出的声音大小一致，确保实验的科学性。

综上所述，该教具能将看不见的声音可视化，将难以听辨的音量数显化，可灵活更换介质探究声音的传播效果，功能丰富、实用性强，并具有可复制性。

（可视化、数显示声音传播演示器及相关教学设计获 2018 年全国青少年科技创新大赛科技辅导员项目一等奖，2017 年福建省中小学实验教学说课活动三等奖）

本文作者：泉州师范学院附属小学许文凤；厦门市思明区教师进修学校高翔

四季变化综合演示仪的设计与应用

一、设计教具的背景

《义务教育小学科学课程标准》关于"四季变化"的学习目标,除了要求"知道正午时物体影子在不同季节的有规律的变化"外,还要求"知道四季的形成与地球围绕太阳公转有关"[①]。

然而"地球的运动"对于大多数学生来说是比较抽象的,需要有较强的空间想象力,且很多现象和原理无法直接获得,只能借助模拟实验的方法帮助学生理解。特别是对于"一年四季是怎么形成"的问题,不少学生有着错误的认识,较普遍的一个观点是:地球在围绕太阳公转的过程中,离太阳近时是夏季,离太阳远时是冬季。

为了突破这一难点,笔者开发设计了四季变化综合演示仪,利用智能寻轨车承载着地球仪沿公转轨道行进,模拟地球公转;且地球仪在绕太阳仪公转的过程中,保持地轴倾斜的方向不变;在春分、夏至、秋分、冬至四个节气时,智能寻轨车能够自动停下,方便学生观察太阳直射点的变化。本教具既能形象、清楚地演示四季的成因与太阳直射或斜射的关系,又能综合演示昼夜交替、极昼极夜等现象。

二、教具的结构

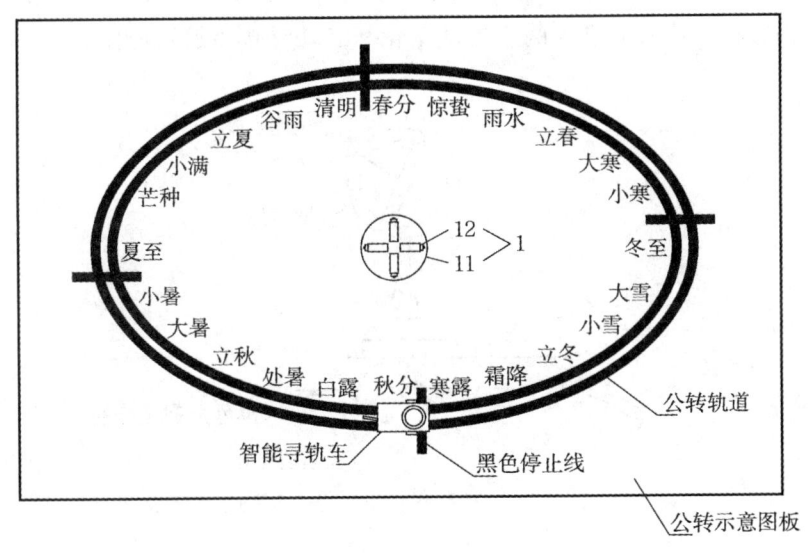

图 4-4-1 教具的全貌

---

① 中华人民共和国教育部:《义务教育小学科学课程标准》,北京师范大学出版社,2017,第46页。

该教具主要由以下三个部分组成。

1. 太阳仪

太阳仪主要由一球体灯壳构成。该球体灯壳内环绕排列着四个用于模拟太阳光的激光发射器。球体灯壳内还设有一个可 360°全方位照射的 LED 灯。即由一个 LED 灯和四个激光发射器的组合，共同模拟太阳光。

图 4-4-2　太阳仪

2. 地球仪

将地球仪安装于智能寻轨车上，用于模拟地球的运动，即在公转的同时又能自转。该智能寻轨车包括两个独立动力驱动的电动车轮、一个尾轮以及一个单片机。两个电动车轮分别设置在智能寻轨车的车身两侧，尾轮设置于车身末端，车身前端底部设有红外寻轨传感器，单片机分别与两个电动车轮和红外寻轨传感器连接。

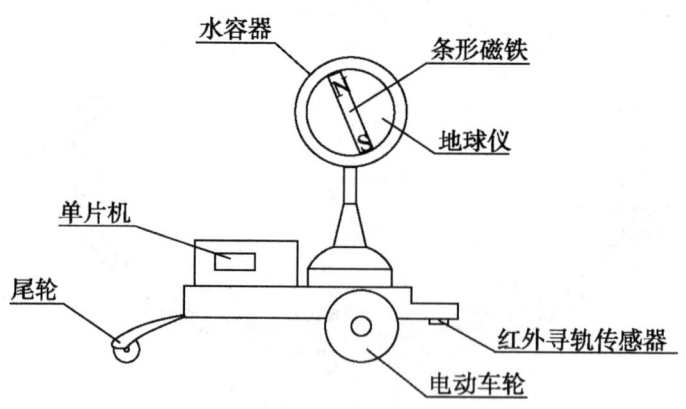

图 4-4-3　地球仪构造示意与实物

3. 公转轨道

公转轨道即椭圆形黑色轨道，位于地球公转示意图板上，周围标有二十四节气。在公转轨道上的春分、夏至、秋分、冬至这四个节气，分别设有用于控制智能寻轨车暂停行驶的黑色停止线。

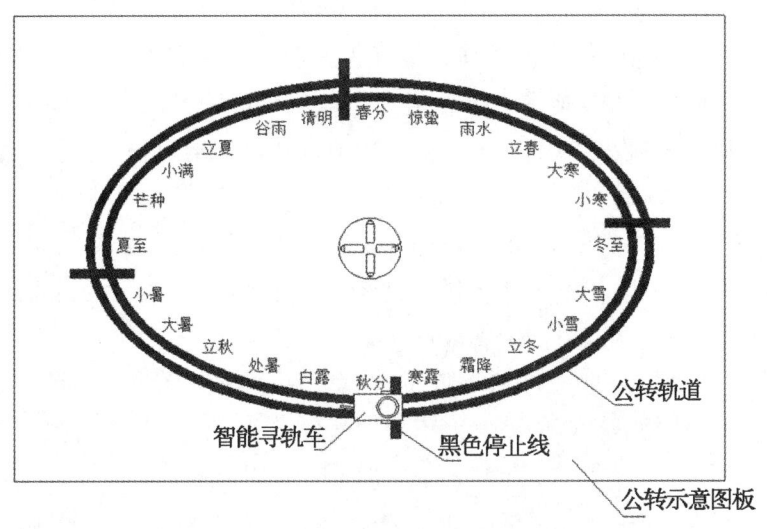

图 4-4-4　地球公转示意图板

三、教具的使用

1. 演示四季的成因

先打开演示仪中央模拟太阳光的激光灯开关；接着打开地球仪上的调向器，使地球仪在自转及公转过程中保持地轴方向始终朝向北极星方位；再将装载有地球仪的智能寻轨车放置于椭圆公转轨道上，启动智能寻轨车，使其沿公转轨道行进。

当寻轨车到达春分这个节气时会自动停下，此时可借助激光灯清晰地观察到太阳的直射点在赤道，南北半球获得的阳光差不多，北半球是春季，南半球是秋季；而当寻轨车转到夏至这个节气时，直射点在北回归线上，北半球得到的阳光更多，温度更高，是夏季，南半球则是冬季。以此类推秋分、冬至等节气，直观演示一年四季太阳直射点的变化。

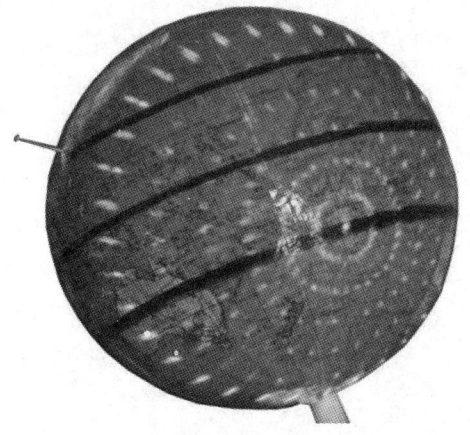

图 4-4-5　演示太阳直射点及日照范围

2. 演示昼夜交替现象

打开演示仪中央模拟太阳光的 LED 灯开关，按上面的实验方法演示地球的自转和公转，可以清楚地观察到阳光只能照亮半个地球仪，被阳光照亮的部分是白昼，没有被阳光照亮的部分是黑夜，而随着地球仪不断地自转，即出现昼夜交替现象。

3. 模拟极昼、极夜、日食、月食等现象

同时打开演示仪中央模拟太阳光的 LED 灯和激光灯，使地球仪行进到夏至位置，此时可清楚地观察到：地球不停地自转，北极始终有阳光照射，会出现极昼现象，而南极却始终得不到阳光的照射，出现极夜现象。

多加一个小球模拟月球，将其放置于太阳仪和地球仪之间，即可演示日食现象；若将小球放置于地球的另一侧阳光照射不到的地方，即可演示月食现象。

4. 设备优势

目前市面上演示四季变化的教具很多，但只能用手动的方式保持地球仪地轴在绕太阳公转和自转过程中始终朝向北极星方位，还未出现地球仪自转时能自动保持地轴始终朝向北极星方位的设计，因而无法形象、清楚地演示四季的形成与太阳直射或斜射的关系，难以有效地纠正学生认为四季的形成与地球和太阳之间的距离远近有关的错误认知。本演示仪可演示四季的变化，能解决现有绝大多数演示仪中地球在公转时，无法保持地轴方向不变，无法清楚演示四季及二十四节气的变化等问题。

本教具具有以下创新点：(1) 把带有调向器的地球仪装在智能寻轨车上，实现地球仪自转、公转的自动化，调向器在地球仪转动过程中自动调节地轴方向并始终朝向北极星方位；(2) 用激光发射器发射的光模拟太阳光，可以清楚地找到直射点所在的位置；(3) 在春分、夏至、秋分、冬至四个节气时，智能寻轨车会自动停下，方便学生进行观察。

（四季变化综合演示仪及相关教学设计获 2017 年全国青少年科技创新大赛辅导员项目二等奖）

本文作者：泉州师范学院附属小学许文凤；厦门市思明区教师进修学校高翔

热空气性质探究支架的设计与应用

一、设计教具的背景

实验教学是小学科学教学的重要组成部分，让学生亲历有效的科学实验活动，主动建构科学知识，是提高小学科学实验教学有效性的关键。[①] 教材中的实验内容是依据课程标准中各个知识点的层级目标加以选择和设计的，因此具有针对性，能够较好地帮助学生掌握相应的知识点。然而，由于有些实验器材、实验装置设计不够合理，有时会造成实验现象不明显、操作困难、实验效率低下等问题，导致无法实现实验教学目标，甚至影响课堂教学的实施。因此，根据教学需要和学情，有目的地改进实验，提升课堂教学效率，是每一位科学教师必须掌握的基本功。

探究热空气的性质实验，选自《科学　三年级上册》（苏教版）第1单元《认识空气》第3课《热空气和冷空气》。该实验内容是建立在学生掌握了空气的基本性质之后，继续深入学习和探究热空气与冷空气的不同特性。实验内容对应小学科学课程标准的要求是"能用感官判断物体的特征"。因此，适合采用实验教学法充分调动学生的各种感官来学习本课的科学知识。

本课的教学目标为：能借助物体体验热空气向上升，知道热气球、孔明灯是利用热空气上升的原理制成的。教材设计了"让'热气球'上升"的活动（如图4-5-1），采用蜡烛加热塑料袋中的空气，模拟热气球升空。如果能成功完成实验，不仅能够充分调动起学生的学习兴趣，还能给学生留下深刻的印象。

图 4-5-1　教材演示实验插图

然而实验时，却经常遇到以下困难：使用蜡烛作为火源，加热速度慢，不能提供给塑料袋充分的上升动力；学生用手撑开袋子罩在蜡烛上，无法控制好火焰与塑料袋的距离，时有烧坏塑料袋的现象发生，存在安全隐患。虽然该实验的材料简单易得，

---

① 刘连基、徐建敏：《和谐高效思维对话：新课堂教学的实践探索（小学科学）》，教育科学出版社，2009，第17-18页。

但是学生操作难度较高,实验成功率较低。有部分教师改进了实验,用翻转的小凳子作为支架,用酒精替代蜡烛作为热源,提高了实验的成功率。但是由于点燃液体酒精加热存在的风险更大,以及小凳子支架对塑料袋子的支持度不好等问题,该实验多作为教师演示实验。因此,在关注全体学生的理念指导下,笔者根据教学需求,重新设计学生分组实验装置,优化实验教学效果。

二、教具的结构与制作

热空气性质探究支架组成如图 4-5-2 所示。

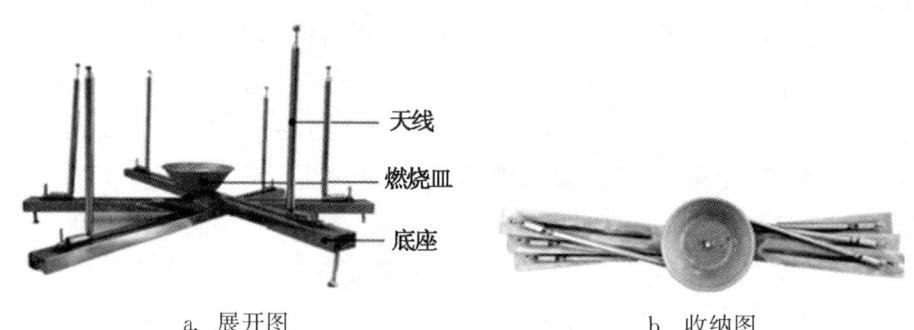

a. 展开图　　　　　　　　b. 收纳图

图 4-5-2　热空气性质探究支架

1. 教具的结构

该教具由底座、天线、燃烧皿三个主要部件组成。

(1) 底座。

底座由 3 根长 38 cm、宽 2.5 cm、厚 1 cm 的不锈钢条叠放制成,并在钢条内对称切割出 2 条长 13 cm、宽 0.5 cm 的滑动槽,天线可以在槽内自由移动。

(2) 天线。

天线有 6 根,均为 360°万向拉杆伸缩天线,粗管直径 7.0 mm,收拢长度 160 mm,展开长度 760 mm。

(3) 燃烧皿。

选用外径 8 cm、内径 5 cm 的不锈钢碗作为燃烧皿,可承受固体酒精的高温燃烧。

整套装置重约 500 g,均可拆卸,且可横向、纵向自由伸展。调节天线的位置和长度,可套装市面上大多数规格的塑料袋。

2. 教具的制作

燃烧皿、钢条中间打孔,由上至下叠放,用螺丝锁定。天线上的螺丝加上垫片和螺母,锁在钢条的凹槽中,调节螺母的松紧程度,让天线可以在凹槽内平滑移动。在第二层和第三层钢条的末端,均设置有调节螺丝,以保证支架的水平和稳定。

三、教具的功能与使用

使用热空气性质探究支架可以完成以下几个实验。

1. 探究火焰周围的温度

调节底座使之呈正六边形，调节天线的位置使之均匀分布在燃烧皿周围，将涂有变温油墨的纸筒套在天线上。此时，用打火枪点燃燃烧皿内的固体酒精，及时观察纸筒上发生的现象，可以发现纸筒上端的油墨先变成无色，而下端的油墨后变色。这是由于当温度高于43 ℃时，油墨的颜色就会由黑色变为无色，因此学生通过颜色的变化，能感知到纸筒上部温度较高。用同样的方法，如果调节天线与火焰的距离，也能用于探究火焰周围不同距离温度的差异。

2. 观察热空气上升

将同一根不锈钢条两端的天线拉长后交叉形成等腰三角形，做成支架。在无风的环境下把纸蛇挂在支架上，观察到纸蛇静止不动，接着点燃燃烧皿中的少量固体酒精，纸蛇立刻开始旋转。此实验充分说明由于热空气向上升，带动了纸蛇周围的空气形成气流，引起纸蛇旋转。

3. 模拟孔明灯升空

把塑料袋罩在装置上，根据袋子的大小，调节好天线的位置和长度，然后点燃固体酒精，当看到塑料袋膨胀鼓起来后放开手，塑料袋立即往上飞，模拟出放飞孔明灯的现象。由于该支架能适合不同大小、不同长度的塑料袋，因此还可以拓展实验内容，引导学生探究袋子的大小、长短等影响因素与袋子升空高度的关系。

四、教具的优势

1. 操作简便

整套装置可折叠和拆卸，存放不占空间。支架可横向、纵向伸展，可以支撑不同大小的塑料袋。利用支架支撑和固定塑料袋，学生既可单人实验，也可相互协作，降低了实验难度。

2. 安全高效

燃烧皿在底座的中间，确保火源不会烧坏塑料袋。器材中运用打火枪和固体酒精制造火源，火力足，升温速度快，能瞬间加热塑料袋内的空气，确保塑料袋升空。支架让实验安全有保障，并且大大提高了实验的成功率。

3. 突出探究

基于热空气探究支架的一系列递进式实验，帮助学生了解到热空气的特点，感受到热空气上升形成的空气流动，体验了热空气的应用，完整地建构了有关热空气性质的知识。更有意义的是，在教具的辅助下，教师可以把"放飞孔明灯"这一感受式的教学环节，拓展成探究性实验，培养学生善于提问、学会思考、敢于创新的探究精神。

五、结语

热空气性质探究支架解决了原装置存在的问题。上升的"热气球"不仅揭示了热空气的奥秘,让学生体验到探究成功的成就感,更点燃了学生热爱科学的热情。科学教师要着眼于学生的发展,积极钻研,发挥想象,创新和改进实验装置,提高实验教学活动的效益,从而贯彻现代教学中以人为本的教育理念,让学生在实验教学中不仅能理解科学原理,更能锻炼学生的综合能力。

（热空气性质探究支架及相关教学设计获 2017 年第五届全国中小学实验教学说课活动小学科学组银奖）

本文作者：厦门市莲花小学方婧；厦门市思明区教师进修学校高翔

"小车的运动"探究装置的改进与创新

一、设计教具的背景

《科学 四年级下册》（苏教版）第 3 单元《物体的运动》第 4 课《小车的运动》的教学内容属于物质科学领域。物质科学所特有的教学方法是实验法[①]，因此，教材设计了"探究影响小车运动快慢的因素"实验，让学生按照"提出问题—作出假设—实验验证—得出结论"的探究过程，探究影响小车运动快慢的因素。该课是典型的采用控制变量法来收集数据，并通过分析数据从而验证假设的一节课，这类课对实验数据的精确性要求较高。

学生实验时，存在以下几个问题：①实验室里配套的轨道装置比较简陋，轨道末端无防护措施，小车撞击到滑轮后容易掉落到地板上；②功能单一，无法用于研究路面对小车运动快慢的影响；③轨道过短，学生用秒表计时难度较大，采集到的数据误差较大；④简易小车只能用于研究拉力大小、载重量多少对小车运动快慢的影响，但是对于学生前概念中的轮子大小、数量等相关因素，却没办法提供研究支持；⑤为了提高实验的准确性，必须记录多次实验数据再求平均值，而涉及的小数计算是四年级的学生还未学过的知识，计算难度大，花费时间长，从而影响了教学进度，降低了实验效率。

根据学生的学情和实验的难点，笔者在原有器材的基础上，自主设计研发出新的"小车的运动"探究装置，让学生的实验探究更丰富、更便利。

二、教具的结构与功能

改进后的"小车的运动"探究装置各部分组成如图 4-6-1 所示。

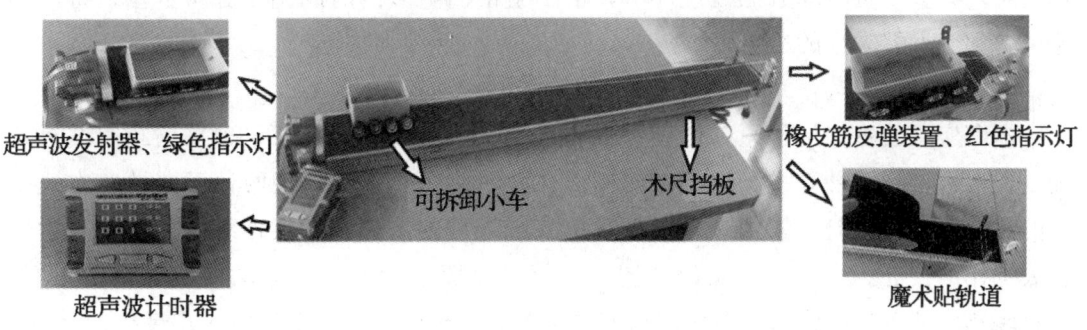

图 4-6-1 "小车的运动"探究装置

[①] 周青主编：《科学课程教学论》，科学出版社，2007，第 280 页。

本装置包括多功能小车、易于变换的轨道、超声波计时器、红绿指示灯四个部分。

1. 多功能小车

在原有小车的基础上增加可拆卸的、不同型号的轮子。改进后的小车功能多样，不仅能研究拉力大小、载重量多少对小车运动的影响，也可通过装卸轮子来研究轮子大小、数量对小车运动的影响。

2. 易于变换的轨道

轨道装置改变如下：①轨道装置由原来的60厘米增至110厘米，通过增加轨道长度减少实验误差；②用木尺作为侧面挡板，既可用于测量运动距离又可避免小车冲出轨道；③利用橡皮筋反弹防护装置，避免小车碰撞滑轮发生翻车事故；④利用魔术贴把砂纸等不同材料固定在轨道上，创设不同的路面场景，可用于研究不同路面对小车运动快慢的影响。

3. 超声波计时器

超声波计时器具有如下主要功能：①触摸屏幕即可启动计时模式，并能自动感应计时。②该装置一次能记录和存储三组数据，并自动求出平均值，直接显示在显示器上。

4. 红绿指示灯

轨道前端与末端分别装有绿色指示灯和红色指示灯。当小车从设定的起点经过时，绿色指示灯亮起。当小车到达设定的终点时，红色指示灯亮起。这样的设计既可实现超声波自动计时，也可使用秒表手动计时。

三、教具的优势和拓展应用

1. 实验合理高效

该装置中的超声波感应计时装置来自现有热门的机器人套装，反应灵敏，采集的数据准确，减少了实验误差，提高了实验结论的科学性。超声波计时器自带的数据处理功能，省去了费时的数据处理环节，给学生留出更多的时间用于分析数据、得出结论，有利于发展学生的逻辑思维。

2. 拓展功能丰富

本套实验装置保留了原有秒表手动测试的方式。该装置可以单独采用超声波自动测量，也可以将两种方式相互结合使用。在教学中，当学生发现两种不同计时方式获得的数据存在差异时，教师可以引导学生找出误差的原因，加强训练，从而提高学生秒表操作的技能。利用本套实验装置，不仅可以探究影响小车运动快慢的多种因素，而且装置中的多功能轨道还可用来探究《摩擦力的秘密》一课中相关的实验。

四、结语

"小车的运动"探究装置，突破了原有器材的限制，满足了学生自主选择的需求，体现了教学开放性,同时创造性地利用数字化技术,变革了实验手段,解决了实验难点,更好地帮助学生掌握知识,建立科学概念。

("小车的运动"探究装置的改进与创新获2016年第二届福建省中小学实验教学说课活动小学科学组一等奖)

本文作者:厦门市集美区杏东小学胡艺芬;厦门市思明区教师进修学校高翔

可建模斜面探究装置的改进与创新

一、设计教具的背景

在《斜坡的启示》课堂上,学生进行斜面问题的探究时,往往会出现一系列认知偏差(表 4-7-1)。经过分析,这些问题的出现与当前实验室配备的斜面装置有较大关系:斜面装置构造较为简单,只能进行固定档位的调节,再加上斜面装置与生活实际联系得不紧密,使得学生的探究活动只能停留在表面。

表 4-7-1　学生在《斜坡的启示》一课学习中出现的认知偏差

学习环节	出现的问题	原因分析
汇报实验结论	认为"同样的高度下,坡度越小的斜面越省力""同样的高度下,斜面越长越省力"是两种不同的结论。	没有理解、掌握斜面省力的实质。
举例分析斜面在生活中的运用	1. 对立交桥、楼梯是不是斜面产生疑惑。 2. 无法解释过街天桥为什么要设计两种不同形状的引桥。	对斜面定义的理解与实际脱钩。

为更好地落实探究式教学理念,应该尽可能地让学生在接近真实的情境中自行建构知识与概念。由此,笔者对斜面探究装置进行了改进。

二、教具的组成和制作

1. 实验装置各部分结构及尺寸(如图 4-7-1 所示)

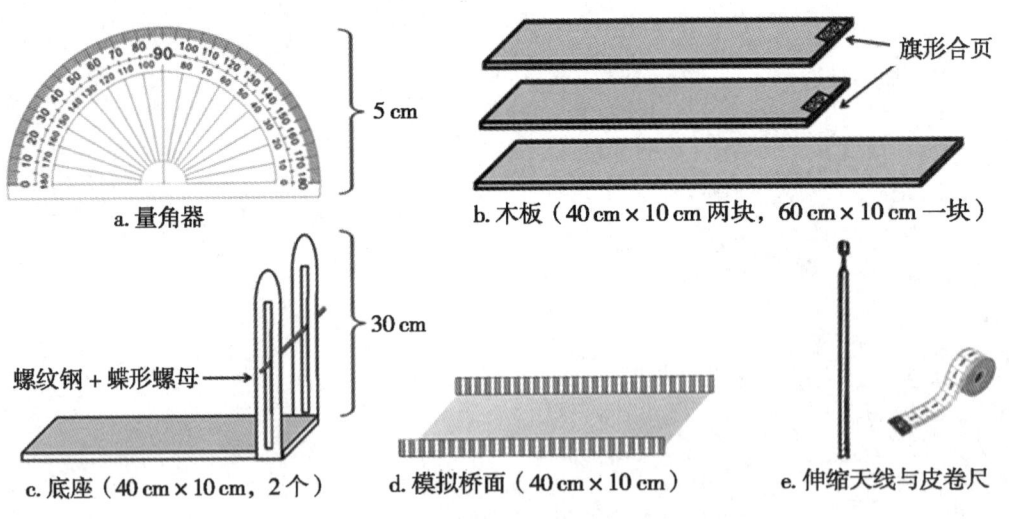

图 4-7-1　实验装置各部分结构图

2. 制作方法

（1）把旗形合页固定在两块同样大小（40 cm×10 cm）的木板上，截取约 20 cm 长的伸缩天线穿过旗形合页的扣眼，将两端焊死。这样，两块木板既能旋转弯折，也能拼接成一块长木板。

（2）用木板制作 2 个底座，支撑杆中间开槽并用蝶形螺母和螺纹钢固定。

（3）将皮卷尺分别黏贴在支撑杆与木板侧面，方便测量斜面的长度与高度。

（4）用螺丝将量角器固定在长木板底部，方便测量斜面的角度。

（5）用亚克力板制作简易的模拟桥面。

三、教具的使用方法

1. 模拟过街天桥（构建基于生活的情境）

将木板固定在底座的支撑杆上，连接桥面即可完成天桥模型的搭建（见图 4-7-2），其中，左边部分模拟自行车道，右边部分模拟人行道。

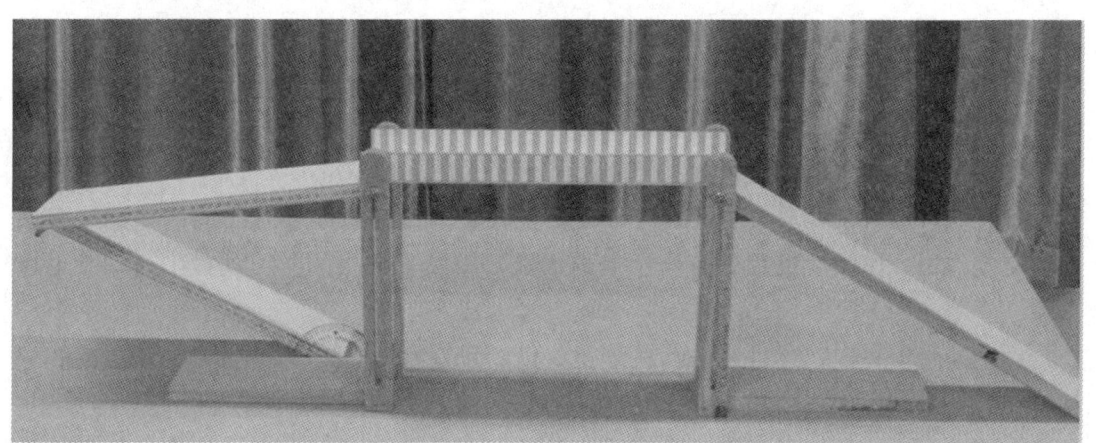

图 4-7-2　实验装置实物图

2. 天桥模型的变形（发现斜面的本质）

拉伸左边部分两块木板间的伸缩天线，旋转后即可将两块木板拼接为一块长木板（见图 4-7-3）。学生通过观察对比自行车道与人行道的相同点，可以发现这两种引桥的实质都是斜面，即都是将木板搭建在低处与高处之间。同时，他们还会发现两种引桥的坡度不同，坡长也不同。

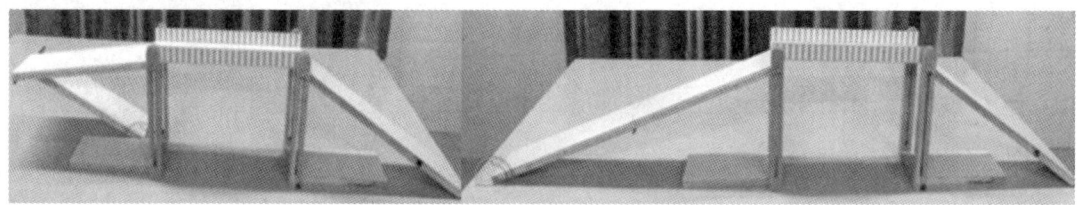

图 4-7-3　实验装置变形图

3. 对比实验（研究斜面的特点）

（1）研究同样高度下，坡长与斜面省力程度的关系。

学生会很自然地比较两种引桥的省力效果。分别测量小车通过两种斜面所需的拉力，可以得出结论：在同样的斜面高度下，坡越长，斜面越省力。

（2）研究同样高度下，坡度与斜面省力程度的关系。

学生可以搭建不同坡度的斜面，分别测量拉动小车所需的拉力。比较坡度与拉力的数据，可以得出结论：在同样的斜面高度下，坡度越小，斜面越省力。

（3）探究坡长不变时，斜面高度与省力程度的关系。

用相同的木板做斜面，学生可以依次改变斜面的高度，分别测量拉动小车所需的拉力。比较斜面高度与拉力的数据，可以得出结论：同样的坡长，斜面高度越低，斜面越省力。

四、教具的优点和特色

与小学阶段常用的斜面装置相比，本装置最大的优势在于符合学生的年龄特点、生活阅历和动手能力，增强了装置的生活性和可探究性。

（1）对课堂来说，师生的教学互动过程实现了"从感性认识到理性认识，从理性认识到实践"两次飞跃。这种学习就是课程标准所倡导的探究式学习。

（2）对教师来说，通过本次改进，实现了教学本身与教学环境之间的多向、多层面的交互作用，使教学过程更符合学生的天性，激发了学生的学习动机，让课堂更有效率。

（3）对学生来说，改进后的器材能更好地帮助学生发展为一个思考者，提高其分析、反思、批判、创新的能力。这也是课程改革的发展方向。

总而言之，可建模斜面探究装置在充分尊重现实生活的基础上，努力发掘学生的潜力，把教师的教与学生的学等诸多因素关联、统一起来，使其成为一个完整系统，解决了原有教材与器材无法解决的认知偏差，达到了更好的教学效果。

（可建模斜面探究装置及相关教学设计获2016年第四届全国中小学实验教学说课活动小学科学组一等奖）

本文作者：厦门市梧村小学林祺

多功能桌面型模拟降雨探究装置的设计与应用

一、设计教具的背景

关于"雨量"这一主题课程,无论是哪个版本的科学教材和 STEM 教材,都关注于自制一个简易的雨量器,但并没有配套适合在课堂上评价雨量器的实验测试环境。现有或过期专利中的各种模拟降雨装置均为大学、研究所或企业研制,且多为室外大型设备,需要用电带动水泵,不适用于小学课堂。若采用喷壶或者矿泉水瓶模拟降雨,喷洒范围与洒水量不易控制,无法定量重复实验。这些问题都导致了对雨量的教学往往停留于"手工制作"这一层次,无法进入"测试—改进—再测试—再改进"的工程环节。而笔者自主设计的多功能桌面型模拟降雨探究装置可以在很大程度上满足学生在实验桌上反复测试的需求,提高探究式教学的有效性。

二、教具的制作与使用

1. 制作材料

透明亚克力板、可调式雾化喷头、三通接头、双阀洗耳球、胶管、水管转换万能接头。

2. 总体结构(图 4-8-1)

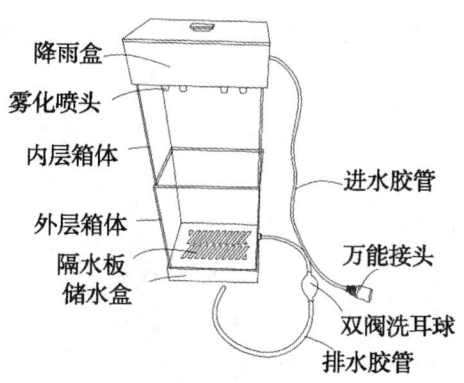

图 4-8-1 模拟降雨探究装置总览图

3. 结构与组装

(1)降雨区:胶管呈"8"字环形互通,连接水平分布的 8 个雾化喷头,置于亚克力板制成的降雨盒内(图 4-8-2),通过胶管外接水管转换万能接头。

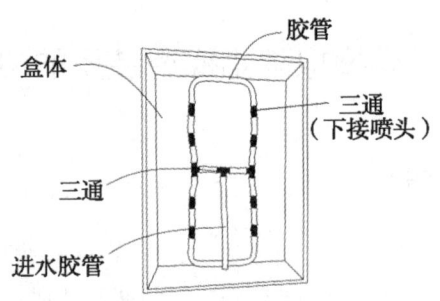

图 4-8-2　降雨盒内部示意图

（2）集雨区：双层嵌套透明亚克力箱体。外层箱体下部隔水板镂空，上部通透；内层箱体上下通透。实验时外层箱体作为下层，内层箱体上翻作为上层（收纳时可下翻藏于内部）。

（3）储雨区：亚克力板制成的储水盒可插接带有双阀洗耳球的排水胶管，便于将多余降水导入水桶以二次利用。收纳时，储水盒可倒置于整个装置上方作为防尘盖。

4. 使用方法

（1）取下防尘盖，倒置作为储水盒，插入排水胶管引至接水桶。

（2）取出降雨盒，翻转内层箱体架于外层箱体之上，扣上降雨盒。

（3）依实验室条件将万能接头接入相应的水源。

（4）检查进水、排水是否正常。

（5）移开内层箱体，放入待测试的雨量器。

（6）移回内层箱体，打开水源开关开始"降雨"，定时关闭开关。

（7）视探究需求重复第（5）～（6）步。

三、教具的优点

1. 原理科学，定量可控

雾化喷头水平均匀分布、"8"字环形互通，各喷头的流量可微调至一致，根据伯努利原理，在集雨区内的模拟降雨接近于均一、稳定。通过水源开关的定时开闭可实现定量控制降雨，有利于学生设计对比实验，进行多次观察和收集数据。

2. 简单高效，现象明显

整套装置操作简单，低年级小学生也能掌握。30 秒即可模拟一场雨量约 10 毫米的中雨，缩短了实验周期。透明的箱体让学生可从各个角度观察，有利于交流研讨、分析总结雨量器的形状、口径与雨量测试结果的关系。

3. 适用性广，安全可靠

万能接头可连接普通水龙头、实验室倒 U 形水龙头、手压式洗车枪头、桶装水手压泵等。透明箱体采用亚克力材料制成以及不用电源，保证了实验的安全。同时，封闭的实验装置大大降低了课堂组织和课后卫生整理的难度。

4. 便携小巧，环保节约

内层箱体可倒放入外层箱体内，其他结构也均可收纳入箱体内部，最终体积仅相当于一个双层月饼盒（图4-8-3）。考虑到收纳便携性，储雨区只设计为接纳3分钟降雨，但降雨可通过排水管接入水桶存储再用。如果使用便携式洗车器或园林喷雾器作为水源，则模拟的降雨完全可以做到循环使用。

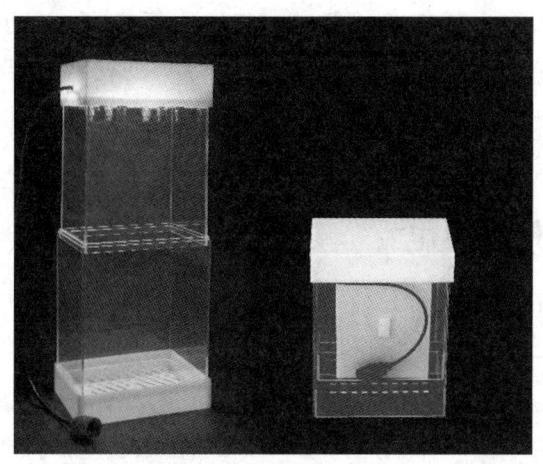

图4-8-3　桌面型降雨模拟探究装置使用与收纳时的实物图

5. 多课题多场景应用

该教具源于为自制雨量器而设置的模拟测试环境，其本质是一个降雨模拟器，故可搭配地表模型、平面镜、手电筒等，满足学生在水土保持、光的反射、光的色散等开放性课题的探究。

四、教具的实用效果

如上所述，该模拟降雨探究装置解决了为小学科学实验提供微型降雨环境的难题，除应用于《雨下得有多大》《降水量的测量》《云量和雨量》等课题外，在科学社团系列活动《观察天气》以及省、市、区科技创新大赛中均反复采用，模拟降雨效果得到认可。现已申请实用新型专利（CN201820289103.8）。

（多功能桌面型模拟降雨探究装置及相关教学设计获2017年第五届全国中小学实验教学说课活动小学科学组金奖）

本文作者：厦门市云顶学校赵秋燕；厦门市松柏小学林宏宇；厦门市思明区教师进修学校高翔

可视化、多功能光学实验箱的设计与应用

一、设计教具的背景

实验是小学生在科学学习过程中不可或缺的学习手段，许多科学概念、规律的认识都是小学生通过观察和分析实验现象进而归纳概括而来的。小学科学光学实验中，存在着实验中看不见光行进的线路、探究光反射效果的材料不足、实验条件较难控制等问题。下面介绍的一款自制的可视化、多功能光学实验箱，具有适用性强、稳定性好、操作程序简单、可见度高、现象明显等特点。

二、教具的选材和制作

该教具由箱体、配套光学工具箱、烟雾发生器三部分构成。

1. 箱体的制作

箱体由透明亚克力板制成，长 25 cm，宽 6.5 cm，高 7 cm，如图 4-9-1 所示。箱体上、下两面共有 8 个长 5.5 cm 的卡槽，用于插放光反射效果不同的物体，如镜片、不锈钢、塑料板等。其中 4 个卡槽与箱体长边平行，另 4 个卡槽与箱体长边成 45°角。在箱体右侧面上有一个小孔，用于向箱体内注入烟雾。

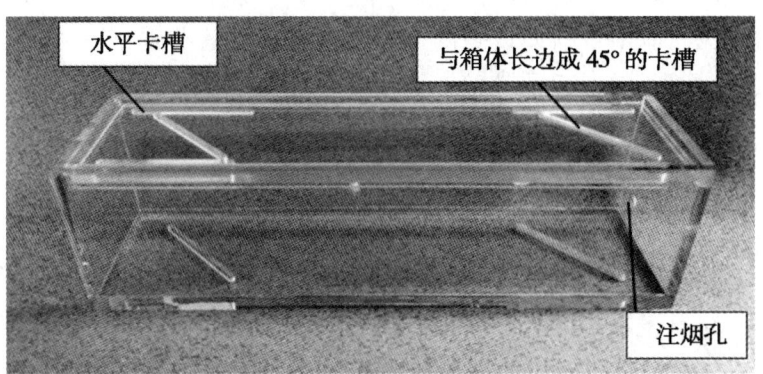

图 4-9-1　箱体

箱体顶面是一个可抽拉的活动面板，如图 4-9-2 所示。将面板拉出后，可根据实验需要在箱体内放置光学用具——既可供学生分组实验，又可供教师进行演示操作，以探究光的直线传播、反射、折射等光学现象。

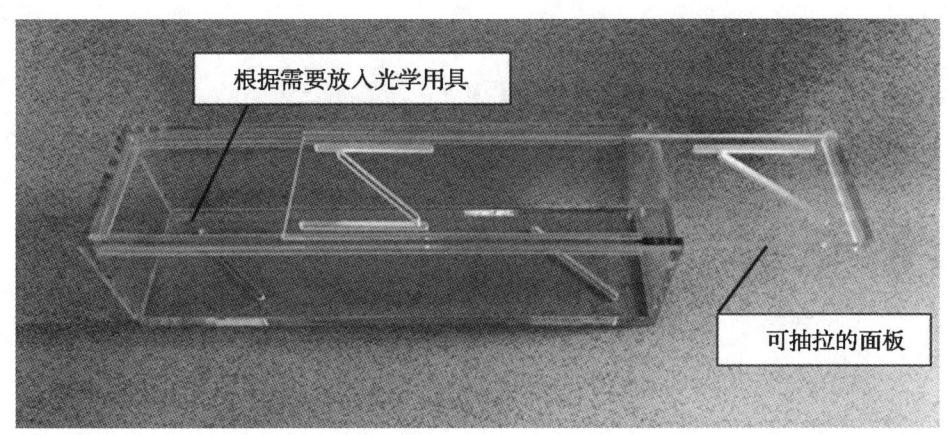

图 4-9-2　箱体及其活动顶面

2. 配套光学工具箱的制作

配套的光学工具箱里有激光笔、凸透镜、凹透镜、三棱镜，以及反射效果不同的材料，如不锈钢、塑料板、瓷砖、蜡光纸、镜子等。将光反射效果不同的材料，裁成长 7.5 cm、宽 5.4 cm，以便于插入卡槽。此外，学生或教师还可以将感兴趣的其他物体，如树叶、木板等插入卡槽，以扩展探究光学的空间，让探究更深入、更具开放性。

3. 烟雾发生器的制作

烟雾发生器由按压式充气泵、电子烟和烟液三部分组成，如图 4-9-3 所示。

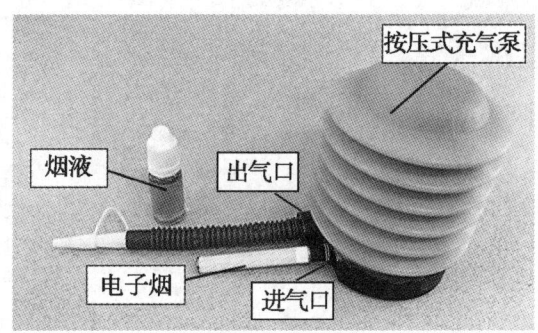

图 4-9-3　烟雾发生器

按压式充气泵由连接塑料管的出气口、进气口和气箱构成，使用前要对其进行改造。

将塑料管裁剪为长约 15 cm，并用热熔胶将其与出气口紧密黏合。取下进气口上的红色套头，插入加了烟液的电子烟。

烟雾发生器的进气口和出气口都有单向阀。当用手压缩气箱再松开手后，出气口单向阀关闭，电子烟指示灯亮起，进气口单向阀打开，气箱对着电子烟吸气。当用手再次压缩气箱时，进气口单向阀关闭，出气口单向阀打开，烟雾会顺着连接出气口的塑料管排出，如图 4-9-4 所示。

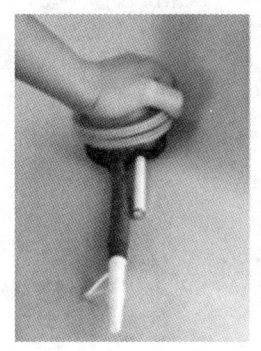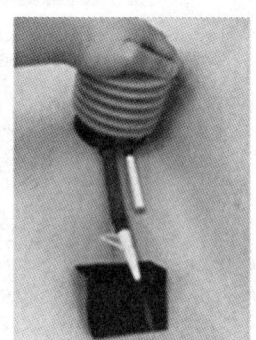

图 4-9-4　烟雾发生器的按压

烟雾发生器不仅解决了实验中看不见光路的问题，而且比以往实验用蚊香产烟的方法来得更快速、更安全。

4. 组装与调试

将实验箱体的上盖合上，并将箱体放置在水平桌面上。挤压烟雾发生器的气箱，把出烟孔对准实验箱体侧面的小孔后，再次挤压气箱，使烟雾注入实验箱体。

打开激光笔开关，从另一侧对准箱体内照射，若观察到明显的直线光柱，则说明可视化、多功能光学实验箱可正常使用，如图 4-9-5 所示。

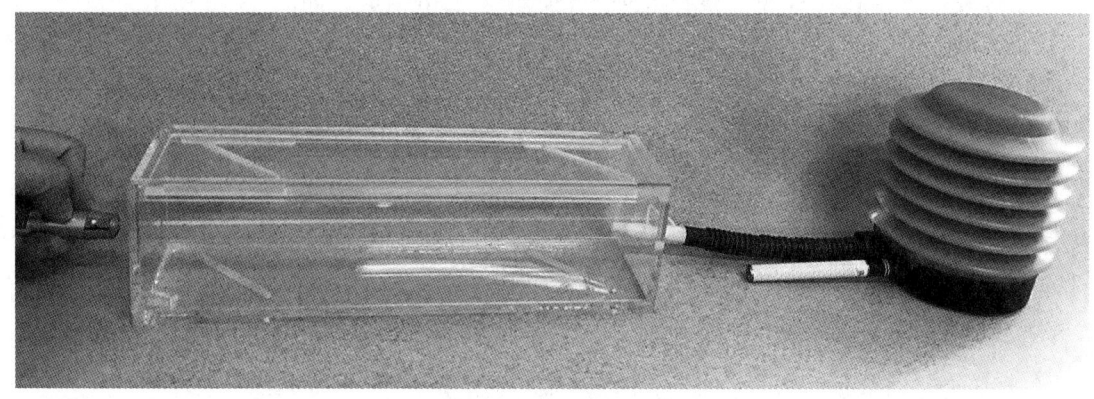

图 4-9-5　教具的组装

三、教具的使用方法

1. 探究光的直线传播

将教具放在水平桌面上，往箱体内注入烟雾，打开激光笔开关，可以观察到红色激光束在箱体内留下一条亮线，说明光在同一均匀介质中沿直线传播。

2. 探究光的反射

将教具放在水平桌面上，在箱体右上角与长边平行的凹槽内插入平面镜，往箱体内注入烟雾，打开激光笔开关，可以看到红色激光束从正面入射到平面镜上，经平面镜反射后，从另一侧射出红色亮线，说明光照射到不透明物体时，光的传播方向会发生改变，即发生光的反射。

图 4-9-6　探究镜子的光反射

用不锈钢、塑料板、瓷砖、蜡光纸等物体替换镜子，发现这些物体都能反射光，但反射光线的清晰程度、亮暗程度不同，如图 4-9-7 所示。说明不同物体反射光的效果不同——物体的表面越光滑，反射效果越好，镜子是最好的反光物体。

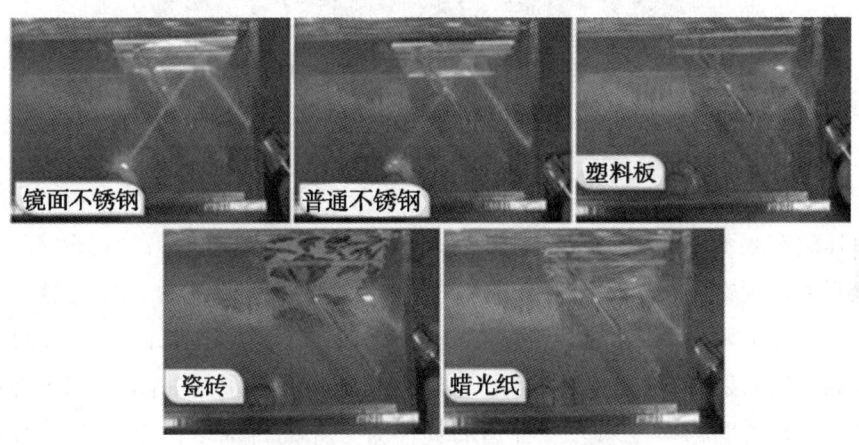

图 4-9-7　探究不同物体的光反射

将两面平面镜镜面相对地分别插入与箱体长边成 45°角的两个卡槽里，往箱体内注入烟雾，打开激光笔开关，观察到激光射出的激光束依次经两面平面镜反射的光路，如图 4-9-8 所示。

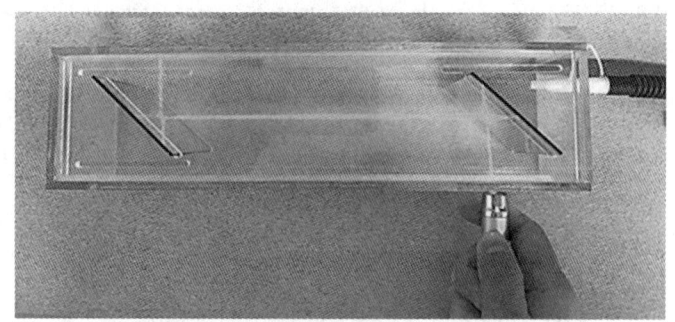

图 4-9-8　探究两面平面镜的光反射

而将实验盒竖着立起来，会发现实验箱体变成了一个简易的潜望镜，如图 4-9-9 所示。

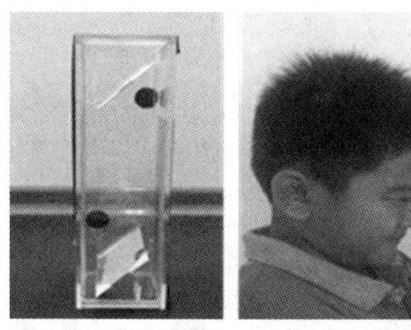

图 4-9-9　简易的潜望镜

3. 探究光的折射

将教具放在水平桌面上，将凸透镜放入实验箱体并注入烟雾；打开两支上下并行的激光笔开关，观察到箱体内有两束平行的红色亮线从凸透镜的一端入射，当其从另一端射出时变成汇聚的两束光线。用凹透镜替换凸透镜，同样将两束平行的红色亮线从凹透镜的一端入射，当其从另一端射出时两束光线发散了。如图 4-9-10 所示。由此说明，光从一种透明物体进入另一种透明物体时，光的传播方向会在交界面上发生弯折，即发生光的折射。其中，凸透镜能会聚光，而凹透镜能发散光。[①]

---

① 徐志国：《巧用身边物品自制光路演示器》，《教学仪器与实验》2015 第 5 期。

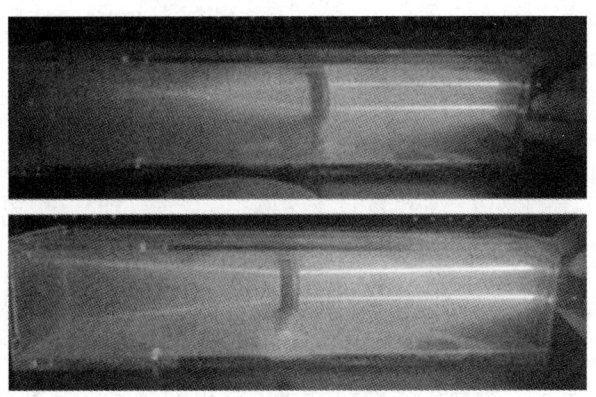

图 4-9-10　探究光的折射

（可视化、多功能光学实验箱获 2016 年第四届全国中小学实验教学说课活动一等奖，2015 年首届福建省中小学实验教学说课活动一等奖，2016 年第九届全国优秀自制教具厦门市市级一等奖）

本文作者：厦门市滨东小学林莹莹；厦门市思明区教师进修学校高翔

手持观星仪的设计与应用

一、设计教具的背景

《科学　二年级上册》（苏教版）第 2 单元《天空中的星体》第 6 课《数星星》的教学内容属于地球与宇宙科学领域，是建立在学生对太阳系中的太阳、月亮已有所了解的基础上，让学生继续深入探究天空中常见的星星。该课对应的小学科学课程标准要求是："在教师指导下，能利用多种感官或者简单的工具，观察对象的外部形态特征及现象。"因此，适合采用自主实验教学法引导学生借助简单器材自主学习本课的科学知识。

教材设计了"探索白天看不到星星的秘密"活动，采用手电筒向教室天花板打光模拟星星、控制教室光线的方法进行模拟实验（如图 4-10-1）。如果能完美完成实验，不仅能充分调动起学生的学习兴趣，还能给学生留下深刻的印象。

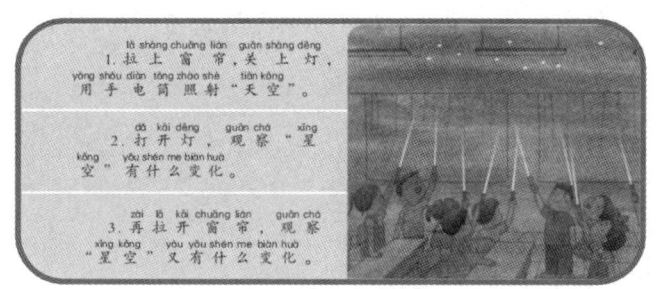

图 4-10-1　教材实验活动图文

然而在实际教学中，却存在以下几个问题。

1. 实验现象受制于合适光源

（1）用手电筒打光模拟星星，光斑易过大且不能改变其大小，所模拟的星星失真明显，与真实情景相差甚远，使实验现象缺少真实的代入感（如图 4-10-2）。

（2）教室灯光作为重要光源却存在明显的光亮度分布不均的问题，致使同时段不同位置实验现象差异大（如图 4-10-3）。

2. 实验效果受制于环境条件

（1）实验伊始，需要营造一个暗室，并且遮光程度直接影响实验效果，对实验环境要求高。

（2）实验中，把阳光作为光源的一部分，若遇上阴雨天气，则会大大影响实验效果。

（3）实验中，手电筒需照射在平整的天花板上，如若遇到房梁、天花板不规整处，光斑形状会产生形变（如图 4-10-4）。

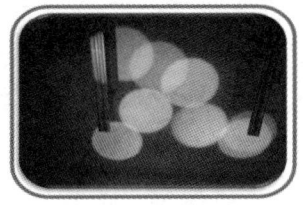 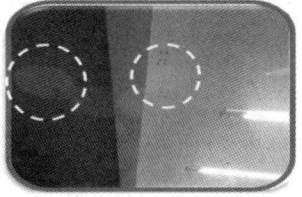 

图 4-10-2　光斑过大　　　图 4-10-3　光亮度分布不均　　　图 4-10-4　光斑易形变

3. 实验主体受制于实验过程

（1）学生长时间手持手电筒处于抬头状态，不符合学生年龄特征，易出现课堂混乱或产生疲惫感。

（2）由教师控制光源，全班统一实验，不利于学生自主进行反复观察。

（3）在昏暗环境中进行实验记录，影响学生的视力；两次实验中记录星星亮暗的方式相反，容易造成学生混淆。

根据学生学情和实验存在的难点，有必要改进教材实验。经过不断研究与改进，笔者自主设计出手持观星仪，解决了以上的问题，让学生顺利地探究出"白天看不到星星的原因"，并建构起有关的科学概念。在研发的过程中，结合小学科学教材的教学内容，不断产生新想法，逐渐丰富了装置的功能，使之可拓展用于其他实验教学。

二、教具的结构

自制手持观星仪各部分组成如图 4-10-5 所示。

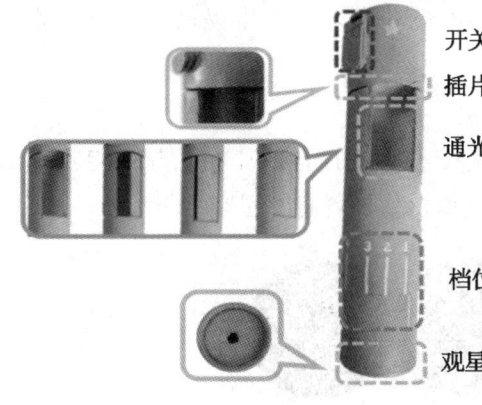 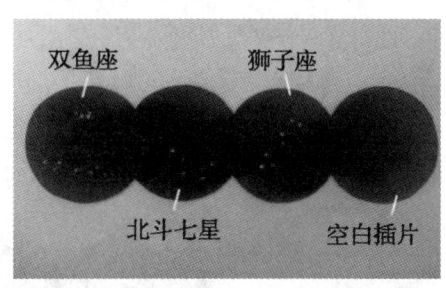

图 4-10-5　自制手持观星仪

该教具由外操作筒、内旋转筒和插片三个主要部件组成。

1. 外操作筒

外操作筒由长 26 cm、内径 6.3 cm 的 PVC 管制成。顶端内置 5 mm 白光 LED 灯及柔光薄膜，外置电源开关。中部有长 12.4 cm、宽 0.4 cm 的插片处，下方为长 7.4 cm、宽 4.3 cm 的通光孔，最下方有 4 个档位刻度线。

2. 内旋转筒

内旋转筒由长 25.4 cm、内径 5.8 cm 的 PVC 管制成。底端正中有直径为 1 cm 的观星孔，表面有一条档位对照线，前端有长 7.4 cm、宽 4.3 cm 的通光孔。

3. 插片

插片由直径为 5.6 cm、带有柔光薄膜的黑色硬塑料片制成。插片上可按需求打孔自制星空或星座图样。

三、教具的实验优势和拓展应用

实验活动能通过感官刺激、动手操作唤起学生对科学知识学习的热情，其真实、生动、形象、直观的过程是促使学生从中获得丰富的科学知识、培养科学思维、启发科学思考、养成科学态度的有效途径。因此，低年级科学实验设计应尽量做到：用最普通的器材，做最简单的实验，有最直观的现象，达到最优质的效果。自制教具应尽可能为低年级学生做到排除干扰、操作简便、现象明显。

1. 自制手持观星仪的实验优势

（1）易开展——环境限制，逐一化解。

观星仪的套筒式设计，可以达到完全黑暗的暗室效果；自带的 LED 灯，能长时间提供稳定光源，不受天气影响；摒弃照射天花板的实验方法，无场地限制。

（2）易操作——仪器操作，得心应手。

与万花筒相近的转动式操作，对于学生而言极易上手；小巧、轻便的手持式器材便于学生以最舒适的姿势进行实验；独立的分组实验仪器，为学生提供了反复实验的自主性。

（3）易观察——实验现象，一目了然。

LED 灯下方的柔光薄膜，能确保光线的均匀分布；而打孔插片在光源下能营造出仿真效果极佳的星空（图 4-10-6），让学生透过观星仪仿佛置身于星空之下。

图 4-10-6　实验效果图

（4）易归纳——实验效果，卓有成效。

实验仪器具有探究性且效果明显。观星仪上的通光孔分为四个档位，随着筒身的转动，通光孔的大小随之有规律变化，可模拟从白天到黑夜的过程。

(5) 易拓展——拓展延伸，潜力无穷。

实验仪器具有开放性。实验仪器配有拓展器材，包括具有代表性的星空插片、星座插片、空白插片等，满足不同学生对星空开展不同层次的个性化探究。

2. 自制手持观星仪的拓展应用

(1) 探究白天看不到星星的秘密。

打开 LED 灯电源开关，调节观星仪使通光孔朝上，将插片放入插片处。调节档位对照线分别对准档位刻度线上 1~4 四个档位，依次通过观星孔观察内部的星空。随着通光孔越来越小，学生会观察到星星从无到有直至明显，会发现白天看不到星星的原因是因为太阳光太亮了。

(2) 建立一个"我的星座"。

用锥形针在空白插片上打孔自制星座，再把做好的星座插片放入插片处，打开 LED 灯电源开关，调节档位对照线至档位刻度线 4 档处，通过观星孔就能清晰观察到自制星座的图形。

(3) 做"星座"放映器。

调节外操作筒上的旋钮，使操作筒前端 180°翻转；把星座插片放入插片处，打开 LED 灯电源开关，把观星仪前端对准白墙。随着投影效果的呈现，学生就能在墙上放映出各种星座图形。

四、结语

改进后的自制手持观星仪避免了学生实验操作时外界的诸多干扰因素，有利于学生专注于实验本身，为顺利开展实验教学奠定了基础。实验器材创新的初衷源于对教材实验的进一步改善，以最大化服务于课堂，使学生的关注点能高效集中于实验现象的观察以及实验结论的总结。教学设计与实验器材创新相辅相成，实现教学本身与教学环境之间的多向、多层面的交互作用，丰富了探究过程。配合实验器材，设计科学合理、操作简便、现象明显的实验，为学生建构概念提供直观的科学依据，引导学生在自主探究过程中逐步渗透对比实验的观念。该教具为学生喜爱的游戏式器材，真正做到让低年级学生在玩中学，寓教于乐。实验装置的拓展功能丰富，教师还可以根据教学需求，拓展应用于其他实验教学。

(手持观星仪及相关教学设计获 2019 年厦门市中小学实验教学说课活动小学科学组一等奖)

本文作者：厦门市松柏第二小学韩旭；厦门市思明区教师进修学校高翔

"玩转小水轮"实验装置的设计与应用

一、设计教具的背景

《科学 一年级下册》(苏教版)第 2 单元《水》中的第 2 课《玩转小水轮》,是在前一课认识"水可以流动"的基础上,从工程技术的角度设计教学内容,主要包括"探究用水的力量让小水轮转动起来"以及"研究让小水轮转得更快的方法"两个实验(见图 4-11-1)。

图 4-11-1 教材演示实验插图

依据小学科学课程标准,本课对应的科学知识目标是让学生在实验中建立流动的水有力量的概念,能够利用教师提供的简单器材让小水轮转动起来。

本课的教学对象是一年级学生,他们活泼好动,对身边各种各样的自然事物和现象都感到好奇[①],在日常生活中对水的力量已经有了一定的认识。但是由于他们注意力集中时间短、自我控制能力差,观察、探究、思考的方式尚未成熟,因此他们对水的力量并没有形成完整的概念,还不会用科学语言加以完整描述。

在教学时,笔者发现原有教学设计存在以下几个问题:一是教材提供的实验器材和实验方法,基本上是全"手动",需要小组多人合作完成。而一年级学生动手操作能力较差,手拿漏斗时很难将其固定在一个位置不变,经常出现漏斗口位置前后左右晃动等情况,导致实验对比不严谨。教师花在纠正、处理无关因素上耗费的时间较多,实验效率低下。二是由于学生的观察能力不强,再加上小水轮转动的速度较快,对小

---

① 潘高峰、彭琳尧:《小学低年级科学教学先行先试的实践策略》,《福建基础教育研究》2018 年第 3 期。

水轮转动的快慢仅用感官进行观察、判断，得出的结论不准确。三是一年级的学生，看到实验器材后就很兴奋，急于动手，急于表现，自制力较差。当学生爱玩的天性被激发出来以后，他们会毫无顾忌地去玩小水轮，甚至玩水，事前教师交代的实验步骤和注意事项，基本上忘得一干二净，陷入了单纯"玩"这种无效学习状态，导致实验教学目标无法落实。

经过不断研究与改进，笔者自主设计出"玩转小水轮"实验装置，从而解决了以上的问题，让学生顺利地建构起流动的水有力量的科学概念，初步树立对比意识。

二、教具的结构与使用方法

"玩转小水轮"实验装置各部分组成如图 4-11-2 所示。该教具由水循环系统、可调节出水装置和计数器三个主要部件组成。

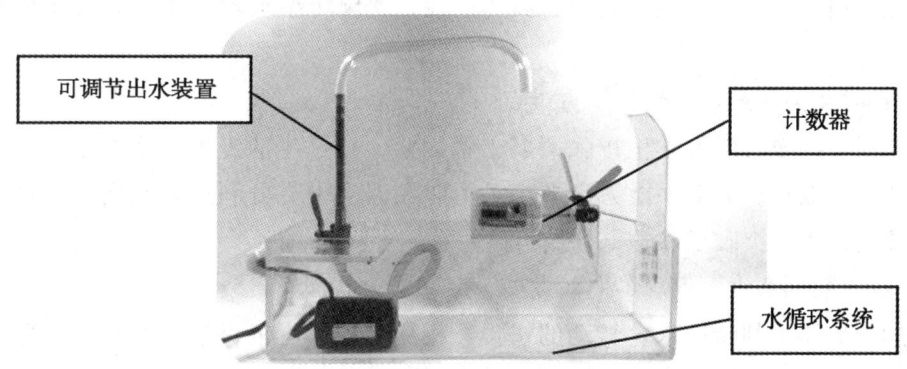

图 4-11-2 "玩转小水轮"实验装置

1. 水循环系统

蓄水池由透明亚克力板拼接而成，具有透明可视、方便学生使用等优点。小型循环水泵取材于小型水生动物饲养设备，通过塑料软管连接铜制龙头，电源连接外接开关，安全有保障。

2. 可调节出水装置

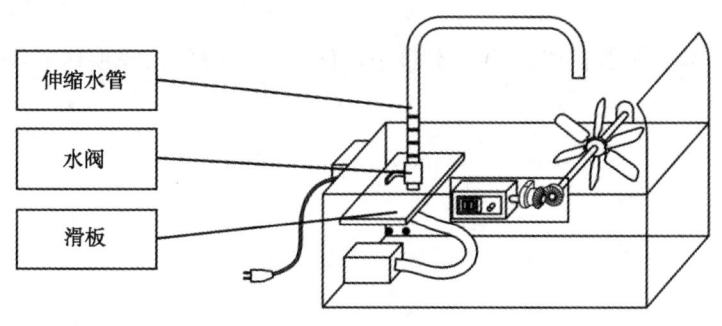

图 4-11-3 可调节出水装置图

水流量大小可用水阀进行调节；出水水管可伸缩调节高度，并配有高度刻度；水龙头固定在滑板上，可通过移动滑板调节水流击打小水轮叶片的位置。该装置操作简便，功能多样。

3. 计数器

计数器能自动、精确记录小水轮转动的圈数，有利于培养学生的数据意识，方便易用。

三、教具的教学优势

实验是学生获得感性认识的一个基本途径。学生认识自然事物的规律是从直观到抽象、从简单到复杂。因此，低年级的实验设计理念应该是：用最简单的器材做最简单的实验，让学生学到有意义的知识。自制的教具应尽可能为学生排除无关因素，并且具有操作简单、对比直观等特点。具体来说，"玩转小水轮"实验装置主要有以下优势。

1. 排除无关因素，突破教学重难点

创新设计的教具能为学生排除诸多干扰因素，让学生能专注于实验本身。简单的操作方法符合低年级的动手能力水平，学生能在课堂中充分利用自制实验装置完成多样化的探究活动，突破了教学重难点。

2. 培养数据意识，促思维向前发展

使用计数器来判断小水轮转动的快慢，相比只凭感觉的做法，实验结果更直观更精确，并能培养学生的数据意识，推动学生的科学思维不断向前发展。

3. 装置合理创新，激发学生的探究兴趣

本实验装置的原理科学、携带方便、操作简单、现象明显，为学生建构概念提供了直观的依据，充分满足了课堂上分组实验的要求，有效激发了学生对科学探究的兴趣。

（"玩转小水轮"实验装置及相关教学设计获2018年第六届全国中小学实验教学说课活动金奖，第四届福建省中小学实验教学说课活动一等奖）

本文作者：厦门第二实验小学何雪薇；厦门市思明区教师进修学校高翔

后　记

2020年，福建省教育厅开始常态化帮扶和振兴乡村学校的科学教育。在与众多专家和教师的交流中，我发现大家对实验教学的功能和作用有着一致的认同，都认为以此为抓手提升科学教师的素质是非常有效的策略和手段。于是，我开始重新思考，要选取什么样的内容，以什么样的形式为教师提供适合的学习资源，最终确认了以实验教学说课和课例研究为主体，合理渗透教育教学理论、教学研究方法、教学思考、经验总结，对于规范和指导教师实验教学行为，提高教师实验教学水平和质量，应该更具有指导意义和参考价值。基于这些思考我开始编写本书。

本书是个人从教以来不断追求优质教学的经验积累，也是多年来不断学习教育教学理论的心得体会。从一名一线教师到学科教研员的成长过程，我深刻地体会到在从初任教师到专家型教师的成长过程中，个人的自我定位和自身努力是教师专业发展的首要因素，同时还需要学会研究，积极探索，大胆创新，努力实践。反思我的教学成长经历和教师培训经历，我意识到教学经验和方法的传递，必须转换视角，要研究教师是如何学习的，他们在学习中碰到的困难是什么，他们缺少什么、需要什么，用什么样的方式和方法才能让他们乐于学习……因此，研究如何架起理论与实践之间的"桥梁"，将最新的课程改革信息、最先进的教育理论及时地传递给一线教师，帮助他们理解、掌握、运用教育成果，促进他们的教学成长，成为了本书研究的重要内容，希望本书能够为教师自我成长提供有意义的借鉴。

本书基于实验教学的理论和实践，紧跟新时代、新形势下基础教育课程改革的需求，聚焦实验研究与实验教学研究，创新性地进行了一些探索。

探索已有的研究成果如何延伸、发展和创新。20世纪90年代以后，说课开始逐渐成为我国中小学教学研究的主要组织形式，并被教育界公认为是教师之间最佳的教学研讨方式。实践证明，说课是使教师走上"教学研究"道路的有效途径。吴芳竹、王宽明在《课改近十年中小学说课研究的元研究》一文中指出："所有科目关于'说课'的研究近乎相同，在学科个案研究或整体研究中鲜有体现出学科特点。"因此我们积极参与教育部组织开展的全国中小学实验教学说课比赛，经过不断实践、不断改进和优化，逐渐厘清实验教学说课的内涵，从系统论的角度分析和搭建出实验教学说课的理论框架与操作体系。实验教学说课研究体现了教研员和一线教师自身发展的需求，体现了教育研究在说课的方法、内容等方面的不断丰富和发展。

探索已有的研究成果如何转化为实践。课例研究作为促进教师专业发展的一种教育研究方式，近年来受到了广泛的关注，影响逐渐扩大。国内学者已经从理论层面进行了相关阐释，也提出了课例研究实践操作方法。然而，就科学学科而言，已有文献中却鲜少见到深入和具体的研究。因此，探索如何将课例研究的教育成果转化为教师乐于接受、易于理解、方便掌握的理念和技能，对提高教师素质和教学质量有着重大意义。小学科学实验教学课例研究，是走向微观教育研究的尝试，是基于提升科学教师的学科教学知识与技能的实践研究，体现了"促进研究成果向实际应用转化，为教育改革和发展的实践服务"的指导思想。

本书的案例多数是我与思明区的年轻教师共同合作的成果。在本书撰写的过程中，思明区的许多优秀青年教师也参与了本书案例的研究。林莹莹、胡璐瑶、耿越、蔡桢玥、张龙等参与本书的校对工作。本书集合了思明区全体科学教师的智慧和力量，体现了学习共同体促进教师共同成长的理念。

本书参考了众多学者、同仁的研究成果，在此谨向他们表示诚挚的谢意。

本书中的许多内容都是全新的尝试和个人的见解，尽管参考了大量的文献资料，吸收了众多的研究成果，但仍需要通过实践来检验，难免会有一些问题和疏漏。在此，恳请广大专家学者和读者提出意见和建议，以期在后续的修改中臻于完善。

高　翔
2022 年 3 月